KB233105

세상이라는
깊은 숲 속에서

세상이라는
깊은 숲 속에서

홍동규 지음

한국학술정보㈜

들어가는 말

　　인간은 원래 다른 생명체들과 함께 숲 속에서 살았었다고 한다. '숲'은 모든 종류의 생명체들이 어우러져 있는 하나의 거대한 그물망 체계다. 모든 것이 모든 것과 관계를 맺으면서 그 어떤 것도 스스로는 생존할 수 없고, 오직 상호 의존적으로 생존할 수 있는 생명의 숙명적 공간이다.

　　그런데 어느 날 인간은 숲에서 나오게 되었다. 숲은 더 이상 인간을 제어할 수 없었던 것이다. 인간은 숲을 나와 들판으로 나아갔고, 마침내 그들만의 공간을 만들어냈다. 인간의 세계, 인간의 삶과 죽음이 끊임없이 일어나는, 인간의 숙명의 공간, 그것은 '세상'이다.

　　흥미로운 점은, 이 '세상'은 여전히 '숲'과 유사한 곳이라는 점이다. 세상에는 무수한 사람들이, 무수히 다른 역할들을 수행하면서 절대로 독립적으로 존재할 수 없으며 서로 직·간접적으로 관계를 형성하면서 살아간다. 인간은 새로운 종류의, 그들만의 숲을 만들고, 그 안에서 서로 헤아릴 수 없이 복잡하게 중첩된 각자마다의 운명적 궤도와 틀에 지배받으면서 살아가게 된 것이다.

　　원래 이 책에 수록된 글들은 유헌식 선생님께서 운영하고 계신 '삶과 철학의 접점을 찾아서(http://www.phillife.net)'에 올려졌던 것들이다. 제작년 초에 유 선생님의 제안으로 현실적 문제들을 철학적 사유로 풀어보고자 기획된 글들이다.

　　우리나라가 근대화되어 서구의 신식학문들과 방법론들이 들어오게 된 것도 100년이 지났지만, 현실적으로 아직까지 그것들은 우리의 토양에 잘 토착되지는 못한 것 같다. 아직까지도 우리의 현실과 학문은 서로 따로 진행되는 경우가 많다. 그리고 때때로 서구에서 받아들여진

학문은 우리의 현실에서 자생적으로 발생하려는 담론들을 잡아먹어치우는 천적으로 군림하기도 하면서, 우리의 문화적 사막화 현상을 가속화시키기까지 한다.

또한 이런저런 이유로, 우리나라에서 학문하는 사람들 중에는 각자 자신들만의 전공에 매몰된 밀실 학자들이 많아서, 이 복잡다단한 우리의 현실을 있는 그대로 총체적으로 해명하는 지극히 당연한 작업들이 많이 이루어지지 않고 있다.

저자는 이런 문제의식을 유헌식 선생님과 함께 하면서 이 작업을 시작하게 되었다. 공부가 일천하고, 사유가 얕아서, 많은 오해와 오류가 있겠지만 나름대로 우리가 발 딛고 서있는 우리의 현실을 나름대로 풀어보고자 애썼다. 오해와 오류들은 오직 끊임없이 표현됨으로써만 해명되고 수정될 수 있다. 표현되지 않는 오해와 오류들은 절대로 해명되고 수정될 수 없게 되고, 마침내 '무지와 어리석음'이라는 거대한 바윗덩이가 되고 만다.

이 책이 독자들에게 마음의 위안보다는 새로운 생각거리를 제공해줄 수 있기를 기대한다.

그동안 많은 대화와 논쟁으로써 필자를 자극해주셨던 유헌식 선생님과 제자의 서툰 글들을 아껴주시며 많은 조언을 해주셨던 이승종 선생님께 감사드립니다.

2007년 1월 저자 씀

목 차

1. 숲

사랑에 대하여

에밀리 브론테의 『폭풍의 언덕』에는 다음과 같은 케더린의 고백이 나온다.

"……즉 자기 자신을 넘어선 자신의 존재가 있고, 또한 있어야 한다는 것을 말이야. 내가 전적으로 이 몸에 갇혀 있어야만 한다면, '나'라는 창조물은 무슨 소용이 있겠어? 이 세상에서 나의 가장 큰 슬픔은 곧 히이드클리프의 슬픔이기도 하거든. 나는 그 불행 하나하나를 처음부터 지켜보았고 느껴왔지. 살아 숨 쉬는 나의 가장 위대한 생각은 곧 그 자신이야. 모든 것이 다 죽고 그만 살아있다면, 나는 계속 존재할 수 있어. 그러나 모든 것이 다 남아 있고, 그가 죽는다면, 이 우주가 거대한 이방으로 변하겠지. 그리고 나는 그것의 일부로 보이지 않을 거야. 린튼에 대한 숲은 나뭇잎과도 같은 것이야. 겨울이 나무를 변하게 하는 것처럼 시간이 린튼에 대한 나의 사랑을 변하게 할 것임을 나는 잘 알고 있어. 히이드클리프에 대한 사랑은 그 밑의 영원한 바위를 닮을 거야. 눈에 띄는 즐거움은 아니지만 필요한 것이지. 넬리, 나는 곧 히이드클리프야. 그는 언제나, 언제나 내 맘에 있어. 내 자신이 나에게 기쁜 존재가 아니듯이, 기쁜 존재로서가 아니라 내 삶, 그 자체로 살아있는 것이야……."

플라톤의 『국가』 제5권에는, '태초에' 인간은 두 사람이 하나의 몸으로 붙어있었다고 한다. '남 - 남', '여 - 여' 그리고 '남-여' 이들은 매우 현명하고 강력했기에 신에게 저항할 수 있었다. 그래서 신들은 그런 인간들의 몸을 둘로 나누어 인간의 힘을 무력하게 만들었고, 그 이후부터 인간들은 각자 자신의 잃어버린 자신들의 짝을 맹목적 그리움을 가지고 찾아다니게 된 것이라고 한다.

지혜 자체와 지혜를 사랑하는 자 사이에는 각자 자신의 잃어버린 짝에 대한 맹목적 그리움이 놓여 있고, 여기에는 '완전한 합일과 완성'에의 근원적 욕구가 있는 것이다. 여기서 중요한 것은 지혜에 대한, 지혜를 사랑하는 자의 눈먼 사랑이라는, 일방적 사랑뿐만 아니라, 지혜 그 자체의 철학자에 대한 눈먼 사랑이다. 철학자가 지혜를 그리워하듯이 지혜 역시 철학자를 같은 정도로 사랑한다는 것이다. 즉 지혜와 지혜를 사랑하는 철학자는 서로 운명적인 '사랑'의 관계를 맺는 것이다.

에로스와 프시케의 이야기 속에서 보듯이, 프시케 즉 인간 영혼은 사랑을 근본적으로 '눈이 먼 채로' 간직한다. 그래서 프시케는 에로스의 '얼굴'을 볼 수 없는 것이다. 그러나 그 '맹목성' 즉 '눈이 멂'이야말로 그 무엇으로도 대체될 수도, 수정될 수도 없는 사랑의 본질을 간직하고 있는 '근원적이고 신비한 비밀'인 것이다. 그런 이유로 만일 인간의 영혼 즉 프시케가 사랑의 본질을 자신의 본질에 따라 환한 빛 속에서 밝혀내려 할 경우, 에로스는 더 이상 인간 영혼과 동거할 수 없게 되고 인간 영혼으로부터 떠나게 된다.

인간영혼과 지혜 그 자체는 서로가 근원적으로 서로를 그리워한다. 그것은 다른 무엇으로도 설명될 수 없고, 어떤 의미에서는 아무 이유도 없이 이유를 밝힐 수 없는, 그런 눈이 먼 것이다. 인간영혼과 지혜는 '오로지' 이런 '눈이 먼' 사랑을 통해서만 서로가 '만날 수 있는' 것이다.

그래서 만일 그 누군가 자신의 사랑을 자기 자신의 본질에 따라 환한 밝힘의 영역에로 옮겨오려 할 경우, 바로 그 순간, '사랑'은 자신의 '비밀'을 숨기려 인간 영혼으로부터 떠나버린다는 것이다. 그리고 이렇게 사랑이 영혼으로부터 떠나가는 순간, 지혜와 영혼은 더 이상 함께 할 수 없게 되며 완전히 이별할 수밖에 없게 된다. 사랑의 본질을 알고 싶은 것은, 영혼의 본질적 습관의 결과임에도 불구하고, 그것은 그저 '의심'으로서 사랑에게는 자신의 신비하고 고갈될 수 없는 근원적 비밀을 파괴하려는 폭력일 뿐이다.

그런 이유로 오로지 사랑에 대해서는 우리 영혼의 본질적 속성인 '호기심'을 삼가야 하는 것이며, 대신 무조건적이고 절대적인 '믿음'과 '인내'가 요구되는 것 같다. 테세우스가 미노스 성의 미로에서 탈출할 수 있었던 것도, 아리아드네의 사랑으로 빛났던, 보이지 않는 실타래에 대한 그의 믿음과 인내였으며, 떠나버린 큐피드를 찾아 온갖 고초를 겪으며 실수를 반복했으면서도 결국은 그와 다시 만나 하늘로 올라가 영원한 생명과, 참된 기쁨인 '불룹투스'를 얻을 수 있었던 것도 프시케의 '믿음과 인내'였던 것 같다.

그렇게 영혼은, 믿음과 신뢰에 기반을 둔 사랑으로써만, 지혜와 이유를 알 수 없는 숙명으로써, 밝은 빛과 그 빛이 환하게 비추는 자리로서 서로 동거한다. 빛은 빛 자체로서는 무언가를 비출 수 없으며, 자리는 자리로서는 아무것도 아니기 때문이다. 그래서 오로지 그 둘이 함께 하는 한에서만, 비로소 이 세계는 환한 빛이 비추는 완전한 세계가 되는 것이다. 그렇게 영혼은 지혜와 만나고, 그 둘의 만남을 통해서 이 세상은 밝혀지고 창조되고 운행된다.

그러나 큐피드 즉 에로스는, 아프로디테 즉 '거품'의 아들이다. 그래서 '사랑'이라는 것이 물거품 같은 것인지도 모른다. 그토록 갈구했고 그리워하건만 우리의 사랑은 제대로 이루어지지 않고, 또한 이루어진다 할지라도 그것은 영원하지 않은 것 같다. 그것은 그저 세찬 비가 그친 뒤에 떠오르는 무지개와 같이, 고되기만 한 인생 속에서 오로지 순수한 영혼을 가진 자가 살아갈 힘을 얻는 '영원한 그리움'으로만 존재하는 것 같다. 그것은 꿈이지만, 덧없기만 한 것이지만, 포기할 수 없는, 우리 인생에서 가장 소중한 꿈인 것이다. 그것은 영원을 보장받을 수 없으나, 그럼에도 영원히 포기할 수 없는, 영원한 우리 영혼의 기획이자 늘 현재진행형으로 언제나 우리 눈앞에서 아른거리는 유혹이다.

그런데 사랑이 이처럼 물거품과도 같은 것임에도 불구하고, 우리는 그것을 절대로 포기할 수 없다. 그것 없이는 우리는 우리의 인생에서 그것을 대체할 만한 것을 찾을 수 없는 것 같다. 이토록 에로스가 우리에게 강력하게 다가오는 이유는 아마도 헤시오도스가 그의 『신통기』에서 지적하고 있는 것처럼, 사랑 즉 에로스가 이 세계를 이루는 '제5원소'이기 때문일지 모른다. 이 세계에 밤이 있고 낮이 있어서 모든 만물들이 있게 되고, 카오스와 가이아가 있어서 만물들이 터를 잡을 수 있을지라도, 만일 에로스가 없었다면 이 우주에는 그 어떤 것도 불가능했고 아무 일도 일어나지 않았으리라.

그러나 다시, 에로스는 풍요의 신 '포로스'와 궁핍의 여신 '페니아'의 아들인 이유로, 그것은 우리에게 마음의 풍요를 주지만 그와 동시에 영원히 채워지지 않는 갈증을 주는 것이다. 우리는 늘 영원하고 완전한 사랑을 꿈꾸지만, 신비할 정도로 우리의 사랑은 늘 우리의 기대를 저버리며, 그럼으로써 우리는 끝없는 마음의 번뇌와 비탄을 겪곤 하며 채워지지 않는 결핍감과 갈증에 시달리게 된다. '도대체 어쩌란 말인가? 나의 이 가슴 아픈 사랑아……'

세상에서 가장 완벽한 만남이라 여겨졌던 오르페우스와 유리디체의 사랑마저도 가슴 아픈 이야기로 점철되는 마당에, 과연 우리는 그런 사랑의 비극으로부터 자유로울 수 있을까? 오직 사랑하는 자신의 영원한 신부 유리디체에 대한 사랑과 그리움 때문에 살아있는 자로서는 도저히 갈 수 없는 죽음의 명계, 즉 하데스의 세계에까지 갔으며, 그의 애끓는 사랑의 노래로 염라대왕인 하데스마저 감동시키기에 이르고, 유리디체를 이 세상으로 데리고 나올 수 있었음에도 불구하고, 사랑이 그토록 깊었음에도, 아니 그 사랑이 그토록 깊었던 탓에 오르페우스의 사랑은 우리 인간 영혼의 그 근원적 성격인 '호기심'으로 말미암아 허망하게 끝나고 말았던 것이다.

왜 우리의 사랑은 실패할 수밖에 없는 것일까? 왜 이 세상에서 우리는 비극적 사랑만을 겪어야 하는 것일까? 그럼에도 불구하고, 왜 우리는 이 세상에서 그토록 사랑에 집착하고 빠져드는 것일까?

앞에서 말했듯이, 플라톤은, 우린 태초에 둘이 한 몸을 이루었다고 했다. 그때, 우리는 신에게 도전할 만큼 강했고 둘이 같이 있으면 그 어느 것도 부럽지 않았고 행복했다고 했다. 그래서 둘로 나누어진 이후, 우리는 무수한 윤회의 고되고 험한 여정 속에서도 자신의 잃어버린 한쪽을 찾아 나서게 된 것이다. 잃어버린 한쪽을 찾는다는 것, 그것은 하나의 티끌 같은 존재가 이 우주 전체를 떠돌아다니는 것만큼이나 기약 없는 모험이다. 그렇지만 사랑의 그리움에 눈이 먼 우리의 영혼은 결코 포기하지 않는다. 오직 그날을 위해서, 그를 만나기 위해서 우리의 영혼은 기약 없는 여행을 감행하는 것이다.

이 세상의 모든 것들이 연모했고, 신들조차도 그의 빛나는 아름다움 앞에 질투심을 감출 수 없었던 나르키소스는 숲 속에서 우연히 연못가에 머물게 되었고, 물을 마시려 물가에 자신의 얼굴을 가까이 가져갔을 때, 그는, 바로 거기서, 예상조차 할 수 없었던 운명적인 사건을 체험하게 되었다. 바로 거기서 자신의 영원한 그리움의 대상을 만나게 된 것이다. 이 세상에서 가장 아름답고 사랑스런 얼굴…… 그는 드디어 만난 것이다. 그리고 그 사랑스런 얼굴에 자신의 얼굴을 부비고 싶었고, 그 입술에 입 맞추고 싶었다. 그 얼마나 아름답고 그리운 얼굴이란 말인가!

그러나 가까이 가면 사라지고, 멀리하면 다시 나타나는 그 얼굴. 그것은 분명 그의 눈앞에 있으면서도 영원히 닿을 수 없는 그런 얼굴이었다. 그의 영혼은 그 얼굴과 하나 되고 싶어 사정없이 가련하니만큼 몸부림치지만, 그 바람은 이루어지지 않았다. 마침내 그는 사랑하는 모습 앞에서 치유될 수 없는 병에 걸리고, 죽어가게 된 것이다. 바로 그 앞에서 모든 여행을 마치고 하나 되고 싶었음에도 그것이 이루어지지 않았기에 나르시스의 영혼은 그 무엇으로도 위로 받을 수 없었으며, 그저 끝없는 절망과 안타까움 속에서 죽을 수밖에 없었던 것이다.

나르시스의 죽음을 본 주변의 동물들과 님프들은 그가 그저 자신의 얼굴을 보고 자신의 아름다움에 도취되어 죽었다고 생각했다. 그래서 그들은 나르시스가 어리석은 죽음을 맞이했던 것이라 생각하면서 안타까워했다. 그러나 그 동물들과 님프들 중 그 어느 누구도 태초의 인간의 모습을 보지 못했었기에, 나르시스가 연못에서 진정으로 보았던 것이 무엇인지를 알지 못했다. 그가 본 것은 그저 자기 자신의 얼굴이 아니라, 오래 전에 헤어진 자신의 일란성 '쌍둥이 누이'였던 것이다!

철학자는 평범한 사람들의 눈에는 그저 자신의 세계에 빠져버린 자폐증 환자로 보일 뿐이며, 나르시스의 아름다움만을 알았던 님프들은 그의 죽음을 그저 자기도취적 자살로만 이해할 뿐이다. 또한 참으로 깊은 사랑을 모르는 사람들의 이해 속에서 사랑이란 이해할 수 없고 소모적이며, 미친 열정과 파괴적 충동으로만 나타날 뿐이다.

오직 사랑을 아는 자만이 사랑을 알지니…….

◐ 황금과 여자

인류가 이 세상에 나타나게 된 이래, '황금'과 '여자'는 언제나 인간들의 욕망의 대상들이었다. 이것들에 대한 욕망을 일반적으로 '물욕'과 '성욕'이라 한다. 이 두 욕구들이야말로 인간을 끊임없이 각성시켜 무언가를 하도록 충동질하며, 동시에 인간을 지속적으로 고통의 나락으로 빠뜨리는 것들이었다. 이 둘을 빼고는 이 세상에서의 우리의 삶을 핵심적으로 설명해줄 것들이 별로 없어 보일 정도다.

이런 이유로, 고래로부터 수많은 사람들이 이 문제들 앞에서 고뇌해야 했고, 이것들에 대한 분명한 선택을 해야 했으며, 이런 선택에 따라서 커다란 세계관의 차이를 만들어내기에 이르렀다. 그것들을 적극적으로 추구할 것이냐, 혹은 완강히 거부할 것이냐, 이에 따라 다음의 두 가지 선택지가 결정된다. '금욕주의'와 '현실주의'. 일반적으로 이 세상에서 살아가는 우리들 중, 그 누구도 이 두 큰 선택지들을 피해갈 수는 없었을 것이다.

이런 맥락에서 보면, '금욕주의'와 '현실주의'는 서로 친하지 않으며, 모순적인 것으로 보인다. 그렇다. 황금과 여자로 대표되는 이 세계 내적인 것들을 완강하게 거부하는 것은 금욕주의가 되며, 그것들을 적극적으로 추구하는 것이 현실주의이니 이 둘은 서로 모순적인 것들로 봐야함은 매우 상식적으로 판단된다. 서로 모순적인 것들은 서로를 부정하고 멀리하며 적대시 한다.

몇 년 전에 겪었던 일이다. 우연히 두 사람을 알게 되었는데, 한 사람은 거의 광신적 개신교 신자였으며 다른 한 사람은 성공과 출세욕에 점점 눈이 멀어가는 사람이었다. 이들과 개인적으로 만나서 이야기를 하다보면 이 둘은 서로 상이한 이야기들을 내게 했다. 전자는 '죄'와 '심판' 등의 광신적이며 극단적 개신교의 전형적인 주제들에 대해서 이야기 했으며, 후자는 늘 뭘 해야 돈이 되고, 출세할 수 있느냐에 대한 이야기를 했다. 이 둘의 이야기들은 심리적으로 매우 불편했지만, 각자 나름의 일리가 있어 보이기도 했다. 하나의 세상을 이렇게도 다르게 볼 수 있다는 것에 대해서 많이 신기하게 생각하기도 했다.

그런데 이렇게 서로 모순적으로 보였던 두 사람이 서로 만나게 되었는데, 이상한 일이 벌어졌다. 오직 심판의 날만 기다리는 금욕주의적인 사람과 늘 출세욕에 불타는 현실주의자인 사람은 서로 만나자 마자 서로를 너무 반기는 것이 아닌가! 둘이 죽이 너무 잘 맞았다. 서로는 말이 너무 잘 통했던 것이다.

이 두 사람이 그렇게 말이 잘 통할 수 있었던 결정적 계기는 이 두 사람이 바로 이 세상에 대해서 아주 유사함 관점, 즉 회의주의를 가지고 있었기 때문이다. 하나가 "어차피 세상은 죄로 가득해요."라고 말하면, 다른 하나는 "그래요, 세상은 쓰레기죠." 하는 것이 아닌가! 그러면서 이 둘은 이 세상에 대한 증오와 세상 사람들에 대한 불신을 너무도 자연스레 공감하는 것이었다.

그래서 이들은 '현실적으로' 매우 유사한 태도를 보이는데, 국가나 사회 일반에 대한 불신, 사회정의에 대한 조롱, 그러면서 결국은 자기 자신과 자기 자신이 속한 집단에 대한 편애가 그것이었다. 그래서 이들은 누구도 믿지 않으며 아끼지 않으며 배려하지 않는다. 마음속에는 세상에 대한 증오와 분노가 들끓는다. 그러면서 오직 자기 자신과 자기가 속한 집단만을 위해 살아간다.

이 두 사람 모두에게서 '이 세상'은 '거부당했다'. 그리고 그런 거부 뒤에 남은 것은 '회의와 염세' 그리고 '이기주의'와 '미움'이었다. 그래서 이들은 결국, '소통'의 장애를 겪게 되며, 후천적으로 '자폐증 환자'가 되어간다. 그들의 마음속에는 세상의 '중심'과 '타인', 그리고 '질서'가 없으며, 이런 것들이 사라진 자리에는 병적으로 왜곡된 신의 관념과 창이 닫힌 자아가 자리를 잡고 있었던 것이다. 결국, 이 둘은 '같은 부류'의 사람들이라고 할 수 있다. 서로 이름만 다를 뿐이다.

또 다른 종류의 역설이 존재한다 : 고대의 연금술사들과 태초 이래로 거의 모든 사람들, 특히 여자들은 '금'을 원했다. 그리고 괴테와 모든 남자들은 '여성'을 갈구한다. '금과 여자'는 이 세상을 대표할 수 있는 사물들이라고 할 수도 있을 것이다.

연금술사와 괴테에게 '금'이란 세상의 존재하는 모든 것들의 '궁극원리이자 종착점'이었고, '여자'는 '동물적 단계'에 머물러 있는 인간들이 '사랑'이라는 신비적 체험을 통해서 '영적 진보'를 이룰 수 있는 결정적 계기였다. 그래서 그들은 평생, 금을 제조하고, 그것의 원리에 몰두했으며, 여성적인 신비에 경외감과 찬사를 보냈다.

그러나 성모 마리아의 또 다른 얼굴이 블랙 마리아이듯, '금과 여자'는 이 세상의 모든 고통들의 결정적인 원인들이며, 모든 탐욕과 악의 진정한 기원들이다. 금을 얻기 위해서, 성욕에 눈이 멀어 수많은 사람들이 영혼을 팔고 무지에 빠지며 악을 행하는 것이다.

'금'은 그 자체로 신비롭다. 영원한 물질이다. 그러나 그것은 사람들에게 '소유욕'을 불러일으킨다. 금에 대해서 소유욕이 생겨나는 순간 모든 것이 파괴되고, 이 세상은 피로 물들여진다. 유물론자들은 승리감에 도취한다. 배신, 도적질, 살인, 파괴 등의 모든 종류의 야만이 발생한다.

'여자'는 아름다우며 어머니다. 기쁨과 위안 그리고 생명이 그와 함께 한다. 그러나 그것은 너무도 쉽사리 '색욕'으로 번지고, 거짓말과 의심 그리고 집착과 미움으로 급속도로 전이되어 나간다.

여기서 하나의 근원적인 물음이 제기 된다 : "왜 이 세상에서는 우리에게 소중한 것일수록 부패되기 쉽고, 위험한 것일까?" 여기서 이 세상에 대한 '피로감'과 '회의'가 일어나게 된다.

'금'을 통해서 우리가 이 세계의 원리를 깨닫고, 그것이 '축적되는 길'이 아닌 '소비되는 길'에 놓이게 될 때, 금은 이 세계에 '기적'을 일으킬 것이다. 물질적 세계에서 금만큼 큰 기적을 일으킬 사물은 존재하지 않는다. 그것은 오랫동안 우리 인류를 괴롭혀왔던 기아와 굶주림 그리고 가난을 해결해줄 수 있을 것이다. '여성'을 통해서 무지한 우리가 비로소 '사랑'에 눈뜨되, 그것을 '육욕'의 단계에서 소비해 버릴 것이 아니라, 인간에 대한 지속적 신뢰와 배려, 연민, 그리고 생명에 대한 근원적 이해의 차원으로 승화시킬 수만 있다면, 우리는 영적 완성과 참된 사랑의 신비와 기쁨을 체험할 수 있을 것이다.

금의 환한 빛이 핏빛에 가리게 되고, 여성을 통한 사랑이 인생에

대한 환멸로 변색되지 않게 하는 것, 그것은 전적으로 '우리 자신'
에게 달려있다. 문제는 우리가 아직도 '충분히 성숙되지 않았으며,
강건하지 못하다'는 사실이다. 우리는 아직 우리가 타고 있는 말의
고삐를 제어할 단계에 있지 못하다. 우리의 영혼은 아직 우리의 육
체와 물질의 그림자를 완전히 거둘 수 있을 만큼 밝고 환하지 못하
다. 이런 밝기의 문제 때문에, 저 먼 우주 바깥에서 우리는 보이지
않으며, 우리는 이 지구라는 땅덩이에 갇혀 있는 것이다.

그래서 현재의 우리에게 필요한 것은 다음과 같은 두 가지다 :
'믿음'과 '희망'이다. 우리에겐 앞으로도 '시간'이 있다. 속물이 되어
버린 자들, 미친 귀신에 신들린 자들, 이들 모두의 마음속에는 '절
망'이 똬리를 틀고 있다. 스칼렛 오하라의 유명한 말 "After All
Tomorrow Is Anther Day"라는 말이 내 귓가에 맴돈다.

🪶 공포와 분노, 생명체의 정서

깨달음의 직전까지, 코타마 싯다르타가 봐야했던 것은 이 세상에 두루 널려있었던 보편적 고통과 그 보편적 고통 앞에 지쳐버린 생에 대한 무상감이었다고 한다. 그의 눈에 보인 것은 한시도 고통으로부터 자유롭지 못하며, 존재하는 모든 것들이 서로를 파괴하고, 다투는 피범벅의 아수라장이었다. 그는 이런 세계로부터 벗어나고 싶었던 것으로 보인다.

봄이 오면 이 세계는 깨어나고 생명으로 풍성해진다. 세상은 더 없이 아름다워진다. 그러나 우리가 조금만 주의를 가지고 자연을 관찰하면, 이런 종류의 우리의 느낌이라는 것이 참으로 허황된 낭만적 감수성이라는 것을 알게 된다. 우리가 볼 때는 아름다워 보여도, 자연은 수많은 생명체들 간의 한시도 평화롭지 못한 전쟁터다. 끊임없이 생명을 위협하는 자연의 변화와, 예상치 못한 곳에서 갑작스럽게 공격해오는 수많은 천적들의 틈바구니 속에서 각 개체들의 생존이란 그야말로 순간순간이 생과 사가 오고가는 전쟁터의 운명과 다를 바가 없어 보인다.

어린 시절, 유독 〈동물의 왕국〉은 어른 아이 할 것 없이 많은 인기를 얻었던 방송 프로그램이었다. 그런데 그 방송을 특히 아버지들이 많이들 좋아하셨다. 그 프로그램을 보시면서, 아버지들은 곧잘 이런 말씀들을 하시곤 했다. "자 봐라, 저게 세상이야. 약하면 죽고, 강해야 살아. 인간세상이라는 것이 달라보여도 자연세계와 다를 바가 없다. 차라리 동물의 세계는 아주 솔직하지……." 어린 시절 난 이런 말의 의미를 알 수가 없었다. 이해는 전혀 못했지만, 뭔가 매우 심각하고 격렬한 긴장감 같은 것을 느꼈을 뿐이고, 내 맘속에는, 평화로이 풀을 뜯는 것처럼 보이다가도 아주 작은 소리에도 소스라치고 놀라며 정신없이 도망가는 '톰슨가젤'의 그 두려움에 기겁을 한 눈망울만이 각인되었을 뿐이다.

다시, 어린 시절 텔레비전에서 자주 보았던 만화들 중에는 숲 속의 동물들을 소재로 하는 것들이 많았다. 그런데 그것들 중에 상당히 많은 수가 숲 속의 세계를 아주 평화롭게 묘사했으며, 그에 따라 심지어 사자와 사슴도 친구고, 호랑이가 다람쥐와 우정을 나누는 식의 이야기가 많았다. 그런 만화를 볼 때면, 나는 가끔씩 '저 사자와 호랑이는 뭘 먹고 살까?'하고 매우 궁금해 했었다. 사자와 호랑이가 풀을 뜯고 도토리를 먹는다는 것을 상상한다는 것은 너무 우습고 어울리지 않았던 것이다. 평화로운 숲 속에서 사자와 호랑이는 무얼 먹어야 하는 것일까?

몇 년 후 언젠가 앞으로 이상적인 세상이 오면, 이를테면, 하늘나라 같은 곳에서는 사자와 호랑이가 없어지지 않을까 하는 생각을 하기에 이르렀다. 사자와 호랑이가 풀을 뜯고, 도토리를 먹는 것을 꿈꾸기 보다는 다른 동물을 잡아먹는 맹수의 존재가 차라리 없어지는 것이 보다 더 근사해보이고 이치에 맞는 것처럼 보였던 것이다. '그래, 이 세상에 맹수가 있다는 것이야말로, 이 세상이 천국이 아니라는 증거일 거야. 천국에 그런 맹수가 있을 리가 없어. 맹수가 있는 숲은 평화로운 곳이 아니라 언제 죽을지 모르는 공포로 가득한 세상일 뿐이니까.' 나를 해할 수 있고, 죽일 수 있는 것들이 있음으로써 나는 '공포'라는 것이 있는 것이고, 천국에는 그런 것이 없는 곳 즉 나의 개체적 생존이 영구적으로 확실하게 보장받을 수 있는 곳이라는 생각이 들었던 것이다. 우리가 사는 이 세상은 공포가 있는 세계이고, 천국은 평화와 안락이 있는 곳.

기독교의 기본 가르침은 나의 어린 시절의 '사자 없는 숲'과 '나의 개체적 생존이 영구적으로 확실하게 보장받을 수 있는 곳'에 대한 추구와 별반 다를 바 없다고 본다. 기독교의 기본 교리중의 하나는 '생명과 죽음은 서로 모순적'이다. 그래서 '죽음이란 생명에는 가능한 한 가장 낯선 것이며 이상한 것'이다. 다시 말해, '본래적으로 생명은 죽음과 같이 하지 않는다'. 그런데 '현재 죽음은 모든 살아있는 것들의 필연적 운명'이다. 결국 '이런 모순과 역설을 설명할 수 있는 것은 바로 죄, 원죄'다. '원죄로 말미암아, 이 세계에 죽음이 있게 되었다'. 그래서 '우리의 원죄가 사라질 때, 죽음도 사라지고, 우리는 영생을 얻게' 된다. 이렇게 기독교는 죽음을 우리의 운명으로부터 제거하려 한다.

이런 기독교의 기본 가르침은 결국, 인간의 개체적 생존과 안전에의 바람의 결과라고 보인다. 인간으로 태어난 이상, 아니 살아있는 그 무엇으로 있게 된 순간, 살아있다는 한에서 그 모두 개체적 생존과 안전을 최고의 목적으로 삼고 있으며, 이에 따라 '죽음'에 대한 '공포'는 가장 근원적 무의식이라고 할 수 있겠다.

그러나 모든 살아있는 것들이 이렇게 개채로서의 영구적 생존을 원하며, 동시에 '죽음'에 대한 공포를 가장 근원적 무의식으로 가지고 있음에도 불구하고, 우리가 살아가는 이 세계는 한시도 '죽음'이 멈추지 않는 곳이다. 늘 언제나 어디서나 죽음이 있다. 그것은 보편적이다. 생명의 일반적 욕구가 '영구적 개체보존'인데 반해서, 이 세계의 보편적 현상은 바로 '죽음'인 것이다. 생명과 이 세계는 그래서 서로 모순적이다. 이런 모순은 죄로 말미암은 것일까?

이런 생명과 세계 사이의 보편적 모순에서 생명체는 '공포'라는 '일반적 정서'를 가진다. 그래서 생명체는 태어나는 순간은 환희와 기쁨으로 충만할지 몰라도 조만간 무엇이든 누구이든 간에 '공포'에 지배당하게 된다. 그리고 그 경우, 이 세계는 '공포'로 얼룩진 끔찍한 세계가 되는 것이다. 생명, 살아있음은 저주의 결과가 되는 것일까?

공포라고 하는 일반적 정서에서 각각의 생명의 종들과 그 종들을 이루는 각각의 개체들은 '생존'이라는 지상과제를 두고 무한경쟁을 하게 된다. 생명의 본능인, 살아남기 위해 그리고 죽음의 공포라고 하는 생명체 일반의 정서로부터 벗어나기 위해서 말이다. 그리고 이 과정에서 누군가는 죽고, 누군가는 살아남는다. 승리하는 자는 살아남게 되며, 승리하지 못하는 자는 죽게 된다. 생존경쟁이다. '생명'을 담보로 투쟁하고 경쟁하는 것이다.

생명을 담보로 하는 투쟁에서 살아남는 것들은 환희를 느낀다. 그러나 중요한 것은 그런 투쟁과 경쟁이 한 번으로 종료되는 것이 아니라, 한 개체의 수명이 다할 때까지 심지어는 한 종이 멸종될 때까지, 더 나아가 각각의 생명체들이 모두 살아가는 한에서 영구적으로 계속된다. 이는 결국, 그 누구도 승리할 수 없는, 가장 불리한 게임에 생명체들이 던져졌다는 것을 의미한다. 어느 한순간 다른 개체와의 투쟁에서, 다른 종과의 투쟁에서 승리해서 한시적으로 생명이 보존되고 연장될 수는 있어도, 또다시 무한 경쟁은 시작되고 끊임없이 새로운 경쟁자들과 천적들이 등장하게 된다.

바로 이런 무한 경쟁에서 그 누구도 완전한, 최후의 승자가 될 수 없다. 이는, 그 누구도 '공포'로부터 자유로울 수 없음을 의미한다. 그리고 이 계속되는 패배자들의 증가 현상 속에서, 각각의 개체들은 자신들의 경쟁자들과 천적들에 대해서 '근원적 공포'를 바탕으로 하는, 새로운 정서를 가지게 되는데 그것은 바로 '분노와 원한'이다.

근원적 죽음에의 '공포'와 이것을 바탕으로 하는 '분노와 원한', 이것이 바로 불교적으로 말할 때, 모든 '衆生'의 보편적 정서라고 할 수 있다. 누군가가 자신을 죽일 것이라는 공포와 그 공포로부터 자신의 개체적 생존을 지키기 위해 더욱더 타자에 대해서 적대적인 태도를 갖게 된다는 것, 이 경우 살아가는 과정이란 공포에 기인하는 타자에 대한 분노와 원한의 계속되는 증폭과정이라고 간단히 정리할 수 있겠다. 동일자와 타자의 괴리와 그 화해의 요원함.

이것이 서구 근대 이래의 모든 철학의 결과이고, 연세대 박동환 선생의 최종적 결론이다. 영화 〈헐크〉에서 헐크의 초인적 괴력은 바로 분노와 원한에서 나온다. 외부로부터 공격을 당할수록, 고통이 극심해질수록, 세상이 그에게 적대적이면 적대적일수록, 그는 더 크게 분노하며 그 터질 듯한 분노에서 그는 누구도 제압할 수 없는 '괴력'을 보일 수 있게 된다. 생에의 갈망은 더욱더 큰 분노를 일으키고, 더욱

더 증폭된 분노는 생에 대한 갈망을 더욱더 부추긴다. 그런 이유로 '지킬박사'는 '선의 세계'에서는 찾지 못했던 '부글거리는 강렬한 생명력'을 그의 악의 화신인 '하이드 씨'의 마음에서 발견하게 된다.

악의 세계, 격한 생명력으로 충만한 세계, 하이드 씨의 세계에서 오히려 삶의 의미를 찾고 이 세계의 진실을 발견하게 된다는 것, 제 아무리 선의지가 명령하고, 양심이 괴로워할지라도 끝이 없는 생존경쟁에서 이겨야만 한다는 것, 오로지 그런 한에서 삶의 활력을 얻을 수 있다는 것, 이것이 유럽근대 사유의 날것으로서의 고백이다.

현재의 대부분의 우리들 역시, 이런 식으로 살아가고 있다. 누가 죽기를 좋아하겠는가? 그리고 그런 한에서 과연 그 누구의 마음에 '분노와 원한'이 없겠는가? 이것으로부터 자유로운 자가 과연 누구일까? 세상은 그래서 결국 가슴을 찢는 통곡과 멈추지 않는 이를 가는 소리로 뒤범벅이 되는 것일까? 이것이 깨달음의 직전 고타마 싯다르타가 봤던 악몽의 모습이다.

마침내 고타마 싯다르타는 누구도 가지 도달하지 못했던 '깨달음'을 이뤘다. 그리고 그는 살며시 가늘게 눈을 떴다. 그리고 그 순간 그가 목격한 것은 통곡과 이갈음으로 뒤범벅이 된 아비규환의 세계가 아니라, '찬연(燦然)한 빛이 쏟아지며, 아름다운 꽃비가 내리는' 그런 세계였다. 카톨릭의 성인 중의 한 명인 '소화 테레사' 역시 유언으로 "내가 죽은 다음에 장미꽃 비가 내리게 할 것입니다."라고 했다고 한다.

가슴을 찢는 통곡과 멈추지 않는 이 가는 소리로 뒤덮인 세상과, 찬연한 빛이 쏟아지며 꽃비가 내리는 세계. 이 둘의 차이는 무엇에서 기인하는 것이며 무엇이 참된 진실일까?

오늘도 아프리카의 세렝게티 초원에는 수많은 톰슨가젤들이 풀을 뜯고 있으며, 그것들을 노리는 사자들이 주변에서 어슬렁거리고 있다. 그런데 만일 누군가 '평화의 사도'를 자청해서 악의 무리들이자 불한당들인 사자들을 다 몰아내고 죽이게 된다고 치자. 그럼 동물의 왕국 세렝게티 초원에는 무슨 일이 일어나게 될까? 세렝게티 초원은 세렝게티 낙원으로 될까?

송나라 때의 주렴계가 쓴 『태극도설』에는, 개인적으로 세계 최고의, 멋진 철학적 개념이 나온다.

'互爲其根'--'서로가 서로의 뿌리(근거)가 된다' 이는 '서로 상반되는 것들이 서로의 존재를 위한 필수적 조건이 됨'을 말하는 역설적 개념으로서 우리로 하여금 '逆의 合一'로 요약되는 세상에 대한 '총체적 관점'을 가르쳐주고 있다.

사자와 톰슨가젤은 서로 모순적이다. 그래서 그 둘 사이에는 언제나 피바람이 일어나고 있다. 그러나 이보다 더 중요한 사실은 그런 '피바람'은 그 둘을 모두 '살리는' 피바람이라는 것, 그 둘은 서로가 서로에게 자신들의 생존을 '의존하고 있다'는 것, 그래서 매번 희생되는 톰슨가젤의 개체적 관점에서는 공포와 분노로 가득한 원한이 서린 관계이지만. 그 둘의 종적인 차원에서는 서로가 서로에게 의지하며 생존하고 있다는 것, 그럼으로써 서로가 서로의 근거가 된다는 것을 실현하고 있는 것이다.

비트겐슈타인은 철학적 관점이란 세계를 하나의 전체로서 보는 것이라 했다. 그것은 바로 형이상학적 관점의 요구를 의미한다. 그리고 그것은 바로 각자의 입장과 이해관계로부터 벗어난 사유를 의미한다. 이 세계는 언제나 '나'를 위해, '너'를 위해 혹은 '그'를 위해 존재하는 것이 아니다. 이 세계는 언제나 모두를 위해 존재한다. 하늘의 태양처럼 '무심하다'. 그러나 이런 '무심'으로써 모두가 살아갈 수 있다. 이런 특별한 '무심한' 세계에서, '나', '너', '그'는 그야말로 한순간 스쳐 사라지고 마는 찰나의 별빛보다도 더 하찮고 무상한 것일 것이리라.

다양한 존재자들의 다양한 어울림들

파르메니데스가 존재 자체의 일원적 충만성이라는 신비를 체험했을 때, 헤라클레이토스는 無常하면서도 무수히 다양한 존재자들의 생멸과 상호관련성의 네트워크를 보았던 것 같다. 사실, 존재 자체는 우리의 '감각'적 도구만으로는 절대로 포착될 수 없는 것이며, 오히려 우리는 '존재 자체'를 형성해내는 미분적 요소들로서의 존재자들과 '자연스럽고', '가깝게' 만난다.

'거꾸로 된 세계'로서의 우리의 현실세계는, 매우 불행히도, 무수히 다양한 존재자들이 서로 경쟁하며 먹고 먹히고 파괴하고 힘을 축적하는 相殺의 아귀다툼의 세계다. 이 존재자들의 세계에는 '참된 평화'는 없는 듯하다. 아니, 어떤 의미에서는 이 하급의 세계에서 '평화'는 '완성'과 '아름다움'을 의미하기 보다는 그 '안락함'에 취해 생의 의지를 꺾어 버리는 '마약'일 수 있다.

만일 천국에도 정글이 있고 사자와 사슴이 있다면, 그 둘의 관계는 어떠할까? 천국의 사자는 사슴을 잡아먹지 않을까? 그러면 그땐 더 이상 사자가 아니지 않을까 해서 우리는 다른 식의 생각을 하는데, 사자와 사슴의 관계가 한 편으로는 죽임·희생의 관계지만, 다른 한편으로는 사자는 사슴이 있음으로써 살 수 있고 사슴 역시 사자가 있음으로써 그 생명력에 '자극'이 되어 강하게 생존할 수 있다는 식으로 생각할 수 있었다. 그래서 이런 관계는 대립적이면서도 상관적 상생의 관계라고 이해할 수 있었다.

그런데, 우리 인간은 짐승이 아님에도 불구하고, 이런 정글의 논리와 그것에 따르는 상생적 관계를 일상 속에서, 그리고 특히 '직업'과 '세상살이'에서 '일상적으로' 체험하곤 한다. 늘 피 터지는 경쟁과 아귀다툼을 하면서 우리는 매일 매일을 지내고 있다. 한편으로는 세상살이의 고단함과 가련함을 느낄 정도지만. 매우 희한하게도, 다른 한 편으로는, 우리들은 이런 생존경쟁과 아귀다툼 속에서 더욱 단련되고 강해지며 심지어는 빛이 나기까지 한다.

이런 삶 속에서 사람들은, 인간의 삶의 방식과 동물의 그것이 하나도 다르지 않다고 생각하며, 이 세상의 참된 진실을 드라마도 아니고 뉴스도 아닌, 어린이 교육용 다큐인 〈동물의 왕국〉과 다르지 않다고 생각한다. '약육강식'과 '생존경쟁', 이 전쟁터 속에서 살아있는 생명체들의 생명력은 극대화된다!

그런데 바로 이런 동물들의 아귀다툼의 소용돌이가 '불교'에서 말하는 '인연법'이라 생각하기에는 좀 문제가 있지 않을까 생각한다. 물론, 불교의 인연법과 동물의 왕국의 '사자-사슴의 생존원리'는 매우 잘 부합한다. '각각의 존재자는 제 스스로 존재하는 것이 아니고, 타자들과의 무수한 관련 속에서만 존재할 수 있다'는 불교 교리의 핵심중의 핵심이다. 그럼 불교의 이 원리는 바로 동물의 왕국을 위한 것이었을까? 그리고 고작 이런 정글의 논리를 아름답게 보고, 전쟁 같은 일상을 긍정하라는 것이 붓다의 깨달음이었을까?

성리학에서의 '理-氣론'과 유사하게 라이프니쯔는 매우 특이한 '단자론'을 주장하는데 그에 따르면, 우리에게 인식되는 두 실체들이면서 서로 모순적으로 보이는 '정신'과 '물질'은 실제로는 진정한 실체가 아니라 참된 실체인 '단자들'의 서로 이질적인 결합물들이라는 것이다. 그에 따르면, 중요한 것은 정신과 물질이 아니라 그 이질적인 것들을 형성해내는 이질적 단자들 간의 이질적 결합이다.

그는 다음과 같이 말한다 : 보다 맑고 순수한 단자들과 보다 탁하고 순수하지 못한 단자들이 존재한다.(이 얼마나 성리학과 유사한가!) 그런데 본질적으로 같은 것들은 같은 것들끼리 모이고, 다른 것들은 서로 다른 것들끼리 멀리한다. 그래서 한편에서는 보다 맑고 순수한 단자들끼리 모여 결합되고, 다른 한편에서는 보다 탁하고 순수하지 못한 것들이 모여 결합된다. 이렇게 해서 '정신'과 '물질'이 존재하게 된다.

결국 성리학이나 혹은 전통 형이상학은, 언제나 보다 우월하고 완벽한 '정신적 영역'과, 보다 열등하고 불완전한 '물질적 영역'을 구분하는 '이원적 세계 이해'를 가지고 있었다고 봐야 할 것이다. 물론, 스피노자, 라이프니츠 그리고 헤겔 등의 위대한 철학자들은 이런 이원성을 나름의 방식으로 통일지양하려 시도했지만. 그럼에도 불구하고, 그 어떤 식으로든 '정신'과 '물질'이라는 이질적인 두 요소들의 존재를 부정하지 않았음은 분명하다.

그럼 그때, 우리는 근원적인 인과율에 따라, 정신은 물질보다는 정신끼리 영향을 주고받으며 물질은 정신보다는 다른 물질에게 영향을 미친다는 것을 매우 논리적으로 당연하게 받아들여야 할 것이다. 그리고 이 때, 우리는 정신과 물질이 서로 이질적인 바로 그만큼 그것들 각각의 결함원리와 인과관계 역시 다를 수밖에 없음을 또한 매우 논리적으로 당연하게 받아들여야 할 것이다. '같은 것들끼리 같은 방식으로 모이고 분리 된다'.

정신과 물질은 그것들이 다른 제3의 상위의 근원으로부터 기인·유도되는 것들이든 아니든 간에, 그 둘이 서로 이질적이고 상반되고 모순적이라는 것은 우리에겐 의심할 수 없는 '자연'이다. 먼저 물질에 대해선 이미 너무 잘 알려졌고, 거의 대부분의 우리들은 잘 알고 있다. '대립·갈등·투쟁·지배·종속·파괴·흡수' 등이 물질의 메커니즘이고 동물의 왕국의 헌법이며 현대의 우리 일상인들의 삶의 진실이다. 우리 시대의 철학은 물리학이며, 윤리학은 동물학이다.

올바른 사유를 위해서 우리가 피해야 할 것은 다음이다 : 서로 이질적인 두 항이 존재할 때, 그 이질성이 문제가 된다 해서, 어느 쪽이건 간에 하나의 항을 다른 쪽의 항으로 환원해서는 절대로 안 된다. 이런 황당한 '환원주의'는 세상에 재앙을 안길 뿐이다. 그렇게 그 둘의 이질성을 극복하려면, 늘 특별한 종류의 '초월'적 이행을 요청해야 한다.

사슴은 사자와 다른 것만큼이나 사람과도 다르다. 사자도 그렇다. 사자·사슴이 노는 물과 급수는 '원리적으로' 사람이 노는 물과 급수와 다를 수밖에 없다. 만일 그렇지 않았다면, 이 우주에 '인간현상'은 우주적으로 '요청되지' 않았었을 것이다. 인간이 있다는 그 자명한 사실이야말로 인간의 규칙은 사자와 사슴의 그것과 다르다는 것을 증명하고 있다.

불교적으로 봐도, 악한 것들은 악한 것들끼리 악의 인연에 따라 모이고, 선한 것들은 선한 것들끼리 '네트워크'를 형성한다. 문제는 결합이나 인연 같은 것들이 아니다. 그것들은 너무 당연한 것들이기에 논할 필요도 없다. 참된 문제는 그 이질적인 '그물들의 제작·작동원리'다.

누군가 물질적 아귀다툼의 일반적 세상살이에서 삶의 흥분을 느끼고 각성되고 성취감을 맛보며 건강하게 산다면, 그것은 그의 존재가 그만하기 때문이다. 그는 그저 기쁘게, 정력적으로 살면 그만이다. 부자가 되도 안 말리고, 성공해도 뭐라 하지 않는다. 단 이 말만은 하지 말아야 한다 : "바로 이게 세상살이야!" 그는 자신의 삶의 흥분에 젖어서 인류 전체의 근본을 욕되게 해서는 안 된다. 자신이 정신적 가치에 대해서 무지하다고 예술을 부정하면 안 된다.

물질은 강하고 매우 실제적인 것 같지만, 늘 무례하기 짝이 없으며 눈이 멀어있다. 정신은 고귀하고 아름답지만. 늘 부끄러워하는 새색시 같기만 하다. 이 세계는 이 두 계기들을 중심으로, 매우 길고 수많은 층위를 형성하는 연쇄를 형성하고 있으며 각각의 층위의 심급마다에는 각각의 고유한 규칙들이 있다.

이것이 의미하는 것이 무엇인가? 우리에게는 언제나 지금과는 다른 종류의 '삶의 가능성'이 열려있다는 것이다. 그러나 이제껏 힘들었듯이, 지금도 그리고 앞으로도 이런 삶을 찾는 과정은 매우 고되고 힘든 노정이 될 것이다.

🖤 무엇이 우리를 '비극적'으로 만드는가?

본래 '비극'이라고 불리는 'tragedy'는 현재의 우리가 그것을 통해서 표상하곤 하는 이미지나 개념과는 매우 상이한 단어다. 즉 현대의 우리는 '비극'을 말 그대로 悲劇, 슬픈 이야기로 이해하는 경향이 있다. 그리고 이런 의미에서 현대의 우리는 tragedy와 elegy(비극과 비가)를 명확하게 구별하고 있지는 못하고 있는 것 같다.

tragedy라는 단어는 그리스어 'tragoidia'에서 온 말로, 그 어원적 의미는 '염소의 노래'다. 이 경우, 이 단어는 문자적 의미의 차원에서 '슬픈 노래'가 아니라, 동물 중의 하나인 '염소'의 노래인 것이다. 도대체 '염소의 노래'란 무엇을 의미하는 것이며, 또한 이것이 어떻게 현재는 '슬픈 노래'로 이해되기에 이른 것일까?

'염소'란 '양'과 같이, 원시시대 이래로 고대시대에 이르기까지 '종교적 행사'에서의 희생 제물이었다. 물론, '기독교 계통'에선 '하느님의 동물'이 '양'인 반면에 '염소'는 악마의 동물인 이유로, 본래적인 의미에서의 염소의 노래로서의 비극을 인정할 수 없었고, 그것을 일종의 악마주의 찬가로 받아들여 억압해왔었다. 하지만 고대 그리스 지역에서는 종교적 의례행위가 있을 때 '염소'가 많이 희생물로 사용되었고, 여기서 '염소의 노래'로서의 비극이 탄생하게 된 것이다.

염소나 양은 고대 종교제의의 희생 제물이다. 우리 인간이 신과 만나고 신의 뜻을 이해할 수 있고 또 우리가 원하는 것을 신이 받아들이게 하기 위해서, 그들이 필요하고 그들의 '희생'이 요구된다. 태초 이래로 이 세상에는 '공짜'가 없다. 무언가를 얻기 위해서는 무언가를 주고 잃어야만 한다. 그래서 신비한 '등가교환'의 법칙은 유지되는 것이다. '헌 집 줄게, 새 집 줘라'.

고대 마야나 잉카 사회에서는 모든 생명의 근원이자 우주적 창조 에너지의 근원인 태양을 다음 날 다시 떠오르게 하기 위해서 그들의 빛나는 제단에서 살아있는 인간 제물들의 심장을 바쳐야 했었고, 우리나라에서 중국과 해상무역을 하는 사람들은 그들의 사업번창을 위해서 '인당수'에 꽃다운 처녀인 심청이를 바쳐야 했었다.

이런 '희생양'들의 존재와 의미는 현대 우리의 이해방식이나 세계관에서는 전통사회의 무지와 인권유린과 이 세계의 부조리와 불완전성을 설명해줄 수 있는 대표적인 사례들로서 받아들여질 뿐이다. 소위 '개인주의', '합리주의', 그리고 '물질주의'적 세계 이해는 '희생양'의 존재와 의미를 '폭력의 희생자'로 만들어 버린 것이다.

그러나 당장 기독교적 이해를 제대로 가지고 있는 사람들이라면, 이런 식의 '희생양'의 이미지에 대해서 적극적으로 동조하지는 않을 것이다. 왜냐하면, 기독교적 이해 체계 속에서 '희생양'은 고대사회적 의미와 현대적 의미가 공존하고 있고, 이러한 상반되고 이중적인 '희생양'의 의미를 어느 하나로 환원해서 이해하기란 불가능하기 때문이다.

기독교적 이해 체계 속에서 '희생양'은 바로 그 기독교의 창시자라 할 수 있는 '예수 그리스도'이며, 그의 가르침의 핵심 중의 하나가 바로 자신을 따르는 자는 모두 '희생양'이 되어야만 한다는 것이다. 그는 자신의 제자들에게 기꺼이 '희생양'이 되기를 독려했고, 이를 '박해'의 의미로 받아들인 그의 제자들은 그의 가르침에 따라 기꺼이 '순교'를 선택하기에 이르게 되었다.

세상의 죄 때문에, 세상의 질투와 무지 그리고 탐욕 때문에, 하느님의 독생자인 예수는 십자가에서 개죽음을 당했다. 세상은 그의 죽음 앞에서조차 일말의 동정조차 하지 않았고, 오히려 침을 뱉고 비웃고, 그가 비참하고 고통스럽게 죽는 것을 고대했고, 반기고, 즐겼다. 그럼으로써 '사람의 아들' 나자렛 예수는 가능한 한 가장 비참하게 세상으로부터 버림받아야 했고 치욕스런 죽음을 맞이해야만 했다.

그러나 바로 그런 가장 비참한 죽음을 통해서 그는 비로소 '그리스도' 즉 '기름부음을 받은 자', 하느님으로부터 선택되고, 그와 동일한 위격을 얻어 그의 오른 편에 앉는 자가 될 수 있었던 것이다. 세상에서 가장 비참한 모욕과 조롱을 받으며 죽어갔다는 것이, 그럼에도 불구하고 세상을 사랑하고 세상의 죄를 용서하려 '원한 없이 죽을 수 있었다'는 것이, 그가 하느님의 아들이 될 수 있었던 계기가 되었던 것이다.

가장 순결하고 결백하며 고결했기에 그는 피 흘려야만 했으며, 그 성스런 피흘림의 대가로써 그는 부활할 수 있었다는 것, 바로 이것이 고대 제의에서의 '희생양'의 조건이었다. 그리고 이런 의미에서 고대 제의에서 '희생양'이 된다는 것은 하나의 신성한 부름이며, 영광의 문을 여는 것이었다.

이런 이유에서 고대 제의 특히 고대 그리스에서 '비극'은, 현대인에게 익숙한 '정서적 슬픔'을 토해내고 억압된 감정의 인위적 폭발을 통한 정서적 정화를 추구하는 '드라마'와는 근본적으로 다르다. 고대인들은 자신들의 심리적 유희나 위안을 위해서 비극을 시연하고 관람한 것이 아니라, 인간 조건과 세상의 본질에 대한 존재론적이고 우주론적인 숙고와 성찰을 위해서 비극을 필요로 했다.

그리스 비극의 특징을 열거하자면 참으로 많지만, 그 중에서 내가 특히 주목하는 것은 다음과 같다. 그리스 비극에선 '선과 악'의 대결 구도가 거의 없다. 최소한 '아티카의 비극시대'에는 이런 성격을 가진 비극은 거의 없다. 고대 그리스인들에게 중요한 것은 '선과 악'이 아니라, '인간조건과 인간의 존재론적 본질에 대한 성찰'이었다.

먼저 소포클레스의 「아가맴논」, 「이피게니아」, 「엘랙트라」 등의 작품을 보자. 이 작품들의 주 소재는 트로이 원정을 수행했던 그리스 연합군 총사령관 '아가맴논'의 비참한 죽음과 그 이후의 이야기들이다.

10년간의 길고 고된 '트로이 전쟁'을 승리로 이끈 그리스 연합군 총사령관 아가맴논은, 그 끔찍하고 위험했던 전쟁에서도 살아남아 전쟁을 승리했음에도 불구하고, 그렇게 그리워했던 자신의 고향에서 그렇게도 믿었던 아내 '클리템네스타라'에 의해 개죽음을 당한다. 정말 어처구니없는 아니러니이고 치욕스런 죽음이다. 그는 왜 이런 개죽음을 당해야 했을까? 그리스 최고의 영웅이 왜 그렇게 죽어야만 하는 것일까? 너무 부당하고 부조리하지 않은가?

이유는 10년 전으로 돌아간다. 당시, 그리스 연합군은 해변에 모여 출정을 준비하고 있었다. 수백 척의 함선에는 그리스의 모든 도시 국가에서 모인 수많은 영웅들로 가득하다. 그들은 메넬라오스의 처이자 대지적 풍요를 의미하는 그리고 동시에 미의 여신보다 더욱 아름다웠던 미의 화신 헬렌을 구출해야 한다는 대의명분으로 뭉친 사나이들 중의 사나이들이다. 그들의 그 빛나는 황금빛 도장이 칠해진 함선들이 지중해의 눈부신 햇빛과 부딪치며 만들어내었을 그 영광의 오로라를 상상한다는 것만으로도 가슴이 벅차다.

그러나 그렇게 명예롭고 의기충천한 출발조차도 '바람'이 없으면 허무해질 뿐이다. 기다려도 기다려도 바람은 불지 않는다. 시간이 가면서 그리스 원정대는 동요하기 시작한다. 뭔가가 필요했던 것이다. 이에 총사령관인 아가멤논은 책임감을 느끼며 그가 할 수 있는 모든 것을 해야만 했다. 대의명분 앞에서 영웅은 기꺼이 희생할 수 있어야 했기 때문이다. 그는 신탁을 찾았고, 바람을 불러올 유일한 방법을 알게 되었다. 그는 자기 자신보다 더욱 소중하게 사랑하는 장녀 '이피게니아'를 희생 제물로 바쳐야만 했던 것이다. 그리스의 영광과 풍요의 상징이자 절대미를 대표했던 '헬렌'을 되찾기 위해선 그는 '이피게니아'를 내놓아야 했다. 영웅의 위치에 있었으므로 그는 이런 잔인한 게임에 참여해야만 했던 것이다.

그가 아무리 고뇌해도 아무 의미가 없으며 아무도 알아주지 않는다. 영웅은 그따위 알량하고 눈물짓게 하는 자비를 가진 신의 존재를 믿지 않는다. 대신, 그는 그가 무슨 대가를 치르더라도 그것을 받아들여야만 하는 그 어떤 선택을 해야만 한다. 그는 선택하며 결단한다. 그리고 그에 따른 모든 것을 말없이 받아들인다. 바로 이것이 영웅이다.

아가맴논은 아버지로서 자기 살을 대신 베어 내놓으라면 기꺼이 내놓을 수 있을 만큼 사랑했던 큰딸 이피게니아를 부른다. 아버지를 세상에서 가장 존경했던 딸은 아버지의 부름에 맨발로 뛰어나가듯이 아버지에게 달려간다. 그리고 마침내 아버지가 자신을 죽여야만 한다는 청천벽력 같고 믿을 수 없는 사실을 알게 되었고, 아버지에 대한 사랑과 아버지의 대의명분을 이해하면서 희생양이 되기를 받아들인다. 그리고 그녀의 희생으로 그리스 연합군은 마침내 '헬렌'을 되찾을 수 있었다.

그러나 그 기특하고 고결한 영혼을 가졌던 이피게니아는 아가맴논만의 딸이 아니었다. 대의명분을 위해서 딸조차 죽일 수 있었던 아가맴논이 있었다면, 딸을 위해서라면 악마가 되는 것조차 기꺼이 받아들일 수 있을 만큼 딸을 사랑했던 어머니 클리템네스트라도 있었던 것이다. 참다운 대의명분의 실현이자 살신성인을 위해 모든 것을 희생했던 아가맴논과, 자식에 대한 무조건적이고 희생적인 사랑을 위해 자신을 기꺼이 포기할 수 있는 클리템네스트라 그리고 그 둘 사이에 아버지와 조국을 위해 자신을 버릴 수 있었던 이피게니아. 이 세 사람은 그들이 인간으로서 최악의 비참한 사건의 주인공들이 되었음에도 불구하고, 그 누구도 삿된 이익을 추구하지는 않는다.

한편, 클리템네스타라는 이피게니아가 비참하게 죽었다는 사실을 알고부터 무려 10년의 세월을 남편에 대한 원한을 키우면서 견뎌낸다. 그리고 그녀가 그렇게 원한으로 사무친 시간을 보내는 사이, 그녀와 유사하게 평생을 아가맴논에 대한 원한을 품고 살았던 아이기투스가 그녀에게 접근하고, 그녀의 원한을 부추기며 자신의 원한을 풀려고 계획한다.

아이기투스는 자신의 아버지가 아가맴논의 아버지에 의해 비참하게 도륙당한 사건을 잊지 못하며 자신의 평생의 과업을 아가맴논에 대한 복수라고 정하고 살아왔던 인물이다. 가문의 명예와 그 원한을 달래기 위해 자신의 모든 것을 희생한 것이다.

아가맴논은, 자신이 아이기투스로부터 원한을 사던 집안에서 태어났고 그리스 전체를 위해 자신보다 더욱 사랑했던 딸을 아르테미스 여신을 달래기 위해 죽여야 했던 이유로, 그 자신조차 자신의 아내에 의해 잔인하게 살해당해야 했다. 이 모든 불행은 누구 탓일까? 도대체 무엇 때문에 그들이 이렇게 비참하게 죽어야 하는 것일까?

이 가문의 비극은 여기서 멈추지 않는다. 가문의 비극은 계속된다. 아가맴논과 클리템네스트라 사이에는 사랑스러운 딸 이피게니아 말고도, 아름다운 아들 오레스테스와 순수한 영혼을 가진 엘렉트라가 있었다. 그리고 이들은 자신들의 가족에 닥친 모든 불행을 목격했다. 이런 비극 앞에서 오레스테스와 엘렉트라는 무엇을 할 수 있고 해야만 하는 것일까? 고뇌의 시간은 무의미하다. 그들은 무엇인가를 선택하고 결정하며 그에 대해서 책임을 져야만 한다. 국가의 정의와 아버지를 위해서 그들은 어머니를 처단해야 하지만, 동시에 어머니에 대한 사랑과 도저히 끊을 수 없는 인연 때문에 그들은 어머니를 용서해야만 한다.

아들 오레스테스는 국가의 정의와 아버지에 대한 도리를 선택한다. 그래서 그는 아이기투스와 자신의 어머니를 죽인다. 죽음 앞에서 어머니는 자신의 아들에게 목숨을 구걸한다. "오레스테스, 내 아들아, 보이느냐, 이 젖을 보렴, 너는 내 품에서 이 젖을 만지며 젖을 먹었단다. 그런데 오늘 너는 이 어미를 죽이려고 하는구나." 어머니는 아들의 손에 죽고, 아들은 정의와 아버지에 대한 도리를 지켰지만, 어머니에 대한 인륜을 파괴했기에 '복수의 세 여신'의 저주를 받아 광인이 된다. 비극은 있지만 죄인은 없고, 악은 일어났지만 그 누구도 악하지 않다. 동시에 모두가 선하고 정의롭지만, 그럼에도 불구하고 악한 일들이 일어난다. 우리는 이런 모순을 어떻게 이해해야 하는가? 누군가 이런 부조리하고 부당한 사건들의 연쇄에 대해서 해명을 해주어야만 한다. 도대체 무엇이 문제이고, 누가 문제인가?

이에 대한 고대 그리스인들의 생각은 다음과 같다. 그 무엇도 문제가 없으며 누구의 책임도 아니다. 우리 인간은 우리 자신의 의지와 무관하게, 그 결과에 대한 모든 책임을 떠맡아야만 하는 상황에 내던져진 존재자다. 그리고 어쩌면 우리 인간은 신들의 장난에 의해 만들어진 가혹한 연극의 가여운 주인공들인지도 모른다. 그러나 그럼에도 불구하고, 우리는 매 순간 결단을 내려야 하며 그 결과가 무엇이건 간에 우리에게 주어지는 운명을 긍정해야만 한다.

이러한 그리스 비극의 정신이 가장 최고도로 발전되고 완성되었던 것은 바로 소포클레스의 '오이디푸스 3부작'에 이르러서다. 우리는 흔히 이 삼부작 중 「테베의 왕, 오이디푸스」의 이야기만을 알고 있다. 그러나 오이디푸스의 비극은 「콜로누스의 오이디푸스」와 「안티고네」까지 이어진다. 우리는 이 삼부작을 총체적으로 봐야만 한다.

이 삼부작에서 우리는 '희생양'의 의미의 본질에 적확하게 도달할 수 있게 된다. 테베의 성군 라이오스 왕과 아름답고 정숙한 왕비 이오카스테 사이에 아들이 생겼다. 그러나 그 아들은 신탁에 의해 아버지를 죽이고, 어머니를 범하는 저주받은 운명을 가졌다. 이에 왕은 모두를 위해 사냥꾼을 시켜 숲에 가서 아들을 죽이라고 명한다. 그러나 아 아이는 너무도 사랑스러웠기에 사냥꾼은 도저히 죽일 수 없었고, 그냥 숲에 버리게 된다. 그러나 마침 그 근처를 지나던 사람에 의해 발견되고, 그 사람은 아이가 없어 근심하던 코린스 왕과 왕비에게 그 아이들 바치고, 그들은 아이들 자신들의 아이처럼 기른다.

후에 장성한 오이디푸스는 우연히 자신의 운명이 아버지를 죽이고 어머니를 범하도록 되어있다는 것을 알게 되었고, 이런 가혹한 운명을 바꾸려 자신이 살던 왕국에서 가장 먼 곳으로 도피를 하게 된다. 자신이 코린스 왕의 아들인 것으로 알고 말이다. 그러나 그렇게 해서 그가 간 곳은 바로 그의 본래 고향인 '테베'였다.

그는 인간으로서 도저히 풀 수 없다고 여겨졌던 '스핑크스'의 수수께끼를 풀어 테베를 구했고, 때마침 길거리에서 어느 날강도에게 죽임을 당했던 라이오스 왕에 이어 테베의 왕이 되었고, 자신의 어머니인 이오카스테와 결혼하게 되어, 2남 1녀를 두기에 이르렀다. 모든 예언은 이루어졌고, 운명은 한 치도 변하지 않은 것이다.

그가 모든 진실을 알게 되었을 때, 그는 깨닫는다. 자신이 코린스 왕의 아들이 아니라 라이오스 왕의 아들이었으며, 그래서 예언을 피해 테베로 온 것은 바로 자신이 스스로 운명의 결정을 수행한 것이며, 라이오스 왕을 죽인 날강도가 실은 자기 자신이며, 너무도 무례하게 자신을 모욕을 주어 자신을 분노하게 만들었던 무리가 바로 라이오스 왕과 그 무리였으며, 자신이 정말 사랑했던 왕비 이오카스테가 실은 자신의 어머니며, 자신과 이오카스테 사이에서 얻은 그리고 후에 오이디푸스를 끝까지 뒤따르며 그를 돌보게 되는 소중한 안티고네가 자신의 딸임과 동시에 자신의 누이임을, 그래서 결국 자신이 알고 있었던 예언이 한 치도 벗어나지 않고 이루어졌다는 것.

그래서 그는 절규한다. 세상에서 자기처럼 현명하고 지혜로운 자가 없었음에도 불구하고, 자신이 보았고, 지금도 보고 있고, 앞으로도 봐야 할 이 모든 사실들과 세상이라는 것이 자신을 기만하고 조롱한다는 것, 그래서 실은 우리가 진실이라고 믿고 있는 모든 것이 환영이고 기만일 수 있다는 것, 참된 진실은 그것들 너머에 있는 것일 수 있다는 것. 그는 분노하고 좌절하며 그동안 자신의 이성과 지혜가 자신의 '눈'에 의해 기만당했다고 생각하고, 차라리 장님이 되리라 자신의 두 눈을 어머니의 머리핀으로 찌르게 된다.

그리스 비극은 늘 이렇게 인간적으로 거의 무결점인 영웅들조차 운명의 부조리 앞에서 파괴됨을 보여준다. 모든 것은 신들의 장난이고, 인간은 제아무리 현명하고 강한 자라도 그 운명의 장난에 한번 휘말리면 산산이 파멸된다.

그러나 그리스 비극은 결코 운명의 비참함만을 폭로하며 세상에 대한 환멸만을 보여주기 위해 만들어진 것은 아니다. 비극은 비가와 다르다. 비극에서의 영웅의 몰락은 동시에 영웅의 새로운 변화를 의미한다. 신보다도 더욱 지혜롭다 생각했던 오디세우스가 10년간의 방황 끝에, 무려 20년 만에 자신의 조국 이타카에 돌아올 수 있었지만. 그는 떠나기 전보다 더욱 지혜롭게 되었으며, 페넬로페와의 사랑과 신의가 더욱 공고하게 되어졌던 것처럼, 영웅들은 자신들의 '비극'적 체험 속에서 근본적 비약과 발전 그리고 존재론적 상승을 겪게 된다. 그들은 신을 만나게 된다.

인생의 절반은 여자로 나머지 절반은 남자로 살았던 테이레시아스는 여신 헤라의 저주를 받아 장님이 되었지만 그의 비극의 의미는 자신의 육체적 눈과 그리스 최고의 예언 능력을 맞바꾸게 되는 사건을 의미했던 것처럼, 오이디푸스는 스스로 장님이 되고 자신의 왕궁을 떠나 세상의 조롱을 받으며 이곳저곳을 떠도는 부랑자가 되었지만 그의 불행은 콜로누스에서 마침내 지혜의 여신 아테네를 만나면서 보상된다. 그는 참다운 지혜를 깨닫고 평화 속에서 눈을 감게 된다.

우리는 이런 그리스 작품을 감상하면서, 왜 그리스인들이 '비극'을 그들의 '디오니소스 제전' 시에 상연하고 관람을 했는지를 이해할 수 있게 된다. 비극은 '염소의 노래', '희생양의 노래'이며 이는 바로 기독교적으로 말하면, 미사곡이자 예배곡을 의미한다. 이는 바로 비극의 목적이 인간을 그들이 평소에 빠져 있던 '상식과 일상'에서 벗어나게 해서 신비적인 것, 성스러움의 영역에로 옮겨놓는 것에 있음을 의미한다. 즉 본래적 의미에서 비극은 '신과의 만남'을 의도한다.

이런 의미에서 비극은 '슬픈 감정'과는 별개의 것이며, 그 차원이 다른 것이다. 이는 인간의 주관적인 감정상태들에 주목하고, 철저히 인간주의적인 흐름에 치중하는 드라마와는 명백하게 구분된다. 비극은 인간의 존재론적 '변형'과 '영적 진화'를 추구하며, 이때, 비극

속에서 발견하는 '끔찍한 불행과 고통'은 인간이 영적이고 존재론적인 비약을 하기 위해 겪어야만 하는 일종의 '통과의례'를 의미하는 것이라고 말할 수 있다. 그래서 그것은 부정적인 것이 아니라 긍정적인 것이다. 십자가에서의 모욕과 죽음이 예수가 하느님의 아들이 되기 위한 '부활'의 필수적 조건이었듯이 말이다.

이런 의미에서 참된 비극은 '어린아이와 눈물 짜는 신파조 드라마 매니아들'을 거부한다. 그들은 비극을 이해할 수 없는, 영적 성숙을 겪을 준비가 되어있지 않은 자들이기 때문이다. 그들은 고통을 두려워하며, 알량한 해피엔딩에 감격하는 무리들이기 때문이다. 여기에 인간정신의 퇴락이 있게 된다.

셰익스피어로 대표되는 근대 비극은 그리스적 비극 정신이 철저하게 몰락한 데서 나온 것이라고 말하고 싶다. 셰익스피어는 그의 비극작품들 속에서 바로 기독교인들에게 그리고 아둔한 근대인들에게 딱 어울리는 그런 비극적 인물들을 그려내기에 이른다. 그의 작품은 '드라마'다.

그의 비극작품 속에서도 주인공들은 인간존재들 대표한다는 의미에서, 왕자, 왕 그리고 장군 등의 인물들이 나온다. 그러나 그들은 인간을 대표함에도 불구하고, 현대인들에게 너무도 익숙한 '인간적인 결점'에서 자유롭지 못한 자들이며, 바로 그런 결점들로 말미암아 철저히 파괴된다.

『햄릿』은 '우유부단', 『리어왕』은 '독선과 허영', 『맥베스』는 '권력에의 탐욕', 『오셀로』는 '의심'으로 인해서 비극이 일어난다. 모두 그들이 가진 능력과 인격에 비해서 높고 중요한 위치를 차지하고 있었고, 이런 '부조화'가 그들에게 비극을 초래하게 된다. 그래서 만일 그들이 다른 상황이나 위치에 있었다면, 그들이 그런 끔찍한 불행을 겪지 않았을 수 있었다. 이는 현대를 사는 우리에게 매우 익숙한 현실이다.

셰익스피어의 비극작품 속에서는 근본적으로 그리스 비극에서 볼 수 있는 '비극적 교환 관계'가 없으며, 따라서 인간의 존재론적이고 영적인 비약과 진화 즉 'metamorphosis'가 일어나지 않고 있다. 대신, 인간적인 유약함 앞에서의 좌절감과 비극적 희생자에 대한 연민과 동정만이 무대와 관객들을 뒤덮게 된다. 슬픈 이야기가 시작되고, 사람들은 눈물을 흘릴 준비를 하게 된다.

그러나 그리스 인들은 말한다. 제아무리 인간이 완벽하고, 지혜로워도 그의 지혜와 덕성을 넘어서는 '운명'이라는 것이 있으며, 인간은 자신의 운명을 발견하는 과정에서 비록 처음에는 극단적인 고통을 겪지만, 그 운명의 힘 속에서 인간을 넘어서는 거대한 힘을 발견하고 드디어 그것을 향유하고 즐기게 되어 삶을 하나의 환희로 덮히게 만든다. 그들은 우리 인간들은 각자의 '몫'이 있으며(모이라) 우리에겐 도저히 '피할 수 없는 것'들이 있지만(아낭케) 그것들을 통해서 보다 더 강력한 초월적 힘으로서의 '운명'(파띠)을 체험한다. 그래서 그들의 '비극'은 신에게 바치는 미사곡이며, 비극의 주인공은 바로 그 제단에 바쳐지는 신성하고 순결한 제물이 되는 것이다.

반면에 근대인들은 말한다. 제아무리 인간이 완벽한 척하고 지혜롭게 보여도 인간인 한에서, 죄인인 이유로, 불완전할 수밖에 없으며 보편적 결점을 가지고 있다. 따라서 신은 주사위 놀이를 하지 않으며, 세계는 완벽하지만 불완전한 인간들로 말미암아 세상에는 끊임없이 고통과 비극이 끊이지 않는 것이다. 따라서 우리는 신의 도래를 요청할 수밖에 없으며, 신의 구원을 통해서 우리는 비로소 환희를 맛보게 된다. 그래서 비극은 일종의 우리 실존에 대한 한탄과 신에 대한 그리움의 노래가 될 수밖에 없다. 여기서 근대적 elegy가 등장하게 된다.

한편, 유교적 영향권 속에 살고 있던 우리 민족은 말한다. 세계는 우리의 일상적 관점과는 다른 맥락에서 완전하며, 이런 종류의 완전한 세계를 이해하고, 그것에 조응하기 위해서는 우리 인간의 본성 속에 내재되어있는 근원적 도덕적 심성을 찾아내고, 그것을 극대화시켜야만 한다. 세계는 '큰 의미에서' 인간적이며, 이 영역 속에서 인간과 세계는 하나가 될 수 있다. 그리고 세상의 비극은 인간이 이런 큰 의미에서의 인격적 경지에 도달하지 못하는 데서 오는 도덕적 과오에서 일어나게 된다. 따라서 비극은 우리 인간으로 하여금 우리 속에 내재되어있는 심오한 도덕적 본성의 실현을 독려하고 자극하는 하나의 교훈이 되는 것이다.

운명을 사랑하는 자와 운명을 탄식하는 자, 그리고 운명을 완성하는 자. 우리는 어떤 모습으로 세상을 살고 있으며 살아가기를 희망해야 하는 것일까? 이는 각자의 선택에 달려있다.

프리메이슨, 악마주의 그리고 페미니즘

일찍이 일단의 개신교단체들은 이 세계에 현재 악의 세력이 실존하고 있으며, 그들에 의해서 세계는 종말의 때로 가고 있다고 주장해왔다.

또한 '음모론'에 관한 책들을 읽어보면(예를 들어, 『그림자 정부』), 세계를 움직이는 'Big Brother'로서 바로 프리메이슨을 지목하고 있다. 사실, 나 역시 처음엔 너무 황당해서 읽는 것에 거부감이 들었지만, 일단 읽기 시작하고부터는 정말로 정신없이 읽어나갔고, 그 결과 세계관에 엄청난 변화가 일어나기까지 했다. 나는 그 책을 읽고 이 세계를 실제로 움직이는 보이지 않는 세력의 존재가 있을 수 있다고 생각하게 되었다. 그런데?

과연 '그들이 프리메이슨일까?' 하는 의구심은 여전히 남게 되었다. 그러다가 알게 된 것은 유독 '교조적이고 급진적인 개신교' 단체들이 '프리메이슨'의 존재를 강조하며, 수많은 프리메이슨에 대한 이야기를 유포한다는 사실이었다.

그들은 자신들과 다른 모든 종교나 교파들, 이를 테면 모르몬교, 가톨릭 그리고 심지어 불교도 모두 프리메이슨에 속한다는 황당한 주장을 하기까지 한다. 더 나아가 모든 종류의 대중예술도 모두 프리메이슨에 조종당한다고 선전한다.

그러나 솔직히 개인적으론, 바로 프리메이슨을 비난하는 그들 교조적인 개신교 종파가 오히려 더 반사회적이고 악마적이기까지 하다고 본다. 그리고 이런 의심 속에서 '과연 프리메이슨이라는 악마적 단체가 있기는 한 것일까? 그리고 과연 그런 단체가 있다면, 그들은 정말로 누구이며, 왜 있게 된 것일까?'라는 질문을 던지게 되었다.

결국, '세계를 움직이고 조종하는 세력'과 '프리메이슨'을 분리해서 생각하는 것이 보다 합리적이라는 생각을 하고, 보다 객관적으로 프리메이슨과 '악마주의(사타니즘)'에 대해서 생각하기로 했다.

기독교는 타 종교에 비해서 유독 '악'에 대해서 민감하다. 그들의 악에 대한 태도는 아주 강경하며 공격적이다. 그들은 악을 철저히 배척하며 적대적으로 대한다. 공식적인 기독교 교리는 악의 존재 자체를 부정함에도 불구하고, 실제적인 그들의 태도는 선/악의 이원론적 태도를 보인다.

도대체 악이 무엇일까? 그리고 왜 악이 문제가 되는 것일까? 그리고 그것의 기원은 무엇일까? 나의 결론은, 악은 유혹이며, 그것은 우리를 타락시키며, 그 결과는 고통이라는 것이다. 이런 생각은 지극히 당연한 것으로 보이기까지 한다.

악이 유혹이라고 할 경우, 도대체 무엇이 우리를 유혹하며, 유혹의 대상은 무엇이며, 우리가 유혹에 빠질 경우 우리가 잃게 되는 것은 무엇일까?

바로 유혹은 모든 감각적·육체적인 것들이다. 도대체 그것들 이외에는 우리를 유혹하는 것은 없으니까 말이다. 또한 우리가 경험한 바에 의하면, 우리가 겪는 모든 고통은 사실 감각적·육체적인 것에 그 기원을 둔다는 사실이다.

이런 맥락에서 '그노시스주의(영지주의)자'들은 이 세계를 창조한, 정확히 말하자면, 건축자 또는 조립자인 '데미우르그'가 실은 '악마'라고 주장했다. 이런 아이디어는 그 유명한 플라톤의 『티마이오스』에 나와 있다. 그에 따르면, 순수한 정신적 세계인 이데아를 '강제적으로' 질료(물질)계와 결합시키는 식으로 데미우르그는 이 세계를 창조했으며 그리고 그런 창조로 말미암아 이 세계가 시작되었던 것이다.

우리는 플라톤의 사상에서 인간 영혼이 망각의 강(레테의 강)을 건너면서 육체에 사로잡히게 되었다는 것을 볼 수 있다. 일단 영혼이 육체에 갇히게 되면 자신의 존재와 자신이 있었던 세계에 대한 인식과 기억을 망각하게 되는데, 바로 이것이 인간의 타락이다.

그런데 이런 '악신'의 세계 창조에도 불구하고, 인간에게는 스스로를 구원할 수 있는 신적 영혼이 몰래 숨겨져 있다고 하는데, 이 비밀을 발견하는 자만이 진정한 구원을 얻게 된다. 이렇게 인간에게 숨겨져 있는 신의 비밀스런 영혼을 일러 '모나드'라고 한다. 이런 그노시스주의의 본질은 바로 '영혼=선, 육체=악'이라는 것이며, 그리고 기독교는 이런 식의 구도를 맹렬히 비판했음에도 불구하고 결국은 거의 그대로 받아들인다.

한편, 우리가 아는 바에 따르면, 프리메이슨의 사상적 기원은 '이

집트'다. 이집트 종교의 중심은 바로 '호루스-이시스-오시리스 숭배'에 있다. 그런데 여기서 프리메이슨 사상에 가장 큰 영향을 준 것은 바로 '이시스'라고 알려져 있다.

왜 이시스일까? 이시스는 바로 '여신'이다. 그녀는 신화의 가장 중요한 모티브인 'The Great Mother' 또는 '大地母'신이라고 한다. 그래서 고대로부터 신적인 것의 비밀을 안고 있는 위대한 신이라고 해서 수많은 숭배전통을 낳았다. 이시스는 메소포타미아의 '이슈타르' 여신과 동격이며, 그리스에서는 '아프로디테'와 '데메테르' 여신을 결합한 이미지와 유사하며, 구약의 팔레스타인의 '바알'신과 유사하다고 생각한다. 이시스는 어머니이며 대지의 신이며 땅의 신이며 바로 육체의 신인 것이다.

흥미로운 사실은 기독교가 일어난 시기에 그리고 기독교가 로마에서 번창할 즈음에 소위 근동과 로마에서 가장 유력했던 신앙이 바로 이시스 숭배였다는 점이다. 그래서 초기 기독교 창시자들에게도 이시스 숭배를 무시할 수 없었고, 어떤 식으로든 타협이 필요했다고 본다.

이런 흐름에서 기독교는 우선, 자신들의 원류인 그노시스적 전통을 이단으로 몰아붙이게 되는데, 그 이유는 창조주가 악신이라는 그노시스주의를 받아들일 수 없었기 때문이다. 기독교는 신에게 전지·전선·전능의 권한을 이양하는 이유로 어떤 이유에서도 '악'의 기원을 신으로 돌릴 수 없었던 것이다. 대신 악의 기원을 '인간'에게 돌리게 되는데, 이것이 바로 辯神論이다.

그노시스의 이원론을 받아들이되, 악의 기원은 인간에게 돌리는 식으로 그노시스로부터 벗어난 뒤에 다시 인간에게 돌려진 악의 본질을 인간의 육체와 감각에서 찾을 경우, 결국 그 문제는 대지모신인 이시스와의 관계 정리를 필요로 하게 된다.

여기서 기독교 교부들은 기존의 보편화된 이시스 신앙을 전적으로 부정하지는 못하고 교묘한 절충을 시도한다. 그들에게 신은 오로지 정신적이고 하늘에 계신 아버지일 뿐이었기 때문이다. 그들은 육체적인 것, 대지적인 것에 대한 경멸과 분노로 가득했기에 그들은 그것에 '악'의 이름을 부여하고 싶었던 것이다.

그래서 교부들은 이시스 신앙을 '마리아 신앙'으로 대치하게 되며, 이런 이유로 지금도 로마 가톨릭 신앙에서는 삼위일체 신앙과는 별개로 마리아신앙이 매우 중요하게 인정되는 것이다. 마리아 신앙은 바로 이시스 신앙의 유산이다.

그러나 문제는 기독교화된 이시스 여신 즉, 마리아는 더 이상 모든 '여성적인 것·육체적인 것·대지적인 것'의 권능을 상실한다는 점이다. 오로지 '제1의 피조물'로 '반인·반신'의 반열에 오르며, 대지적 죽음 대신, 昇天의 영광만을 받게 될 뿐이다. 그녀는 더 이상 이시스가 아니다. 그녀는 모든 종류의 육체적인 욕구에서 해방된 존재자이며 동정녀다. 그녀의 생식력은 예수에만 한정되었을 뿐이다. 마리아는 더 이상 우리를 유혹하지 못하고 사랑에 빠뜨리게 하지도 못하며 생명을 잉태하지도 못한다. 그녀는 불모의 대지이며 불임의 여성일 뿐이다.

칼 구스타브 융에 의하면, 진정한 신은 삼위일체가 아니라 '사위일체'라고 한다. 그에 따르면, 기독교를 제외한 거의 모든 종류의 종교들에는 '대지-어머니'에 대한 신앙이 있다고 한다. 오직 기독교만이 육체적인·감각적인·대지적인 것에 대한 거부가 있다는 것이다.

그런데 융은 기독교가 배제한 마지막 위격의 이름을 놀랍게도 '디아볼릭'이라고 부른다. 바로 '악마'라는 것이다. 여기서 우리가 알게 되는 것은 '악마'의 기원이 바로 '어머니·여성·대지·육체'라는 것이다.

융에 의하면, 그 어떤 종교이든 간에 그것이 온전하고 건강한 종교일 경우, 그것은 반드시 '여성적인 것·육체성'에 대한 신앙적 요소를 갖추어야만 한다. 왜냐하면 그런 한에서만 인간의 정신은 그 '총체성'을 이루어낼 수 있기 때문이다.

바로 여기서 우리는 소위 '악마주의'의 본질을 알게 된다. 우리는 악마주의적 전통이 중세에 매우 광범위하게 만연되었다는 사실을 알고 있다. 그리고 지금도 그 흐름은 계속되고 있다. 그런데 사실 그 악마주의는 기독교가 배제한 '여성·육체'적 요소에 대한 인간정신의 무의식적 갈망과 회복 본능에서 기인하는 것임을 알 수 있게 된다.

서구 기독교의 역사는 '영혼/육체, 관념/물질, 남성/여성, 선/악' 간의 이원론적 대립의 불완전한 정신적 불구의 역사일 뿐이며, 이런 정신적 불구역사 속에서 본능적으로 정신적 완전성과 총체성을 회복하기 위해서 매우 왜곡되고 기괴한 방식으로 명맥을 유지한 것이 '악마주의'인 것이라 할 수 있다. 그래서 '악마주의'는 불완전한 '기독교'의 잃어버린 얼굴이며 대지의 분노이며 여성의 한(恨)인 것이다. 그것은 기독교의 필연적 유산이다.

그런데 흥미로운 것은 이런 대립과 정신적 불구현상은 종교개혁 이후 더욱 가속되었다는 사실이다. 바로 개신교는 마리아 신앙마저 부정했던 것이다. 극단적 성서중심주의의 결과는 인간정신의 황폐화를 가속시켰을 뿐이다. 이런 의미에서, 현대의 개신교의 권력이 커 갈수록 다른 한편으로는 극단적인 물신주의와 악마주의가 극성하게 되는 것도 필연적인 결과라고 할 수 있다.

따라서 교조적이고 근본주의적 개신교 세력에서 '프리메이슨'이라는 이름으로 유포하는 악의 세력의 존재는 사실상 그들 자신들의 불구적 정신의 결과이자 현대의 비극의 상징이지, 실제로 세계를 조종하는 그림자 정부와는 필연적 상관성은 약하다고 봐야 할 것이다. 즉 개신교 세력이 비판하는 악의 세력의 정체와 그림자 정부는, 그들의 실존여부와는 상관없이, 별개의 문제라고 봐야 할 것이다.

참고로, 주로 여권운동이 서구에서 그것도 주로 개신교 국가에서 활발하게 진행되는 것은 결코 우연이 아니라고 생각한다. 여성들은 자신들의 존재와 자리를 얻고자 투쟁하고 있다. 그것은 바로 잃어버린 대지와 어머니 그리고 처녀성에 대한 회복의 의지에서 기인한 것이다. 그러나, 개인적으로 안타까운 것은, 아직도 그녀들이 자신들의 '자리'를 알지 못한다는 것이다.

'하느님, 아버지' 대신 '하느님, 어머니'를 외칠 것이 아니라, 바로 '하느님, 아버지 그리고 대지의 어머니'라고 외쳐야 할 것이다. 그래야만 싸움이 종식될 것이기 때문이다.

🌰 사적인 고통(the private pain)의 문제에 관하여

비트겐슈타인은 사적인 고통이라는 것은 존재하지도 존재할 수도 없다고 말한 적이 있다. 이런 그의 주장은 일견 우리의 일상적 상식과 배치되는 것처럼 보인다.

실제로, 이 세상에 별처럼 많은 사람들이 존재하는 것만큼, 그 만큼의 혹은 그 이상으로 많은 고통들이 존재한다. 그리고 우리가 그 것들을 '고통'이라 칭하는 것은, 그것들의 대개가 다른 사람들은 이해할 수 없는 그래서 오로지 그런 고통에 시달려야 하는, 당사자들만이 감당해야 하기 때문이기도 하다.

한편 하이데거나 키에르케고르에 의하면, 우리 인간에게 '죽음'이라는 사태는, 그 누구도 그것으로부터 자유로울 수 없는, 우리가 인간인 한에서 무차별적으로 그리고 보편적으로 겪어야만 하는 '절대적'이면서도 처절할 정도로 '개인적인' 사태인 것이다.

우리는 살아가면서, 흔히 "아무도 나의 고통을 이해할 수 없어."라고 말하곤 한다. 그리고 실제로 우리가 누군가를 제아무리 사랑한다 할지라도, 그 누군가가 겪어야 하는 고통을 이해한다고 말하기는 매우 힘들다. 이런 의미에서, 우리는 우리의 사적인 고통들로 말미암아,

이 세상에서 '섬'들로서 존재할 수밖에 없는 것처럼 보인다.

사태가 이러함에도 불구하고, 왜 비트겐슈타인은 '사적인 고통'과 그럼 사적 체험에 기초하는 '사적인 언어'가 불가능하다고 했을까? 사실 그 역시 평생을 끔찍할 정도로 외롭고 고독하게 살았음에도 불구하고, 왜 그 '사적인 것'을 부정했던 것일까? 이는 과거에 정말이지 오래도록 나를 지배하고, 번뇌에 빠뜨리고, 더 나아가서 새로운 종류의 '사적인' 고통들마저 빠뜨리게 했던, 아주 지독한 악질 화두였었다.

그의 '사적 고통과 사적 언어의 불가능성'의 사유를 이해하려면, 우선 그의 '사적(private)'이라는 용어를 잘 이해해야만 한다. 왜냐하면, 후대의 많은 학자들, 심지어는 특정 분야에서 '대가'의 반열에 들어가는 학자들마저 그 '사적'이라는 말을 오해한 나머지, 그에 대한 그릇된 이해를 갖곤 했기 때문이다.

그를 오해했던 많은 사람들은 그의 '사적'이라는 말을 단순히 '공적(public)'이라는 말의 모순 개념으로 이해하곤 했었다. 거기에 한 술 더 떠서, 그들은 '공적(public)'이라는 의미를 그저 '일상적인(ordinary)'혹은 '보통의(normal)', 그리고 다시, '사회적인(social)', 심지어는 '유통되는(current)'이라고 이해하기까지 했었다.

사태가 이렇게 되다 보니, 사람들은 비트겐슈타인의 사유를, "어, 그래 철학이라는 것은 반드시 '현재의 통시적으로 유통되는 일상 언어'로만 해야 하는 거야." 또는 "각자의 내면적이고 고유한 고통이라는 건 실은 철저한 환상이고, 그건 다 우리의 일상 언어로 '정확하게' 표현될 수 있으며, 그 경우 '누구나' 이해할 수 있는 것이야."라는 식으로 이해하기에 이르렀던 것이다.

그러나 제아무리 '비트겐슈타인'이라는 무소불위의 '권위'를 가지고 자기 자신을 기만하고 타인들을 억압하려 해도, 우리는 우리들의 고통들이 결코 그런 식으로 표현될 수 없으며, 서로 그렇게 완벽하게 소통될 수 있는 그런 것들이 아님을 인정할 수밖에 없는 것이다.

그럼 결국, 비트겐슈타인은 어처구니없는 오류를 범한 것이고, 우리는 결국 '벌거벗은 임금님'의 배우들이었을 뿐인가?

그러나 '당연하게도' 문제는 그에게 있기 보다는, 그를 오해한 우리에게 있는 것처럼 보인다. 대가는 그렇게 어처구니없는 실수를 하지는 않는 법이기 때문일까?

실제로 비트겐슈타인의 작품을 읽다 보면, 우리는 그의 '사적인' 것의 부정이 '현재 유통되는 일상적이고 사회적인 즉 공적인'인 것의 옹호라고 볼 수 없다는 생각을 하게 된다. 생각해보라. 지금 자신의 등의 특정부분이 매우 특이하게 가려울 때조차, 우리는 그것을 상대에게 정확히 전달하는 데 엄청난 어려움을 겪곤 한다는 것을 말이다. 그렇게 사소한 것들도 그럴 진데, 그보다 더 심오하고 중요한 것들은 오죽하겠는가?

그의 사고를 이해하는 열쇠는 다음과 같다 : 우리가 타인과 소통을 할 수 있고 타인을 이해할 수 있는 것은, 우리가 '사회적' 성격을 본질로 하는 '언어'라는 것을 가지고 있기 때문인데, 중요한 것은 그 언어의 의미가 그 언어 자체에 기초하고 있거나 혹은 그 언어를 사용하는 사람들의 내면적이고 '사적인' 심리내용이나 감각들에 기초하는 것이기보다는, 내면적이든 외재적이든 간에, 그런 언어가 나오게 되는 그리고 그런 언어를 우리가 사용하게끔 만드는, '사태' 혹은 '상황'에 의존하고 기초하기 때문이라는 사실이다.

우리는 흔히 "내 앞에 책 한권이 있다."라는 문장과 "내 마음이 아파."라는 문장을 질적으로 다른 '영역'에 속하는 것들이라고 생각한다. 그리고 그 이유는 '내 앞에'라는 말과, '내 (안의) 마음'말이 서로 질적으로 구분되는 두 '영역'에 각각 적용되는 것들이기 때문이라고 생각하곤 한다.

그러나 비트겐슈타인에 의하면, 이런 식의 색각은, 우리가 언어를 사용하는 주체이자 당사자들임에도 불구하고 우리가 그 말들의 '외적인 모양새'에 현혹되었기 때문이라는 것이다. 즉 우리가 일종의 환상에 속고 있다는 것이다.

한 가지 질문 : 우리는 도대체 우리가 사용하는 '말'로부터 철저히 벗어나서 뭔가를 느끼고 지각하고 체험하고 생각할 수 있을까? 제아무리 사소한 것일지라도 말이다. 한번 시도해보자.

놀라운 사실은 우리는 우리가 제아무리 사소하고 찰나적일지라도, 뭔가를 느끼고 체험할 수 있는 한에서 결코 말에서 벗어날 수 없다는 것이다. 이는 무시무시한 결과다. 우리는 결국 특정한 말과 단어로써 그것들의 존재를 확인시키는 것이다.

비트겐슈타인에 따르면, 심지어는 우리가 '외부'와 '내부'라는 영역들마저 그것들의 '실재성'의 문제와는 별개로 철저히 '언어현상의 결과'라는 것이다. 여기서 말하는 '언어현상'이라는 것은 우리의 뇌에서 일어난다고 여겨지는 '의식작용'의 결과를 의미하는 것은 아니다. 오히려, 보다 엄밀히 말하자면, 그런 '의식작용'을 '의식작용'이라

할 수 있는 것, 그래서 '의식작용'을 '의식작용'으로서 창조해내는 것은 '언어'인 것이다. 도대체 나의 의식이니 나의 마음이니 또는 '나'라고 하는 것, 그것들 중에 나의 '언어'로부터 벗어나있거나 또는 그것들보다 '선험적인' 것이 있기나 한 것일까?

이쯤 되면 우리는 마치 〈매트릭스〉의 '네오'처럼 그리고 굴에 빠진 엘리스처럼 혼란스러움을 느끼게 된다. 어지럼증을 느끼기까지 한다.

우리의 마음이 우리의 언어로부터 독립해서 존재했기 때문에, 우리는 그렇게 존재한 마음에다가 추후에 '마음'이라는 말을 붙여주는 것일까? 그리고 그 경우, 우리의 마음의 영역은 우리의 외부 세계와 정말로 '객관적으로' 그리고 '있는 그대로의 지평에서' 즉 '존재론적으로' 별도로 혹은 독립적으로 있는 곳일까?

그러나 설사 그것이 참일지라도, 우리는 그것을 알 도리도 없고 증명할 길도 더더욱 없다. 그렇다. 우리는 철저히 '언어'에 갇혀 있다. 우리는 우리 자신의 언어에 무기징역의 형량을 안고 갇혀 있는 죄수와도 같다.

이런 사유는 '언어관념론'일까? 물론 그렇게 보일 여지도 있다. 그러나 이는 단순한 언어관념론 하고는 질적으로 다르다. 언어관념론이 가능하려면, 최소한 다음의 두 가지가 전제되어야 하기 때문이다.

첫째, 언어는 관념적인 것이다. 즉, 관념적인 것이 그것이 절대적인 것이든 물질적인 것과 모순적으로 존재하는 것이든 간에, 언어보다 선험적이어야 한다.

둘째, 그것이 관념인 한에서, 그것이 우리 인간의 것이든 신의 것이든 간에, 그 관념을 관념으로서 의식 속에 담지하거나 소유해야 하는 또 다른 종류의 '초월적인 주체'가 존재해야만 한다.

그래서 이 경우, 가장 존재하는 것들의 순서를 열거하자면, 모든 것들의 절대적 토대로서의 '주체'가 먼저 있고, 그 다음 그런 주체가 가지고 있는 '관념'이 있어야 하며, 그 다음에 가서야 관념의 기획에 따라 주로 외부세계를 형성하는 기능을 하는 관념의 유용한 도구로서의 '언어'가 있게 되는 것이다. — 그러나 이런 식의 생각은 비트겐슈타인의 아이디어와는 다르다는 것이 분명하다.

그에 의하면, 언어로서 불리는 한에서의 그 언어 그리고 그것을 사용한다고 여겨지는 관념, 그것을 소유하고 있는 주체, 그 모두가 다 언어의 결과들인 것이다. 즉 언어야말로 그것들보다 더 '선험적인' 것이다. 그것들조차 언어의 결과물들이라는 것이다.

이 경우, 우리는 다음과 같은 근본적인 질문을 던질 수 있다 "좋다! 그 모든 것이 언어의 결과물들이라고 치자. 그럼 왜 그리고 어떻게 그것의 결과물들, 예를 들면, 관념은 다른 것이 아니고 관념이 되며, 주체는 오로지 주체가 되는 것인가? 왜 관념이 아니고 주체가 되고, 주체가 아니고 관념이 되며, 더 나아가 내 앞의 책이 아니고 주체가 되는 것일까? 언어는 그 자체로는 이것들을 그런 식으로 구별할 이유도 기준도 능력도 없어 보이기 때문이다."

여기서 비트겐슈타인은 기존의 유아론이나 관념론과는 매우 다른 그의 사상을 보여준다. 그의 전기 철학에서 그는 다음과 같이 말하고 있다. "나의 언어의 한계는 나의 세계의 한계다." "나는 나의 세계이자 나의 언어다." "……그리고 여기서 실재론과 관념론은 하나라는 것이 드러난다."

그렇다. 존재하는 한에서 그 모든 것들은, 심지어 그것들을 보는 '나' 자신조차도 모두 나의 언어의 결과들이다. 나는 그리고 전통적 주체철학에 의하면 그 나를 기초로 해서 비로소 가능해지는 이 세계 전제는 바로 나'의' 언어의 결과들인 것이다. 여기서 우리는 '의'라는 것이 결코 '소유격'이 아님을 알게 된다.

또한 내가 내가 되는 것 그리고 관념이 관념이 되는 것, 책이 책이 되는 것은 그 신비한 언어를 '본래적으로' 틀 지우고 있는, 그래서 결코 우리가 만든 것이 아닌, '초월적 논리학' 혹은 '논리적 구문론' 즉 그 언어의 문법에 의해 결정된다는 것이다. 중요한 것은, 여기서 말하는 논리학이나 문법이 우리가 후천적으로 학교에서 배우는 그런 논리학이나 문법과 그 어떤 관련을 가지고는 있지만 그 자체는 아닌 그래서 그것들조차 하나의 결과들인, 초월적인 것이라는 사실이다.

물론, 우리는 여기서 '다시 그 논리학이나 문법이라는 것은 도대체 뭐냐? 그것들은 어디서 나온 것이냐? 그리고 우리는 그것들을 어떻게 아느냐?' 등의 질문을 끊임없이 던질 수 있다. 이런 문제제기는 나름의 타당성을 지니고 있기 때문이다.

그러나 최소한 그의 논지 속에서는 이런 질문들은 '난센스'다. 이런 질문들은 비유컨대 '사상의 지평선(The Event Horizon)'을 넘어가려는 '헛된 시도'이며, 그에 따르면, 이런 시도에서 부정적인 의미에서의 '형이상학'이 나오게 된다는 것이다. 우리 자신은 철저하게 언어적 외연의 한계 속에 갇혀있고, 최대한도로 확장된다 치더라도 동일한 경계를 가지게 되어 언어와 하나가 되는 운명을 가지고 있다는 것이 그의 생각인 것이다.

물론 그의 전기 철학에 따르면, 그 역시 우리와 유사한 종류의 의구심과 갈증을 느꼈었기에, 그는 우리 자신과 언어 즉 존재한다고 말할 수 있는 한계선 너머에서 즉 '無', 그래서 존재한다고 조차 말할 수 없는 그 '뭔가(거시기)'를 오로지 '볼 수만 있다'고 했다. 그리고 여기서 그의 소위 '신비주의'가 시작되었던 것이다.

그러나 아무리 그의 철학의 내적 논리가 완벽하다 할지라도, 우리 역시 그가 쳐놓은 그물 밖으로 나갈 수 없음에도 불구하고, 우리는 그의 신비한 '초월적 논리학'이니 '볼 수만 있는 것'등에 대해서 일종의 황당함을 가질 수밖에 없다. 문제는, 그에 따르면, 어찌된 영문인지 해명될 수 없는 것들이 해명될 수 있는 것들에 비해서 지나칠 정도로 비중이 높고 영양가가 많은 것들이며 너무 많다는 사실이다. 도대체 정말 알고 싶은 것들은 죄다 증명과 설명 밖에 던져버리면서 동시에 모든 것들을 설명하고 기초하는 가장 중요한 기초들로서 있다는 것, 일종의 '거지논법'의 오류를 범하는 것처럼 보인다.

이런 문제의식은 그의 내부에서도 점차적으로 성장을 하게 되었고 결국, 그는 자신의 사유를 '수정'하기에 이른다. 이것이 그의 후기철학이다.

그의 후기철학에서는 '보이기만 하는 것'이 삭제된다. 그런 것들은 존재할 수도 없고 가능할 수도 없다는 것을 인정하게 된 것이다. 그의 지나친 형이상학적 갈망이 그로 하여금 논리적 내적 불일

치를 야기했음을 깨닫게 된 것이며, 이에 칸트적 유산으로부터 자유롭게 된 것이다.

그에 따르면, 여전히 모든 것들은 '언어 내재적'이다. 그 어떤 것도 우리의 언어보다 먼저일 수 없고, 그것 너머로 초월할 수 없다. 그렇다. 언어는 존재했고, 존재하며, 좌우지간 존재할 가능성이 조금이라도 있는 것들의 끝, 우주의 절대적 한계 즉 완벽한 '사상의 지평선'이다. '언어 밖에는 그 어떤 것도 없다.'.

그러나 그는 더 나간다. 그것은 세 가지로 요약된다.

첫째, 왜 그리고 어떻게 어떤 단어나 표시들은 다른 것이 아닌 바로 그 어떤 것을 지시하거나 의미하는 것일까? 이를테면, '→' 이런 표시를 볼 때 우리는 왜 그리고 어떻게 왼쪽이나 위쪽 혹은 아래쪽, 다른 것들이 아닌 오로지 '오른쪽 방향'과 관련된 그 무엇으로 받아들이는 것일까? 그 표시와 그 의미 사이에는 모종의 신비하고 필연적인 '관련'내지는 '논리적 동일성'이 있기라도 한 것일까?

둘째, 왜 그리고 어떻게, 동일한 단어들과 동일한 문장들은 상황에 따라 의미가 바뀌는 것일까? 이를테면, '지평선'이라는 말은 왜 '자연적 상황'에서 그리고 '논리학이나 철학'에서, 더 나아가 '천체물리학'에서 완전히 다른 의미를 가지게 되는 것일까? 그런 사용은 과연 정당한 것일까? 그것들 사이에는 그 어떤 필연적 관련이 있는 것일까? 그리고 차라리 각각의 분야에 적합한 새로운 용어들을 만드는 것은 어떨까?

셋째, 예를 들어, "나는 북한의 수도가 평양이라는 것을 안다."라는 문장과 "나는 내가 치통이 있다는 것을 안다."라는 문장은 그 외적 형식은 같아 보이는데도 불구하고, 왜 서로 다른 종류의 것들로 느껴지는 것일까?

비트겐슈타인에 의하면, 우리의 모든 것은 언어에 의해 규제된다. 우리의 세계는 우리의 언어다. 상황이 이렇다보니, 언어의 의미를 결정짓고 규정하는 것은 우리 자신이 아니다. 오히려 우리 자신이 우리 언어의 결과다. 그리고 언어는 마치 그 자체 살아있는 생명체처럼 그 스스로 우리에게 다가오며, 그 스스로 자신의 의미를 우리에게 드러내는 것이다. 따라서 이 경우, 우리는 우리에게 '그때그때마다' 다르게 다가오는 언어에 우리 자신을 조정해야(tune)만 한다. 귀 기울여야 한다. 우리는 언어 속에서 거주하고 있으며, 언어는 그때그때마다 자신의 고유한 소리를 우리에게 보내는 것이다. 이 경우, 비록 그 외적 모양새가 같을지라도 그것이 우리에게 다가오는 '때'와 '곳'은 다를 수밖에 없으며, 이에 따라서 의미는 그 순간순간 변하게 되는 것이다.

따라서 중요한 것은 언어의 기표 즉 외양이 아니다. 그것들은 그저 껍데기다. 그래서 기표와 기의는 매우 자의적 연결고리를 가질 수밖에 없다. 그리고 이 경우, 우리는 언어의 기표와 기의가 관련을 맺는 방식이나 구조에 대해서 호기심을 갖게 된다. 그런데 이 방식이나 구조는 결코 선험적으로 미리 결정된 것이 없다. 따라서 그것은 오로지 각각의 때와 곳의 '고유성'에 의해서 자의적으로 결정되는 것이다. 그는 이런 자의적이고 잠정적이면서도 고유한 구조를 여전히 '문법' 또는 '철학적 문법'이라고 부르고 있다. 그러나 이 경우, 그 '문법'이라는 단어의 의미 고유성은 애당초부터 부정되는 것이다. 그래서 '문법' 역시 그저 '거시기'인 것이다.

그런데 언어를 이런 식으로 볼 때, 그것과 우리의 관계는 매우 일방적이고 우리는 그것에 전적으로 종속되는 것처럼 보인다. 언어가 모든 것을 결정하고 우리는 그 결정을 그저 묵묵히 따르고……. 사실, 그는 이런 사유의 도상에서 "그저 행하라!", "생각하지 말고 보라!"라는 유명한 발언을 한다. 우리는 언어적 형태로 다가오는 사태에 대해서 결코, 우리 식대로 즉 개인적이고 사적인 이해방식이나 세계관에 따라서 또는 인간 일반적 이해방식 즉 표상적인 방식으로 만나지 말 것을 강조하고 있는 것이다.

그에 따르면, 사태 자체는 '절대적인' 것이다. 즉 주관적인 것도 아니고 대상적인 것도 아니다. 그것은 주관/객관의 틀을 무한히 초월하고 있다. 오히려 주관적인 것이 되거나 객관적인 된다는 것은, 우리의 행위의 결과가 아니라 사태 자체의 자기운동에 따른 자기현현의 결과들인 것이다. 이 경우, 우리는 '바둑'이라는 우주적 놀이가 벌이지는 사태 속에서, 그 사태를 구체화시키는 '바둑돌'인 것이다. 사태 자체는 모든 것을 결정하지만, 오로지 우리를 통해서만 즉 우리의 절대복종을 통해서만 자신을 드러낼 수 있는 것이다.

이 경우, 우리 인간은 바둑돌처럼 그 자체로는 차라리 無일 뿐이다. 그러나 동시에 바둑돌처럼, 그 어떤 특별한 종류의 '물질적 행위자'인 것이다. 따라서 사태는 그것이 사태이기 위해서 '필연적으로' 우리 인간을 요구하며, 우리 인간의 특별한 종류의 '물질성'의 제한을 받을 수밖에 없다. 비트겐슈타인은 이런 종류의 '특별한' 물질성을 우리 인간의 '생활형식'이나 '자연사'라고 부른다.

따라서 우리 인간과는 다른 종류의 생활형식이나 자연사를 가지는 다른 종류의 존재자들, 이를테면 '백수의 왕 사자'는 '절대로', '언어현상'에 참여할 수 없는 것이다. 이는 논리적 불가능성의 문제인 것이다.

오로지 인간만이, 특별한 종류의 바둑돌만이, 언어현상에 참여할 수 있으며 사태의 우주적 놀이의 돌이 될 수 있는 것이다. 이는 인간 종의 매우 신비한 생활형식과 자연사의 결과인 것이다. 그리고 이것들은 '처음부터', '주어진', '선험적이고 초월적인' 것이기에 설명 불가능하며 그저 인정하고 받아들여져야만 하는 것들이다.

언어현상과 독립적으로 그 자체로 객관적으로 어떤 고유한 세계나 영역은 존재하지 않는다. 만일 지금 이 순간 그 어떤 영역이 우리 앞에 펼쳐진다면, 그것은 그것이 정말로 객관적으로 독립적으로 존재하고 있기 때문이 아니라 특정한 언어놀이가 벌어지고 거기에 우리가 의지하든 안 하든 간에, 우리 자신이 참여하고 있기 때문에 생성된 것이다. 모든 것은 언어적 현상으로 드러나는 사태의 자기 놀이의 결과다. 우리는 그 놀이에 봉사하는 돌들이다. 따라서 우리는 각각의 놀이마다 상이한 규칙들이 만들어지고, 그에 따라 우리가 움직여지고 놀아지고 있다는 명백한 사실을 늘 인지해야 하는 것이다. 그래서 심지어 우리가 암에 걸려 끔찍한 내면적 고통을 겪을 때조차도, 아니 그런 '사건'들 속에서야말로, 우리가 이 우주적 놀이에 적극적으로 참가하고 있다는 사실을 깨달아야 하는 것이다. 우리에게 많은 사건들이 일어날수록 그래서 그만큼의 격정과 고통들이 많을수록, 우주적 전체의 지평에서 볼 때 우리는 '선택받고 축복받은' 것이다. 그리고 이때, '철학'은 이런 우주적 놀이와 축제의 진행을 설명해주는 친절한 안내책자인 것이다. "당신은 지금 이런 게임에 초대되었습니다." "그 게임의 규칙은 이런 것이랍니다."

이런 마당에 '사적인 고통'이 가능한 것일까?

형이상학과 자연학, 그리고 자연과학

아리스토텔레스에게서 형이상학은 '존재인 한에서 존재로서의 존재와 그것과 관련된 것들을 다루는 학'이다. 따라서 그것의 주제는 모든 것이다. 그것은 하나의 總論이라고 할 수 있다. 그래서 형이상학은 모든 것을 다루되, 그 모든 것의 가장 근본이자 고유한 영역인 비물질적인 것, 보편적인 것, 운동하지 않는 것을 주로 다루며 이런 의미에서 형이상학은 제1학이라고 할 수 있다.

반면, 자연학은 바로 우리가 살고 있는 영역에서 겪을 수 있는 모든 것들 즉 시간과 공간의 영역 내부의 모든 것들, 그래서 물질적이고 운동하는 것들만을 보다 구체적으로 세부적으로 다루고 있다. 그것의 대상들은 우리에게 가까운 것들이다. 이런 의미에서는 어쩌면 자연학은 현대의 자연과학과 연속성을 가진다고 할 수도 있다.

그런데 자연학과 자연과학 사이에는 본질적인 관계와 그로 인한 구분이 놓여 있다. 자연학이 비록 물질적이고 운동하는 것들을 다루지만, 그러한 자연학적 대상들은 아리스토텔레스의 생각으로는, 그것들의 존재근거와 운동의 원리를 그것들과는 다른 것 다시 말해 형이상학적인 것에 두고 있다는 점이다. 이러한 이유로 필연적으로 자연학은 그것이 다루는 모든 대상들에 대한 초월적 지평 즉 형이상학을 전제하는 한에서만 그 정체성과 그 성립이 가능하다는 것이다.

자연학이 형이상학을 전제로 해서만 비로소 가능하다는 것은 자연학이 종국에 가서는 형이상학에 수렴됨을 의미하는 것이다. 형이상학은 자연학의 근거이자 귀결이라고 보아야 한다. 이러한 근거와 수렴의 관계는 이 두 학의 경우에 본질적인 것이기에 변경되거나 파기될 수 없다.

그러면 왜 자연학은 형이상학을 전제로 하고 그것에 수렴되어야 하는 것일까? 그 이유는 '근거물음'이라는 그리스적 사유 전통에서 찾을 수 있다. 우리가 사유를 하는 경우, 우리의 사유의 과정은 자연스럽게 우리에게 가까운 것으로부터 우리에게 먼 것으로 향하게 될 것이다. 그래서 우리의 사유는 처음에 우리가 쉽게 마주할 수 있는 것들 이를테면 사물들, 식물, 동물들 즉 물질적이면서 운동하는 것들로부터 시작하게 되는 것이다. 그래서 그러한 사유의 과정은 그러한 것들의 원리들에로 나아가게 되며, 다시 그 원리들의 원리들에로 나아가게 될 것이다. 이러한 사유의 과정은 우리의 사유를 보다 깊은 곳에로 나아가게는 하지만 결코 멈추지 못하게 한다.

이렇게 해서 우리의 사유는 결국 '무한퇴행'이라는 늪에 빠지는 것이다. 따라서 건전한 사유를 복원시켜야 한다는 필요성이 부각되기에 이르며, 그 결과 우리는 하나의 '비약'을 해야만 한다는 필요성을 절감하게 된다. 멈추지 않는 사유를 어딘가에서 멈추게 해야 한다. 그것은 학의 필수적 조건인 것이다. 그래서 우리는 하나의 시작을 설정하되 그 성격을 그 이전 것들과는 전적으로 다른 것으로 한다.

그것은 우선 학적으로 파악된 것이 아니다. 오직 그것만은 직관의 산물이다. 그리고 그것은 물질적인 것도 개별적인 것도 그래서 운동하는 것도 아니다. 그것은 비물질적이고 보편적이며 정적인 것이다. 그것은 그래서 신성한 것이며 초월적인 것이다. 우리는 바로 그런 영역에 도달할 수밖에 없으며, 오로지 그것을 근거로 해서만 시작할 수밖에 없는 것이다. 이런 이유에서 자연학은 형이상학을 전제로 해서만 가능하며 그것에 수렴해서만 완결될 수 있는 것이다.

모든 것은 근거물음에 있다. 그것은 하나의 현상을 바로 '이전'의 현상에 의해서 이해함을 의미한다. 그런데 거기에는 또 다른 본질적인 것이 감추어져 있다. 그것은 근거물음이라는 것이 오직 '보다 이전'이라는 '선형적' 형태를 가진다는 것이다. 근거물음은 '선형적 사유'다. 또한 '보다 이전'에서 '이전'이 의미하는 것은 단순히 중립적인 앞섬이 아니라 가치적인, 존재론적인 앞섬이라는 것이다. 그래서 항상 모든 원인들은 모든 결과들보다 모든 면에서 탁월하다.

또한 원인이 결과보다 탁월하다는 것에서 다시, 시작은 그 과정들보다 탁월하고 모든 과정은 사실상 시작의 빛남이 사그라지는 파괴와 혼돈 그리고 타락과 부패의 과정인 것이다. 그것은 존재론적으로 일종의 엔트로피적 과정을 의미한다. 그리고 그 경우 우리는 언제나 가능한 한 가장 본래적 본질과 도덕으로부터, 아름다움으로부터 '먼 곳에 서있는' 상태에서 우리의 운명을 시작해야 하는 것이다.(여기서 영지주의의 맹아가 싹튼다.)

바로 이런 이유에서 근거물음은 '수직적 사유'다. 다시, 근거물음은 '선형-수직적 사유'다. 이렇게 해서 바로 근거물음이라는 독특한 물음의 태도에서 하나의 존재 영역이 생겨나고 그에 따라 하나의 독특한 학문적 관계가 설정되는 것이다.

이와는 대조적으로 현대 자연과학은 여전히 근거물음의 태도를 유지하면서도 다른 결과에 도달한다. 그것은 '보다 이전'에서 '이전'이 가졌던 모든 종류의 '특권적 성격'을 거부한다. 그 이유는 다양하게 제시될 수 있지만, 그 중에서 가장 본질적인 것 중의 하나는 바로 근대의 스피노자와 현대의 김재권에 의해 제시되는 원리 즉 오직 동일한 것만이 동일한 다른 것과 인과관계를 가질 수 있다는 원리다. 그래서 물질계에서 벌어지고 있는 모든 것들은 오직 철저히 물질계의 다른 것들에 의한 결과들일 뿐이라는 것이다.

만일 사실이 이렇지 않다면, 그래서 물질계에 어떤 비물질적 영향이 주어져 그것이 어떠한 결과를 초래한다면, 그것은 이 물질계의 '항상성' 다시 말해 열역학 제1법칙 즉 에너지 보존의 법칙의 붕괴이고 이는 물질계의 극단적인 혼란과 붕괴를 몰고 오게 된다는 것이다. 이러한 파국과 무질서를 피할 수 있는 유일한 길은 물질계가 비물질계로부터 철저하게 자기 완결적으로 폐쇄되어있어야만 한다는 것이다.

그래서 이제 어떠한 초월적인 것도 신적인 것도 이 세계에 관여할 수 없다. 모든 형이상학적 영향력으로부터의 독립이 선언된 것이다. 이제 '이전의 것'은 '이후의 것'보다 더 탁월한 것이 아니라 질적으로 '등가적이되' 단순히, 어떤 특정한 관점과 과정 안에서, 순서상 먼저 있는 것일 뿐이다. 그것들은 사실상 같은 종류의 것들이다. 이것이 의미하는 바는 자연과학은 근거물음의 근본 형태를 받아들이면서도 그 형태가 가지고 있던 수직적인 것을 제거한 것이다. 그것은 전통과의 거대한 단절 선언이다.

근거물음에서 '수직적인 것'의 제거가 의미라는 바는 바로 형이상학적 영역의 제거를 의미한다. 비물질적인 것, 보편적인 것 그리고 운동하지 않는 정적인 것은 이제 '세계'로부터 추방된다. 자연과학은 형이상학을 '신화'라는 이름의 미신으로 폐기한다.

그러면 자연과학이 근거물음의 형식을 가지면서도 무한퇴행을 어떻게 막을 수 있는 것일까? 그것은 간단하다. 그것은 두 가지 방식으로 이루어진다. 우선, 물음의 과정을 임의적으로 어느 지점에서 멈추는 것이다.

여기서 '임의적'이 의미하는 바는 다음과 같다. 즉 과학적 근거물음은 모든 현상들의 원인을 오직 관찰 가능한 물질의 영역에 한정시키는데, 그 물질계의 영역이라는 것이 유동적이라는 것이다. 우리의 감각의 한계와 시·공의 한계 그리고 관찰가능의 한계는 철저하게 '역사적'인 성격을 가진다. 그 한계들은 역사적으로 점점 넓어진다. 그러나 그럼에도 불구하고 어떤 경우에도 본질적으로는 비약하지는 않는다. 그래서 그 영역의 한계성은 '임의적이면서도 철저하게 결정되어'있다.

또 하나의 방식은 복수적 현상들에 대해 복수적 원인들을 설정하는 것이다. 이는 또 다시 두 가지로 나뉜다. 우선, 어떤 결과의 원인을 하나의 물질적 원인에로 돌리고 다시 그 원인의 원인을 등가적인 다른 물질적 원인에로 돌리고 그것을 다시 다른 물질적 원인에 돌리고……. 이런 식으로 해서 모든 물질들의 수로써 가능한 조합을 만들어 내기에 이른다. 모든 물음의 과정들은 철저하게 물질들의 영역 내부에서 끊임없이 순환한다.

이와는 달리 또 다른 방법은 다수의 결과들을 하나하나의 그것에 해당한다고 여겨지는 원인들에 직접 연결시키기보다는 그것들을 역시 복수적 원인들의 군에 연관시키는 것이다. 어느 것이 어느 것의 원인이 아니라 이제 오직 다수의 원인들이 모여서 이루어지는 그 복잡하고 우연적인 반응 과정이 모든 것을 결과 지운다는 것이다. 이른바 중층 결정이다.

그래서 현대 과학의 근거물음은 '순환적'이며 '중층 결정론적'이다.

그런데 여기서 우리는 하나의 의문에 빠진다. 처음에 우리는 근거물음의 가장 도드라진 성격을 그 '선형성'에서 찾았다. 그런데 지금 우리는 과학적 근거물음의 '순환성'을 말하고 있다. 어떻게 된 것일까?

도대체 '순환성'이 의미하는 바는 무엇일까? 그것은 그 말 자체만으로도 '선형성'과는 다른 어떤 것일까? 단지 하나의 표상적 직선과 표상적 원의 관계의 문제일까? 중요한 것은 다음과 같다. 어떤 것이 아무리 순환적인 것일 지라도 그것에 어떤 작용을 가해서 직선적인 것이 된다면, 그것은 본질적인 의미에서 순환적인 것이 아니라는 것이다. 그것은 단순히 직선적 선형성에서 약간의 변화가 일어났음을 의미할 뿐이다. 직선을 구부려서 원을 만들거나 원을 잘라 직선을 만들거나 그것들은 매한가지로 선형적인 것이다. 그런 의미에서라면 '선형적'과 '순환적'은 서로 별개의 것들이 아니다. 그보다는 '순환적'이 '선형적'의 한 요소에 불과한 것이다. 이와는 달리 진정한 의미에서 '순환적'은 단적으로 '비선형적'이다.

이와 유사하게 '중층 결정' 역시 그것의 불확실성으로 말미암아 '선형성'을 벗어나는 것처럼 보이지만 사실은 그것 역시 '선형적임'을 완전히 극복하지는 못한다. 왜냐하면 거기에는 '수학적 확률게임'이 분명히 존재하며 아무리 복잡해도 분명히 결과들보다는 원인들이 앞서 있기 때문이다. 단지 직접적으로 바로 '이것이다'라는 식으로 지목할 수 없을 뿐이다.

결과적으로 말해서, 무엇이든 간에 근거물음인 한에서 그것은 선형적이다.

자연과학이 역시 근거물음이고 따라서 선형적 사유인 한에서 그리고 그 주제에서 시·공적 존재자들이라고 할 때, 그것은 자연학과 상당한 많은 것을 공유한다고 보아야 한다. 그리고 그 경우 우리는 그 둘 사이에 어떤 관계가 설정 가능한가에 대해서 생각해볼 필요가 있다. 단적으로 우리는 다음과 같이 물을 수 있다. 즉 과연 그 둘은 연속적인 것일까, 불연속적인 것일까?

앞에서 이미 열거했던 자연학과 자연과학의 성격을 간단히 말하자면, 자연학은 물질적인 것을 비물질적인 것의 차원에서 이해하는 것이고 과학은 물질적인 것을 오로지 물질적인 차원에서 이해하는 것이다. 여기에는 탐구영역에서의 일치에도 불구하고 어떤 큰 차이가 있는 것처럼 보인다. 그러나 이러한 차이는 근거물음이 가질 수 있는 다양한 방식에서 기인하는 것이라고 이해할 수 있고, 그런 이유에서 어떤 의미에서는 본질적인 차이를 설명하기에는 부족해 보인다. 그래서 그것들을 오로지 근거물음이라는 시야에서 볼 때, 그것들은 '연속적'이다. 그리고 그 경우 현대 과학의 형이상학의 거부는 일정 정도의 정당성을 확보한다. 형이상학의 탄생이 오로지 근거 물음의 역사에서 하나의 우연적 현상이라고 할 수 있기 때문이다.

그러나 과연 존재 일반에 대한 학으로서의 형이상학은 하나의 역사적 우연일까? 그래서 그것은 우연히 부정돼도 되는 것일까? 그것은 단순히 과거의, 무지했던 시대의, 특정한 문화만의 잔재일 뿐일까? 다시 아리스토텔레스로 돌아가 보자.

도대체 아리스토텔레스에게 자연학은 왜 있는 것일까? 그에게서 자연학의 의미는 무엇일까? 또 그에게서 자연학의 탐구 대상들인 시·공적인 존재자들에 대한 앎의 필요성은 무엇일까?

아리스토텔레스에게 제1학은 앞에서 보았듯이 형이상학이다. 그에게서 형이상학이란 존재 일반에 관학 학인 까닭에 그 어떤 것도 형이상학의 영역 밖에 놓일 수는 없다. 형이상학은 존재하는 모든 것에 대한 총론이다.

만일 이것이 사실이라면 존재하는, 존재할 수 있는 유일한 학은 오직 형이상학뿐이라야 한다. 그것은 이미 모든 것을 그 안에 포섭할 수 있는 까닭에 다른 것을 허용할 필요가 없다. 만일 물리학의 경우라면, 그것이 모든 물리적 현상에 대해서는 다 다룰 수 있을지언정, 바로 우리 눈앞에서 벌어지고 있는 다양한 생물학적, 화학적 현상들에 대해서는 완전히 무기력하고 그래서 그것들에 대한 학의 필요성을 인정할 수밖에 없게 된다. 그러나 형이상학은, 최소한 아리스토텔레스의 경우는, 그런 식으로 다른 학을 인정할 필요는 없다. 사실 그의 『형이상학』에서는 일반적으로 형이상학의 고유주제라고 할 수 있는 것 이외에도 자연학의 주제들에 대해서도 다루고 있다. 학문들 간의 중복 현상이 벌어지고 있는 것이다.

　이러한 문제에 대해 가능한 하나의 해결은 다음과 같다. 즉 아리스토텔레스에게 학으로서의 학, 학 중의 학 그래서 제1철학은 형이상학이고, 그것의 본래적 주제는 존재 자체 다시 말해 참다운 존재 즉 실체다. 실체는 그것이 존재 자체인 까닭에 그것은 변화하지도 운동하지도 않는 것 즉 보편적이고 비물질적인 것이다. 오직 그런 것에 대해서만 진정으로 학문이 가능한 것이다. 그리고 사실이 그렇다면 우리는 당연히 처음부터 형이상학적 시도를 해야 할 것이다. 그러나 우리 인간이 현실적으로 놓여 있는 상황은 형이상학적 실재로부터는 가장 먼 것이다. 우리가 놓여 있는 현실은 철저하게 물질적이고 개별적이고 변화 운동하는 곳이다.

　이곳에 놓여 있는 인간은 그런 현실을 단번에 넘어설 수도 없으며, 더더욱 그냥 쉽게 무시해서도 안 된다. 인간이 이런 현실에 놓여 있는 한, 학문의 출발점은 우리 인간에게 가장 가까운 곳으로부터 시작해야 하는 것이다. 이러한 ‘우리에게 가까운 곳으로부터’는 학문적 용이성은 물론이거니와 학문적 현실 적합·타당성을 의미하는 것이다. 우리는 현실로부터 시작하고 현실에 철저히 적용시킬 수 있어야 한다.

　바로 그러한 이유에서 자연학이 그 존립근거를 얻는 것이다. 자연학은 ‘우리에게 가까운 곳에서 우리에게 먼 곳으로’ 라는 학적 모토에 따라 설정된 학인 것이다. 그에 따라 우리는 우리에게 가장 가까이 있는, 우리 주변에 있는 개별 사물들을 ‘우리’인 한에서 그리고 ‘사물’인 한에서, 어느 한 면이 아닌 총체적으로, 존재자로서 존재자로 다루어야 하는 것이다. 그리고 그렇게 존재자로서 존재자에 대한 이해에서 시작해서 그것들의 총체적 존재성의 근거물음을 통해서 존재로서의 존재 그 자체에 관한 이해로 나아가는 것이다. 존재자로서의 존재자성 그 자체는 바로 존재로서의 존재 그 자체에 근거하고 있는 것이다.

그런데 이 지점에서 분명히 밝혀 두어야 할 것은 자연학과 형이상학이 소위 '근거물음'이라는 특정한 방식으로써 연관되어진다는 사실과는 별개로, 자연학은 그것이 관심을 가지는 사물들을 그 자체로서 총체적으로 보고 있다는 것이다. 이는 자연적 현상들을 어떤 특정한 관점에로 강제적으로 환원시켜서 보려는 현대의 자연과학적 태도와는, 그 본래적 탐구 영역의 일치에도 불구하고, 전적으로 본질적으로 다른 것이다.

바로 이러한 이유에서 현대 자연과학과 자연학 사이에는 단순한 시대적 간극과는 본질적으로 구분되는, 극복될 수 없는 간극이 놓여 있는 것이다. 그 둘 사이는 철저한 불연속이 메워져 있다. 그 둘은 서로 판이하게 다른 것이다.

이런 이유에서 현대에 벌어지고 있는 하나의 학문적 현상 즉 오직 자연과학적 성과를 기초로 해서만 형이상학적 작업이 가능하다고 보는 시도는 자연학에 대한 본질적 오해에 기초한 편협한 사유인 것이다. 다소 뒤로 물러서서 본다 해도, 그것은 설혹 가능한 하나의 시도일 수는 있어도 어떤 의미에서도 결코 가능한 유일한 길일 수는 없다.

자연 과학은 일단은 우리에게 가까운 것을 다룸에도 불구하고, 결코 우리에게 가까운 식으로는 그것을 부리고 있지는 않다는 것이다. 그것은 그 자체로 이미 특정한 방식으로 우리에게 멀게 다루고 있는 것이다. 그것은 이미 처음부터 사물들을 그 자체로가 아니라, 매우 인공적으로, 조작적인 방식으로, 특정한 양상으로 추상을 한 뒤에, 그것은 이미 우리에게는 매우 낯설게 된 이후다(이를 바슐라르는 '인식론적 단절'이라 부른다). 다시 특정한 목적 하에서 그것들을 취급하는 것이다. 그래서 자연과학은 자연학이 아니고 그것을 토대로 해서 벌어지는 어떤 결과들도 형이상학과는, 최소한 그 정신에서, 전혀 관계가 없는 것이다.

이와는 달리 자연학은 존재자로서 존재자 그 자체를 총체적으로 사유함으로써 존재에 봉사한다. 또한 존재의 빛에 의해 은혜를 입는다. 그래서 자연학은 일종의 기초 또는 예비적 존재론이자 특수 존재론이다.

만일 이 시대에 자연학의 부활을 꿈꾼다면, 비단 아리스토텔레스적인 형이상학과의 연관성에 대한 고려와는 별도로, 완전히 망각됐던 철학의 근본적 태도인 '전체적으로 봄'의 사유태도 즉 '그 자체로서 봄'의 사유태도를 부활시켜야 할 것이다. 만일 현대에 와서 그러한 사유가 가능하다면, 그것은 사실상 죽어있는 익명적 물질에 가까운 것을 다루는 자연과학보다는, 살아있는 인간에 가까운 詩적 형태에 보다 가깝지 않을까?

2. 길을 잃다

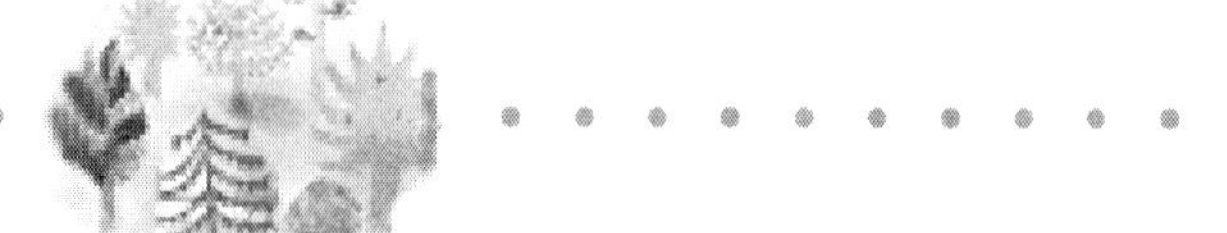

19단 외우기와 민주주의

　요즘 초등학생들 사이에 '19단 외우기'가 유행이라고 한다. 보통 '구구단'에 익숙한 보통 사람들에게는 19단은 선뜻 감이 잘 잡히지 않는다. 돌이켜보면 나는 초등학교 저학년 때 7단과 8단 정도에서도 어려움을 느끼곤 했었다. 그래서 만일 그 당시 19단이 유행했었고 그것이 어떤 식으로도 강요되었더라면, 내 안에 재앙이 발생했을 것 같다.

　이 19단은 인도에서 유래한 것으로 알려진다. 익히 알려졌듯이, 인도는 '수학사'에서 매우 중요한 자리를 차지하는 문명이다. 그래서인지 현재 인도는, 비록 경제적·사회적 문제들이 만연함에도 불구하고, 수학과 직접적으로 관련되어있는 기초과학과 우주공학, 그리고 IT분야에서 세계 최고 수준에 도달해 있기도 하다.

　그런데 우리나라의 대표적 수학자인 김용운 한양대 교수는 이런 '19단 열풍'을 경계한다. 그에 따르면, 우리나라는 현재 '10진법'을 받아들이고 있으며, 따라서 모든 수 체계가 이에 기초하고 있다고 한다. 따라서 무리한 19단 열풍은 학생들에게 필요하지도 않을 뿐만 아니라, 수에 대한 인식에 어떤 혼란만 일으킬 수 있다고 한다. 그리고 이에 더해서 김 교수는 매우 의미심장한 지적을 한다. 그에 의하면, 한국은 '자폐증'으로 세계적으로 악명이 높다고 한다. 그런데 이 19단 열풍은 학생들을 우리 사회의 '자폐증적 경향성'에 더욱 강하게 노출시킬 수 있다고 한다는 것이다.

영화 〈레인맨〉에서 톰 크루즈는 자폐증 환자로 나오는데, 그는 신기에 가까운 계산능력을 보인다. 그러나 그럼에도 불구하고, 그는 장애인이며 외부와 단절된 자폐증 환자일 뿐이다. 자폐증이 가지는 이런 특징은 최근 개봉한 우리 영화 〈말아톤〉에서도 분명하게 드러난다. 이 영화에서 조승우는 특별한 종류의 엄청난 기억력에도 불구하고 고작 5세 정도의 지적수준을 보이는 자폐증 환자의 모습을 보여주고 있다.

자폐증은 기본적으로 의식이 외부로부터 단절되는 장애를 말하는 것이다. 그래서 자폐증 환자는 평생을 자기 자신 속에 유폐된 채로 살아야 한다. 그는 살아있는 동안 언제나 자기 자신만의 세계 속에서 살며, 그 안에서 사는 한에서 그 어떤 문제의식도 모른 채 '완벽한' 삶을 살아가는 것이다. 그럼에도 불구하고 그는 장애인이다. 특히 정신 장애인인 것이다.

나는 의학적으로 자폐증의 기준이 분명히 어떻게 설정되는지는 모른다. 그저 자폐증이라는 것이 철저히 자기 자신 속에 가두어지는 병이라는 아주 애매한 정의라는 것만 알고 있다. 그런데 이런 질문이 주어질 수 있다 : '왜 자폐증이 병인가?' 무엇이 문제일까? 다시, 현대에 만연되어있는 극단적 '개인주의'적 유행을 전제로 해서, 만일 누군가가 자기 자신 속에서 아주 편안하고 안정감을 느끼고 아무 문제도 발견할 수 없다면 그 이상으로 무엇을 추구할 수 있을까? 그 정도면 충분한 거 아닌가?

그럼에도 불구하고, 우리의 '상식'은 이런 개인주의적 논증을 허락하지 않으며 자폐증을 명백한 장애로서 규정하는 데 주저하지 않는다. 우리의 상식에 따르면, 인간은 사회적 존재이기 때문에 인간으로서 존재하는 한 끊임없이 '외부'와의 지속적인 사회생활을 할 수밖에 없으며 해야 한다고 강요한다.

이 세계는 간단히 말하면 '나'와 '나 아닌 남들'로 이루어져있다. 그래서 '나'는 불가항력적으로 '나' 아닌 '남들' 그리고 낯설고 불확실하며 위험하기까지 한 '외부'와 지속적으로 관계 맺으며 살아야 하는 것이다. 중요한 것은 다음이다 : '나'가 중요한 만큼 '남들'도 중요하며 반대로 '외부'가 중요한 만큼 '내부'도 중요하다.

이런 나와 남들 그리고 내부와 외부의 문제는 최인훈의 「광장」의 근본 주제이기도 하다. 우리의 삶은 광장과 밀실이라는, 언뜻 보기에 서로 모순적인 두 공간의 절묘한 공존을 통해서만 그 건강성을 보장받을 수 있다는 것이다. 그리고 이 문제는 단지 한 때의 지역적인 문제가 아니라 통시적이면서도 공시적인, 인류사의 보편적 문제의 핵심이라는 것이다.

나는 우리 사회를 황폐화시키는 여러 요소들 중에 대표적인 것은 단연 '자폐증'이라고 확신한다. 왜냐하면, 나의 체험에 따르면, 여기서의 자폐증이 '의학적 기준'에 분명하게 포착되지 않는 터에 그리고 병리학적 영역에서 벗어나 자유롭게 활개를 치고 있으며 동시에 아직까지 그 어떤 일반적인 '이데올로기'에서도 본격적으로 다루어지지 않은 탓에, 사회적 의식의 차원에서 마치 'UFO'처럼 존재하고 있다는 것이다. 그것은 존재하지만, 존재하지 않고 있는 것이다.

우리 사회에 만연된 자폐증의 증상은 다음과 같다 : 여론은 분명 있는데, 그 여론이 철저히 무시된다. 수많은 공청회와 협상 테이블이 있지만 그 어디에도 합의가 없다. 늘 소란스러울 정도로 많은 대화가 있지만, 그 누구도 대화하지 않는다. 참석해야 할 토론자리가 그토록 많음에도 불구하고, 어디에서도 토론의 결과를 본 적이 없다. 또한 그토록 처절한 경쟁으로 부대끼며 살아가지만, 언제나 '승자'는 '미리 결정되어있다'.

여론은 그저 '언터처블한' 수퍼파워의 조작의 대상일 뿐, 공청회와 협상은 민주주의적 생색내기이며, 대화는 '일방적이고 광기어린' 자기 성토이거나 명령 또는 '훈시'다. 토론자리는 동네 친목모임이거나 그것도 아니면 화염병 성능 시험장이다. 아무리 내가 땀 흘려 노력해도, 나는 결코 이길 수 없다. 분명 광장은 있는 것처럼 보이지만 그것은 아파트 단지에 널려있는 아이들 없는 쓸쓸하고 기괴한 놀이터와 같다.

그렇게도 많은 시간을 TV를 시청하고 신문을 보면서 세상과 그것이 돌아가는 이치에 관심을 보임에도 불구하고, 우리들은 지하철에서 자기 바로 옆 사람을 서로 외면하며 집에 돌아와서는 밀폐된 아파트 속에 쏙 들어가 나오지 않는다. 사회적 이슈가 일어날 때마다 인터넷을 비롯한 각종 매체에는 수많은 말들이 올라오지만 그 어디에도 조리가 있고 설득력을 갖춘 글은 찾아보기 힘들다. 또한 그렇게도 끔찍하게 자식들을 사랑함에도 불구하고 자식들을 이해하는 아버지는 만에 하나 정도일 뿐이며, 그 헤아릴 길 없는 '사랑'을 폭력과 훈육이라는 즉물적 수단을 통해서만 적나라하게 그러나 영원히 알 수 없는 방식으로만 표현한다. 언제나 공청회는 김빠져있으며 겉으로는 예의 바르게 진행되었음에도 최종 결론은 언제나 민의를 저버린다. 협상 테이블에 가는 사람들의 패션에는 언제나 붉은띠가 포함되어 있으며, 그들의 필수품은 쇠파이프다. 대학원의 거의 모든 수업은 교수가 사전에 준비가 필요 없을 정도로 천편일률적으로 '토론식'임에도 불구하고, 토론을 좋아하는 학생은 대학원 생활이 꼬일 수밖에 없다. 그리고 제자들은 스승과 언제나 무언의 가르침과 이심전심이라는 '텔레파시'를 통해서만 소통한다. 그리고 신임 교수는 언제나 사전에 내정되어있다. 심지어 이 나라의 대표자인 대통령이 언제나 강조하는 것은 대화가 아닌 '코드'다. 편 가르기와 개 싸움질은 국회의 자화상이다.

사태가 이러하다보니, 늘 사람들에 노출되어 살아가는 인기 배우도 '외로워서' 자살을 하는 곳, 그것이 우리가 사는 대한민국 사회이다. 분명히 수많은, 인구 천만이 넘는 사람이 지름 30km도 채 안되는 좁은 곳에 뭉쳐서 부대끼며 살아감에도 불구하고, 서울은 가장 외로운 곳이다.

우리는 그동안 '민주화'를 위해서 엄청난 대가를 치렀으며, 그것은 아직도 미완의 기획으로서 우리를 독려하고 있다. 그러나 그렇게 많은 노력을 했음에도 불구하고 그래서 수많은 성과들을 냈고 사회적 장치들을 마련해냈음에도 불구하고 거의 모든 국민들이 핸드폰과 인터넷을 사용하고 있으며, 거의 매일 원탁회의에 참석함에도 불구하고 그것들은 우리의 '자살욕구'를 잠재우지 못한다. 그 어느 약국엘 가도, 감기 특효약은 그렇게 많음에도 불구하고, 우리의 고질병인 자폐증 치료제를 구할 수는 없다. 우리나라의 민주주의는 '자폐증'으로 말미암아 부실시공 되었다.

민주주의의 문제를 가장 오랫동안 고민해왔던 미국의 사회철학자 '존 롤즈'에 따르면, 하나의 공동체에는 서로 다른 이해관계를 가지는 수많은 이질적인 구성원들로 이루어져 있는데, 이런 이질적인 구성원들로 이루어진 공동체의 경우 가장 중요한 것이, 구성원 상호간의 '이성에 기반을 둔' '협상과 합의'라고 한다. 이런 그의 주장은 미국이라는 특수한 상황에서 나온 문명사적 고민의 결과라고 할 수 있다.

미국은, 다 알다시피, 서로 이질적인 역사와 문화 그리고 언어를 가지는 수많은 사람들에 의해서 이루어진 일종의 '외인부대 공동체'이다. 그리고 이 나라는 아마도 '외인부대'의 전설을 문명사적 지평에서 실현한 최초의 국가일 것이다. 서로 출신과 문화적 맥락이 다르고 서로 다른 훈련을 받았음에도 불구하고, '공통의 목적'을 위해서 의기투합하고 마침내 새로운 신화를 만들어낸 것이다. 그리고 이런 정신은 메이저리그의 '뉴욕 양키즈'를 통해서 끊임없이 상징적으로 재현되고 있다.

뉴욕 양키즈의 무용담은 분명 '존 롤즈'에게도 지대한 영향을 미쳤으리라. 서로 다르기에 오히려 무한한 다양한 장점들을 획득할 수 있으며, 그것들을 '공통의 이익'으로 방향 설정시킬 때 엄청난 파워를 낼 수 있다는 것……. 그래서 사실 존 롤즈의 철학은 뉴욕 양키즈의 팬만 되어도 다 이해할 수 있다.

그런데 과거에 나는 미국의 메이저리그 경기를 볼 때면 자주 이상한 의문점을 갖곤 했었는데, 그것은 바로, 메이저리그에는 세계의 모든 선수들이 참여하는데 유독 황색의 아시아 사람들의 수가 많지 않다는 거였다. 물론 이는 야구에만 적용되는 것이 아니라 농구나 축구에도 적용될 수 있다. 하여간, 아시아에는 인구도 많은데 왜 메이저리그에는 별로 없는 것일까?

들리는 말에 의하면, 미국이나 서구 사회에서 동양 여성들의 인기가 대단하다고 한다. 그들에게 동양 여성은 하나의 '신비'로 인식되는 것 같다. 반대로 동양 남성들에 대해서는 거의 관심이 없다고 한다. 서구 여성들의 의식 속에 동양 남성은 육체적으로도 유약하며 정신적으로도 열등하다고 규정되어있다는 것이다.

이런 서구 여성들의 동양남성관은 내게 곧바로 메이저리그 건과 결합을 해서, 나도 모르는 사이, 그러나 아주 자연스럽게, 자학적인 '우생학'과 '인종학'을 형성하게 되었다. 그리고 이런 종류의 이데올로기는 공식적으로 말을 하지 않는 것일 뿐, 범세계적으로 만연되어있다고 확신한다. 과연 동양 인종은 열등한 것일까?

우리 머릿속에 각인되어있는 '미국'은 '자유와 평등 그리고 기회의 땅'이다. 그래서 누구든지 간에 열심히 노력하고 능력만 있으면 그의 출신 성분과 성의 차이와는 무관하게 성공을 보장받을 수 있다. 미국은 이 시대의 엘도라도이자 유토피아다. 그래서 지구촌의 수많은 사람들이 가고 싶어 하고, 1년에 40만 명 이상이 얼어 죽어감에도 불구하고 그 이상의 많은 라틴 아메리카의 가난한 사람들이 국경을 넘어가는 곳이 바로 미국이다.

존 롤즈에 의하면, 어느 공동체의 구성원들이 설사 서로 이질적인 전통과 이해관계를 가지고 있다고 하더라도 그런 그들의 선험적인 전통들과 차이들을 말끔하게 '괄호 칠 수' 있으며, 이런 '단절'을 전제로 해서만 참되고 합리적인 협상과 합의에 도달할 수 있다고 한다. 그에 의하면, 역사성과 문화적 고유성들은 단적으로 인간의 원만한 소통과 합리적 합의를 방해하는 장애물들이자 우리 이성을 오류로 빠뜨리는 '동굴의 우상들'일 뿐이다. 그래서 참되고 최고로 생산적인 공동체를 만들기 위해서는 반드시 다양한 역사성과 문화들을 단절시키고 괄호 쳐야만 하는 것이다. 그에 따르면, 거기에는 그 어떤 공약수가 없기 때문에 그 어떤 합의도 도출될 수 없다는 것이다.

오로지 모든 전제들을 철저히 제거하고 중립적이고 객관적인 '백지상태'로서의 '원초적 상황'에서만 인간은 진정한 보편적 이성으로써 서로 참되게 만나고 소통할 수 있다는 것 그리고 그런 지평에서 새로이 합의를 이끌어내어 사회를 구성해낸다는 것, 이것이 그의 이상이자 그 이상의 실 현태로서의 미국에 대한 판타지의 본질이다.

롤즈의 이상 속에서 이질적인 문화와 역사는 순수한 인간이성에 기반을 둔, 참된 소통을 방해하는 일종의 문명사적 자폐증의 징후들일 뿐이다. 그것들은 사람들을 단절시키고 고립시키고 서로 대립하게 만들며 인간 공동체를 합의가 부재한 싸움터로 만들 뿐이다. 그래서 민주주의는 자신의 완성을 위해서 수많은 전통들과 역사적 차이들을 무화시켜야 하는 것이며 이에 따라 아직도 각자의 고유한 전통을 고수하는 문명권과 국가들은 필연적으로 비민주적일 수밖에 없으며 오로지 수많은 인권탄압과 유린이 일어날 수밖에 없는 것이다. 그래서 미국은 외친다. "민주주의를 위해서 전통을 파괴하라, 전통과 역사성은 전근대의 전제주의와 근대의 파시즘의 근원들일 뿐이다.

민주주의를 위해서 문명적 자폐증을 해결하라."

메이저리그에 간 우리나라 선수들이 이구동성으로 하는 말들이 있다. "가자마자 반드시 영어를 마스터해야 한다." 한편, 유럽의 영국 맨체스터 유나이티드에서 절정의 기량을 보이고 있는 축구선수 박지성 선수는 이런 말을 한다. "한국에서 가지고 있었던 자신의 100%를 보일 수만 있으면 유럽에서도 성공할 수 있다."

미국은 기회의 땅이고 민주주의가 완성된 곳이며 객관적인 평가가 이루어지는 곳이다. 거기에는 모든 것이 보편적이고 합리적인 이성에 의해서만 진행되고 있기 때문이다. 그래서 무엇이든지 간에 객관적이고 공정한 평가를 받으려면, 반드시 미국에서 검증을 받아야 하는 것이다. 미국에서 OK면 그것은 진짜인 것이며, 미국에서 아니면 그것은 정말로 아닌 것이다. 그래서 현재 미국은 이 세상의 모든 것을 평가하고 규정하는 이 시대의 '문명 재판소'다. 그래서 미국은 루소가 꿈꿨던 '자연'이고, 베이컨이 추구했던 '우상 없는' 나라다. '계몽과 이성'의 이상은 미국에서 완성된다.

그러나 그런 미국조차도 암암리에 다음과 같은 전제조건을 내세운다. '영어는 기본이며, WASP의 권위를 인정해야 한다.'—이는 일종의 미국이 가지고 있는 '문화적 무의식'이다. 이는 미국이 제아무리 의식과 이성을 외치지만, 그 역시 무의식에 지배당하며 편견을 가지고 있다는 것이다. 영어가 아닌 한, 그것은 그 어떤 외국어도 아니고, 심지어 언어 자체도 아니다. 그래서 사실 미국에는 '외국어'가 존재하지 않는다. 거기에는 그저 '언어'만이 존재한다. 그리고 거기에는 그저 '문화'만이 있을 뿐이다. 그리고 기독교만이 유일한 '종교'다.

미국은 결코 공정한 게임이 진행되는 곳이 아니다. 아무리 많은 사람이 공정하다고 생각해도 그것이 객관적 공정성일 수는 없다. 따라서 미국은 결코 원초적이고 중립적인 멸균 공간일 수 없으며, 순수한 이성의 왕국일 수는 없는 것이다. 이는 우리의 '유리알 유희' 적인 착각인 것이다. 현재 미국이 외교적으로 보이는 비상식적 만행은 우연이 아니라는 것, 그래서 그것은 미국의 특정한 무리들의 문제가 아니라는 것, 그리고 다른 한편으로는 그것은 미국의 일방적인 처사에서 비롯된 것이 아니라 미국을 선망하는 다른 국가들과 사람들의 전 세계적인 동조 하에서 이루어지는 것을 깨달아야 한다.

계몽주의, 경험주의에 기반을 둔 과학주의 그리고 자본주의와 결합한 프로테스탄티즘, 이것이 바로 오늘날의 미국을 형성하는 구성요소들인 것이다. 경험주의가 아무리 '인간 백지설'을 주장하고, 과학주의가 아무리 '객관적 검증'을 주장하며, 기독교가 제아무리 '절대 보편자'를 주장한다하더라도, 분명한 사실은 그것들 역시 전체에 대한 부분들이고 특수한 것들이며 그저 가능한 하나의 문화에 불과하다는 것이다. 그것 역시 하나의 당파적 한계를 가지고 있다는 이야기다.

이런 것을 인정하지 않고 다양한 다른 문화적 요소들을 그저 문명사적인 자폐증으로 규정한다는 것은, 그것 역시 자기 외부에 그 어떤 것도 존재할 수 없다고 생각하는 유아론적 태도이며 이 역시 또 하나의 자폐증이라는 점은 분명하다. 그리고 그 결과는 세계평화의 위기와 인류문화의 파괴다.

제아무리 미국의 이론들과 시스템이 우수해 보일지라도, 그것은

엄밀하게 말해서, 미국에서만 적용될 수 있는 것들이며 그 경우 그
것들은 명백한 자기 한계들을 가지고 있기에 절대로 최고의 영예가
주어질 수 없으며 '무차별적으로' 다른 곳에 이식될 수 없다. 그리
고 이런 맥락에서 우리 한국이 처해있는 문명사적 위기는 '두 종류
의 자폐증'들로 규정될 수 있다. 그것은 참으로 모순적이게도, '민주
주의를 부정하는 자폐증'과 '민주주의에 열광하는 자폐증'이다. 이런
모순은 우리로 하여금 민주주의를 부정하는 요소들과 민주주의 그
자체를 넘어서는 새로운 대안과 치료제를 요구하게 한다. 우리나라
의 경우 민주주의를 정면으로 부정하는 요소들도 마땅히 청산되어
야 하겠지만, 민주주의 그 자체 역시 우리에게는 불가능한 꿈에 불
과하다는 것을 깨닫는 것, 여기서 우리는 진정한 문명사적 출발을
시작할 수 있지 않을까?

『우리들의 일그러진 영웅』과 〈말죽거리 잔혹사〉

대학 초년기 시절 이문열의 소설은 내게 아주 신선한 충격이었다. 그의 「사람의 아들」이나 「젊은 날의 초상」은 내게 많은 영향을 끼쳤던 작품이다. 그 두 작품들에서 이문열은 인간의 근원적인 실존적인 문제를 다루고 있었기 때문이다. 그런데 이것들과는 좀 다른 색깔을 가지고 있는 것이 『우리들의 일그러진 영웅』인 것 같다. 이 작품에서 우리는 그의 사회와 현실에 대한 고뇌를 발견할 수 있기 때문이다.

사실 이문열의 소설들에는 언제나 진정한 탈출구를 찾지 못하는 데서 오는 절망감이나 회의가 짙게 깔려 있는 것 같다. 늘 근원적이고 본질적인 문제에 봉착하고 그것들에 시선을 맞추는 것까지는 도달하지만, 그는 늘 거기서 방황하고 절망하고 무너지며 급기야는 '생존을 위한' 타협을 하곤 하는 것 같다. 그렇다고 이런 그의 한계가 단지 그가 공산주의에 대한 거부감과 진보주의에 대한 적대감에서 기인하는 거라고는 생각하지 않는다. 이문열은 매우 깊은 작가다. 그의 장기는 '거짓과 위선'을 찾아내는 탁월한 능력이다. 그는 적당한 낭만주의나 미래에 대한 막연한 기대감을 철저히 배격하는 일종의 결벽증 증세가 있는 사람이다.

나는 그의 절망과 회의에서 나름대로의 진정성을 발견하곤 한다. 그는 늘 뭔가 근원적이고 깊은 문제와 씨름했다. 그는 여러 가지 방법들을 찾아내고 시도한다. 그러나 늘 그런 것들은 그의 근본적인 문제들을 해결해주기에는 부족한 것들이다. 그래서 그는 절망한다. 그리고 회의에 빠지는 것이다.

기존의 문제에 대해서 고민하는 사람들에게 '새로운 대안'이라는 것은 늘 커다란 유혹이다. 그러나 소위 '대안'이라고 제시되는 것들이 모두 대안으로서 자격이 있는 것들은 아니다. 사실 그 중에 대다수의 것들은 대안으로서 불충분하며 심지어는 기존의 것들보다도 더욱 심각한 문제를 가지고 있는 것들도 있다. 예언자들 중에는 예언은 고사하고 사기만 치는 삼류 양아치들이 더 많은 것과 같은 양상이다. 이문열은 과거에 이런 현상을 주목할 줄 아는 작가였다. 그래서 그는 새로운 것 앞에서 늘 침착하고 의심의 눈초리를 보이곤 한다.

「우리들의 일그러진 영웅」에서 주목해야 할 인물은 '엄석대'다. 그는 주인공 한병태가 속한 반의 암흑의 제왕이다. 그는 그 학급의 모든 것을 좌지우지 한다. 학급 안에서 그는 왕이고 법이고 정의다. 누구도 그의 권위와 힘에 도전할 수 없다. 그는 학급의 모든 것을 사유화하며 전형적인 독재자의 모습을 보인다.

이문열 본인의 모습을 투영하고 있는 주인공 한병태는 이런 엄석대에게 그 어떤 저항도 하지 못한다. 그는 전형적인 지식인의 나약함을 보인다. 문제를 알고 있지만 그것을 주장하지 못하고 오히려 그에게 점점 의존하게 된다. 이런 한병태를 엄석대는 늘 적절하게 다룬

다. 어느 정도의 거리를 유지하고 지나치게 괴롭히지도 않는다. 그러면서 적당한 대우를 해주기까지 한다. 그래서 그 둘 사이에는 강한 우정은 아니지만 그렇다고 적대감이 놓여 있지도 않다. 여기서 우리는 권력과 지식의 암묵적인 타협상을 발견할 수도 있을 것 같다.

그런데 어느 날 엄석대의 모든 비리가 드러나게 된다. 그는 늘 공부 잘하는 학생들을 협박해서 좋은 성적을 받은 것이며, 약한 학생들을 맘대로 부리고 학대하며 그들로부터 돈까지 갈취했던 날강도 같은 놈이었던 것이다. 가난함에도 불구하고 늘 품위가 방정했고 학생들을 잘 이끌었으며 아주 총명했던 그의 과거 이미지는 한갓 허구이자 연극이었다는 것이 백일하에 드러나게 된 것이다. 그는 정의의 사도를 빙자한 날강도였던 것이다. 모든 부정의와 비리 그리고 왜곡이, 속된말로 남김없이 까발려진 것이다.

이제 남은 것은 진정한 정의의 심판일까? 그리고 그 심판은 어떤 식으로 이루어지는 것일까? 모두가 이 장면에서 잠시 숨을 멈추게 된다. 도대체 역사적인 사건은 어떻게 진행될 수 있는가에 모두가 촉각을 곤두세우게 되는 것이다.

그러나 그 정의의 심판은 아주 간단했다. 엄석대의 모든 비행과 악행을 알게 된 담임 선생님은 노발대발하게 되었으며, '가르침'이라는 이름으로 엄석대에게 엄청난 폭행을 가하게 된 것이다. 상상할 수 없었던 폭력이 '정의'라는 이름으로 가해진 것이다. 이에 엄석대는 그 자리에서 도망치게 되어 학교를 떠나게 되고 다른 모든 학생들은 엄석대의 몰락에 통쾌함을 느꼈지만, 한병태만은 알 수 없는 좌절과 회의에 빠지게 된다. 그는 결코 엄석대의 몰락이 안타까웠던 것은 아니지만, 담임선생의 정의의 심판 역시 즐겁고 반가운 것은 아니었던 것이다.

그동안 시인으로 활동했었던 '유하'는 재작년에 〈말죽거리 잔혹사〉라는 영화를 통해서 영화감독으로서도 성공적인 데뷔를 했었다. 이 〈말죽거리 잔혹사〉는 1970년대의 고등학교의 모습을 소재로 한 영화였다. '대학'이라는 지상과제 앞에서 오로지 성적향상만이 강조되고, 그 목적 하에서는 모든 것이 정당화되는 그런 고등학교의 모습은 그때나 지금이나 최소한 현상적으로는 별반 차이가 없을지 모른다.

그러나 본질적인 차이는 없을지라도 당시의 고등학교의 모습과 현재의 그것 사이에는 정도 상에서 약간 차이가 있는 것 같다. 그것은 '통제와 폭력'인 것 같다. 물론 요즘에는 '일진회'라는 특별한 종류의 학생 폭력집단이 사회적 물의를 일으키고 있어서 여전히 '폭력'이 큰 문제로 남아있지만, 당시 그리고 내가 학교를 다닌 80년대까지만 해도 그런 폭력의 주체는 학생이 아닌 교사와 학교였다.

당시 학생들은 학교와 교사로부터 철저히 통제 당했으며, 교사와 학교는 '대학진학'과 '학생지도'라는 명분으로 학생들에 대해서 무한 권력을 행사할 수 있었다. 그들은 소위 '지도'로써 학생들의 인간으로서의 기본권조차 박탈할 수 있었고, '편달'로써 상상할 수 없을 정도로 무자비한 폭력을 휘두를 수 있었으며, 심지어는 같은 동급생에게 그 '폭력'의 권한을 한시적으로 이양할 수 있었다. 그래서 교육(敎育)은 '폭력과 통제'라는 이면을 감출 수가 없었다.

교사와 학교는 학생들에게는 간수와 감옥 또는 상관과 군대 그 이상도 그 이하도 아니었다. 명령과 복종, 규율과 그것의 엄수만이 허용되었고, 그런 현상을 보다 강화시키고 유지하기 위해 학생선도부가 있었으며, 교련 선생들은 학생지도에 관한 한 늘 최일선에서 전담했었다. 교사의 '가르침'에 복종하고 학교의 '규율'을 철저히 따르는 한에서 학생들은 대학진학이라는 꿈을 이룰 수 있다고 교육받았으며 세뇌 당했다. 그러나 만일 누군가 그것들을 거역하거나 또는 그런 분위기에 방해가 되는 행동을 할 경우에는, 그는 오로지 폭력의 희생물이 될 것이며 결국 학교에서 퇴학당하게 된다. 이런 모습은 '정의사회구현'과 '선진조국창조'라는 명분으로 '안기부'를 두고 군인들이 정권을 잡은 시대적 상황의 복사판이라고 할 수 있다.

그런데 〈말죽거리 잔혹사〉에는 아주 중요한 한 장면이 나온다. 학생들이 수업 시간에 서로 싸움이 나고 그 결과 한 학생이 피를 흘리고 정신을 잃는다. 그러자 해당 수업교사는 가해학생을 발견하자마자 '지도권'을 가진 이유로 '폭력'을 가한다. 그리고 그 피해학생을 업고 병원으로 가다가 교장을 만나게 되는데, 놀란 교장이 사정을 듣자마자 "선생이란 놈이 학생들을 어떻게 가르친 거야! 이따위로 하니까 그 반이 꼴등이지!"하면서 다시 학생들이 보는 앞에서 그 해당 교사에게 '폭력'을 가한다.

아마도 최근에는 이런 황당한 일은 일어나지는 않을 것이다. 그러나 최소한 내가 다니던 고등학교에서는 자주 일어났던 모습이다. 선생은 학생에게 폭력을 가할 수 있었으며 다시 교감은 일반 교사들에게 그리고 교장은 교감에게……. 내 고등학교 시절에 감당하기 어려웠던 현실이다. 그 폭력의 정당성은 학생의 잘못, 교사의 잘못 그리고 교감의 잘못이었다. 그럼 교장은 어떻게 되는 것일까?

'구조적으로' 언제나 '아랫사람들'의 과오와 잘못만이 부각될 수밖에 없다는 것, 그리고 그 과오와 잘못에 대해서 '윗사람들'은 당당히 그리고 당연하게 '폭력'을 행사할 수 있었다는 것, 그리고 그런 것에 반발할 경우 "누가 그런 잘못을 하라고 했니? 공부 열심히 해봐! 그럼 누가 널 때리니? 네가 잘못했잖아! 네가 잘했니? 그렇게 싫으면 학교를 떠나!" 라고 학생들의 생각과 입을 막고 협박할 수 있었다는 것, 그에 따라 학생들과 아랫사람들은 자연스럽게 폭력의 희생자가 될 수밖에 없었다는 것.

아마도 최근의 학교폭력 사태는 이런 과거 시대의 업의 결과일 것이다. 단지 그 주체만이 바뀌었을 뿐, 더 이상 학생들은 '대학진학'과 '민주시민' 그리고 '민족중흥의 역사적 사명' 따위에 흔들리지 않는 것이다. 이제 학생들은 '정의사회구현' 앞에서 침을 뱉는다. 그리고 그에 따라 교사와 학교는 그들의 '권력'을 상실해버린 것이다. 학생들은 이제 대학을 부정하기 시작했다. '대학 가지 않으면 그만 아닌가? 그런데 네가 도대체 뭔데 왜 날 때리느냐? 너희들도 잘난 거 없잖아!' 학생들은 이제 이런 식으로 저항하는 것이다.

본래 '권력'이라는 것이 '닫힌 상태', '폐쇄적 시스템'에서만 작동하는 매우 특별하고 기이한 현상으로 드러난다. 그래서 열린 곳과 이 우주 자체의 지평에서는 '권력'현상이 일어날 수 없는 것이다. 또한 아무리 닫힌 공간일지라도, 그것이 정당하지 않다면 권력 자체는 존재할 수 있더라도 특정권력이 영구화될 수는 없다.

이런 의미에서 '반정'과 '독재자의 몰락'은 '필연'이다. 그 결과가 혼란이 되건 파국이 되건 그런 것들이 중요한 것이 아니다. '유신'

과 '독재의 시절'은 그래서 우리에게 한때의 악몽으로 남을 수밖에 없었던 것들이라고 생각한다. 그것들은 이제 '다시 돌아올 수 없다'. 이미 둑이 무너져 내렸기 때문이다. 그리고 그 누구도 그 무너진 둑을 다시 세우는 것에 동참하려 하지 않는다. 오로지 정신병자들만이 그것에 집착할 뿐이다.

그러나 여전히 남는 것이 있다. 그것은 '폭력'이다. 이제 둑이 무너졌기에 폭력은 그 질서와 규칙도 없이 만연되어있다. 모든 곳에서 누구든지 폭력의 주체가 될 수 있고 동시에 희생자가 될 수 있다. 통제 불가능하다. 혼란인 것이다. 이문열은 이런 현상에 주목하고 있다. 그는 그래서 '홍위병', '폭도', '무뢰한'이라는 표현들을 즐겨쓴다. 그리고 그의 마음속에는 회의와 절망 그리고 불안과 공포들만이 살아있는 것이다.

이제 우리는 어떠한 영웅도 기대할 수 없으며, '잔혹사'라는 가련한 낭만조차 꿈꿀 수 없는 시기에 살아가야 한다. 이런 상황에 대한 가치평가는 아직은 유보하고 싶다.

가정적 남편과 조폭 남편

내가 아는, 한 직장인이 있다. 그는, 같은 연배의 다른 사람들과 비교했을 때 별로 뒤떨어지지도 않고 나름대로 사회적 성공을 거두며 살고 있다. 그러나 그는 친구가 없다. 그의 일상은 매우 단순하다. 술도 즐기지 않는 탓에, 그는 일이 끝나면 집에 돌아가고 다시 다음 날 직장에 간다. 마치 수도승의 삶과도 같다.

그의 그런 단순한 삶의 방식에 궁금증을 가진 나는, 그렇게 살면 삶이 무료하거나 외롭지 않느냐고 물어본 적이 있다. 그러나 그는 자신의 삶에 아무 문제도 느끼지 못할 뿐더러 그의 유일한 기쁨은 쉬는 날 자신의 아이들과 즐거운 시간을 보내는 것이라고 한다. 이런 면에서 그는 아주 좋은 아빠고 좋은 남편인 것이다.

나는 다시 물었다. "그래도 친구가 필요한 것은 아닌가요?" 이에 대한 그의 답변은 아주 냉정하면서도 현실적이었다. 그는 내게, 우리가 마음속에 가지고 있으며, 진정으로 원하는 그런 '친구'가 있는 사람들이 세상에 얼마나 되냐고 되묻는다. 어릴 적엔 누구에게나 친구들이 있지만, 나이가 들어가면서 각자의 일을 갖고 결혼을 해서 가족이 생기면 서서히 친구들은 없어지는 게 아니냐는 것이다. 그리고 나이 들어서도 있는 친구들이라고 해봤자 단순한 술친구거나 '친구'라는 허울만을 가지고 있는 사람들뿐 아니냐는 것이다. 적어도 개인적인 시간만큼은 세상의 이해관계에서 벗어나길 바라고, 그래서 자신에게는 오로지 가족뿐이라고 말한다.

언젠가 내 주변에, 다른 이들보다 유난히 '친구들 간의 우정과 의리'를 강조하는 친구가 하나 있었다. 그의 말 속에서는 거의 언제나 '사나이', '의리'라는 단어들이 있었고 나름대로 자신의 그런 말에 걸맞게 살아가려 노력하는, 썩 괜찮은 녀석이었다. 그래서 나도 이 친구를 좋아했었다.

그런데 언젠가 그가 '친구간의 의리'에 대해 장광설을 늘어놓기에 나는 다음과 같이 물어봤다. "그래, 네 말대로 친구 사이에는 '의리'가 중요하고, '사나이'는 '의리에 죽고 의리에 사는' 것이 좋아 보여. 하지만 내 생각에는 그 '의리'라는 것이 그리 간단한 것도, 쉬운 것도 아니야. 만일 '의리'가 그렇게 간단한 것이라면, 오래전부터 그렇게 자주 이야기 되지도 않았을 거야."

"아니 무슨 의리가 그렇게 복잡할 필요가 있나요? 그냥 친구들에게 정직하고 서로 진심으로 돕고 살려고 노력하면 그게 의리지, 뭐 다른 것이 있을 수 있나요?"

"그래, 네 말은 그 자체로는 정답이야. 의리란 바로 네가 말하는 그런 거니까. 하지만 그런 것을 실제로 우리의 삶에서 실현한다는 것이 얼마나 어려운 것인지를 알아야 해."

그러면서 나는 그 친구에게 다음과 같은 특별한 경우의 물음을 던졌다. "만일, 네 주머니에 100만원이 있다고 치자. 그런데 공교롭게도 같은 시간에 네 소중한 아이와, 의리로 맺은 네 친구가 동시에 중병에 걸리게 되었다면 그리고 그 중병을 치료하는 데 정확히 100만원이 들고 바로 치료를 해야만 하다면, 너는 그 돈을 누구를 위해 쓸거니?"

이 질문 앞에서 그는 좀 황당하단 표정을 지으면서 "세상에 뭐 그런 질문이 다 있어요? 너무 극단적인 거 아닌가요?" 그러나 나는 계속 선택을 강요했다. 그러자 그는 "그런 경우라면, 어쩔 수 없죠. 제 아이를 위해서 써야겠죠. 누구든지 당연한 거 아니겠어요?" 나는 말했다. "바로 그 순간 '배신'이 되는 게 이 세상이야!"

세상을 살면서 사람을 가장 헷갈리게 하는 것은, 그 자체로는 소중하고 고귀한 가치들인데 그래서 모두 추구할만한 가치가 있는 것들임에도 불구하고, 때때로 그것들이 서로 대립·모순의 상황 속에서 우리에게 '선택'을 강요한다는 것이다. 전통적으로 우리민족의 경우에는 '충(忠)과 효(孝)'가 그런 것들이었다. 자신을 낳아준 부모님들에 대한 도리를 지키는 것과, 자신이 살고 있는 공동체와 나라에 대해서 자신을 희생하는 것, 우리 민족은 고래로부터 이 심오한 문제 상황 속에서 많은 고뇌를 했었다.

그런데 우리가 이 소중한 가치들을 조금만 자세히 살펴보면, 뭔가 특별한 하나의 '흐름'이 있음을 쉽게 발견할 수 있다. 이 모든 가치들은 공교롭게도 우리들 각자 자신으로부터 '가까움과 멂'의 관계 흐름 속에 놓여 있는 것이다. 대강 다음과 같이 설정될 수 있다.

개인적 자기 -〉 형제·부모·자식 -〉 친구 -〉 공동체 -〉 민족 -〉 신 몇몇의 예외는 있지만, 인간의 대부분은 자기 자신을 가장 사랑한다. 이것만큼 직접적인 것은 없기 때문이다. 도대체 자신을 사랑하지 않고 어떻게 세상을 살 수 있단 말인가? 그리고 다음으로 자신의 부모나 형제 그리고 자식들을 사랑한다. 사람이라면 당연히 자신의 혈육집단인 가족을 사랑하지 않을 수 없다. 매우 자연스러워서 누가 가르칠 필요도 없다. 특히 대한민국의 국민들만큼 강한 정도로 자신의 가족을 사랑하는 사람들은 세상에서 드물다.

하지만 제아무리 가족을 사랑해도 '자연적으로' 가족은 자기 자신보다는 '멀리' 있다. 그래서 그 사랑이 자신에 대한 그것보다는 '덜' 자연스럽다. 이 정도상의 '덜'이 의미하는 바는 '의지와 노력 그리고 희생'이다. 즉 자신에 대한 사랑보다는 가족에 대한 사랑에 우리는 의지와 노력 그리고 희생을 한다는 것이다. 그것은 그만큼 '더' 힘들고 인위적이라는 것이다.

그리고 친구에 대한 사랑에는 '덜' 자연스럽고 '더' 인위적인 것이 필요하게 되고, 이는 비혈연집단이자 2차집단이면서 공시성을 가지는 공동체와 공시성과 통시성을 모두 가지는 민족에 대한 사랑으로 나아갈 때 엄청난 비약이 일어나기까지 하며, '신'에 이르러서는 '초월'적 현상마저 일어나게 된다.

자연스럽고 본능적이고 즉자적이며, 즉물적인 사랑의 관계에서 보다 인위적이고 의식적이고 대자적이며 관념적인 사랑으로 나아간다는 것, 이는 다른 말로 하면 구체적이고 개별적 단계에서 보다 일반적이며 보편적 단계로 나아감을 의미한다. 이런 과정은 인간이 본능적 존재임과 동시에 이성적 존재이기에 가능한 매우 특별하며 이 우주에서 유일하게 인간에게서만 가능한 현상이다.

'발생적 관점'에서는 자기 자신과 가족은 '가장 일차적'이다. 그러나 '논리적'으로는 '신', '인류' 그리고 '민족' 같은 것들이 보다 일차적이다. 그리고 '경험적'으로는 자신과 가족이 가장 명료하게 증명되지만, '개념적'으로는 신과 인류 그리고 민족이 보다 선차적이며 상위에 놓여 있다.

여기서 다시 우리는 종종 이런 가치들이 특정한 상황 속에서 서로 대립적·모순적으로 놓이는 경우를 발견하곤 한다는 점을 지적하고 싶다. 그 자체로는 소중하고 의미 있는 가치들이 어떻게 서로 대립하며 우리로 하여금 하나의 선택을 강요하게 만들 수 있는 것일까? 우리가 아는 위대한 고대 그리스 비극은 바로 이 문제에 대한 고뇌와 답변이다. 그들은 인간의 가장 근원적인 물음에 대해서 정면으로 답하려 했던 극소수의 사람들이었다.

우리는 흔히 개인주의와 집단주의 혹은 이기주의와 파시즘에 대해서 고민하곤 한다. 아마도 현대만큼 이런 문제들이 마치 진정한 문제들인 것처럼 다루어졌던 적은 없었던 것 같다. 현대 사상이나 현대적 물음들만큼 '단순하면서도 피상적인 그리고 모든 것들을 대립적 구도에 몰아넣고는 무조건적으로 양자택일 식으로 우리의 연약한 마음을 옥죄며 이성을 마비시키는 것들은 유사 이래 없었던 것 같다. '단순·피상·대립·양자택일', 이것이 이 시대의 사고방식이다.

고대 그리스 비극을 찬찬히 읽어 보면, 그들은 모순적이고 대립적인 상황 속에서 결국은 하나를 선택함에도 불구하고, 그 문제적 양면을 '상황적 부조리'로 볼지언정 '개념적 모순'으로 보지는 않았으며 선택을 하는 것과 포기하는 것 양쪽을 거의 똑같을 정도의 애정과 깊이로써 통찰을 해내고 있다. 그리고 선택한 것에 대해서 그것이 절대적으로 정당하고 옳다고 생각지 않으며, 불가피하게 버린 것에 대해서 고통스런 대가를 기꺼이 치르는 '전체론적 삶과 사유의 태도'를 가지고 있음을 쉽게 발견할 수 있다.

그들은 개인과 친구의 가치가 서로 개념적으로 모순이 아니며 가족과 국가가 서로 대립하는 것이 아니라고 생각했다. 단 운명의 부조리 속에서 매우 예외적으로 그런 비극적 상황이 일어나는 것일 뿐이라고 봤던 것이다. 그리고 그런 갈등 속에서 선택한 것이 '반드시' 언제나 옳은 것이라고 생각지도 않았다. 왜냐하면 포기한 것 역시 소중한 것이었음을 인정했기 때문이다. 그들의 선택기준은 다음과 같다. '중요한 것은 상황의 특수성이며, 그 상황에서 무엇이 더욱더 절박하게 요구되는 것인가? 그리고 결정의 주체는 자기 자신의 결단이며, 그 결단에 따른 책임과 대가는 기꺼이 감수한다.'.

이런 그들의 태도 속에서 비록 '비극적 사건들'은 벌어지지만, 그것들이 첨예하게 모순적으로 투쟁하고 있지 않으며 동시에 언젠가는 반드시 다시 화해하고 화합할 수 있는 가능성의 여지를 두고 있다는 것이 발견된다. 전쟁이라는 상황 속에서는 개인과 가족보다는 공동체와 국가가 중요하기에 부득이하게 개인과 가족을 희생시킬 수밖에 없지만 그런 선택과 희생이 완벽하게 정당한 것은 아니며 언제나 강요되어야 하는 것이 아니라 주체의 결단에 의해서만 가능하다는 것 그리고 이 경우라야 소중한 가치들 간의 상황적 대립모순이 해소될 수 있다는 것, 이것이 위대한 '비극적 정신'이다.

우리가 사는 시대는 이런 심오함과 진지한 숙고가 철저히 결여되어있다. 모든 것이 한 가지 기준에 의해서 일사분란하게 진행되고 있으며, 겉보기의 복잡다단함에도 불구하고 유사 이래 이렇게 단순한 세상은 존재한 적이 없었다. 가치들은 각각의 고유한 위치와 맥락을 박탈당한 채 허공 속에서 아귀다툼을 하면서 소멸되고 있고, 사람들은 유사 이래 가장 무뇌아적이면서도 동시에 가장 뇌를 혹사시켜가면서 물질적 질서에 기여·확립·재생산하고 있으며, 친구 사이에 배신을 하고 가족 사이에서는 애와 애비가 구분되지 않으며 사람과 짐승이 구별되지 않은 채로 뒹굴며 살아가고 있다.

이런 세상에서는 현실 속에서는 가정밖에 모르는 남자들이 있어야 함과 동시에 환상 속에서는 '조폭의 남성성'이 찬미 받을 수밖에 없게 된다. 그러나 이런 현실과 환상, 가정적 남편과 조폭 남편은 그다지 다르지 않다. 모두 동일한 가치기준을 가지고 있는 남편들이다. 전자는 '의리'자체를 믿지 않는 졸장부 남편이며, 후자는 '의리'를 구실로 '배신'을 일삼는 양아치 남편일 뿐이다. 그들은 유물론적 가치에 종속된 인간이 자신의 즉물적이고 직접적 관계의 틀 속에서 더 이상 나아가지 못하며, 일반적이고 보편적 가치들에 대해서 섬세한 감수성을 상실하여 그것들을 포기할 때 가능할 수 있는 남편들일 뿐이다.

〈왕의 남자〉와 '야오이 신드롬'

요즘 한국영화 〈왕의 남자〉가 극장가에서 쓰나미와도 같은 위력을 보이며 대중문화 시장을 주도하고 있다. 특히, 그 영화에서 광대인 공길 역을 맡았던 '이준기'는 모든 인터넷 포털 사이트에서 최고 인기 검색어가 되었고, 최근에는 그의 메니지먼트 사에서 그의 인터뷰를 자제하라는 요청까지 했을 정도라고 한다.

그 영화를 본 주변의 사람들에게 일일이 물어봤었다. '왜 그 영화가 그리도 인기를 끄는가?' 이에 대한 답변은 대개 다음과 같았다. '이준기가 너무 예뻐서', '여자친구가 보길 원해서', '시나리오도 잘 만들었고, 고증도 잘 된 것 같다. 한마디로 준비가 잘 된 영화 같았다.', '사람들이 많이 봐서 나도 보게 되었다.'. 답변은, 대개 이 네 가지 중 하나였다.

일부 문화평론가들은 이 영화를 소위 동성애 영화인 '퀴어영화'로 분류하고 싶어 한다. 성정체성에 대해서 그동안 엄정한 구별을 강조해왔던 우리 사회에서 드디어 동성애가 모티브가 된 퀴어영화가 문화의 중심에 이르게 되었다는 것이다. 그리고 이를 통해서 동성애에 대한 사회·문화적 선입견과 왜곡이 완화되지 않을까 하는 기대를 하는 사람들도 있었다.

그러나 유감스럽게도 나는, 이 영화가 절대로 '퀴어영화'라고는 보지 않는다. 물론 나는 개인적으로 '동성애'를 '혐오한다'. 이게 나의 성정체성이다. 외국에서 수많은 게이들과 레즈비언들을 만나봤기 때문에 오히려 그들을 별로 좋아하지 않는다. 그러나 이는 전적으로 나의 '개인적인 취향'이고, 그런 이유로 나는 '공적으로는' 그들에 대해서 그 어떤 강제적인 것을 행사할 권리는 없다. 물론 그 역(逆)도 참이다. 중요한 것은 나의 개인적 취향과는 별개로 나는 이 영화를 퀴어영화로 보는 데에 절대적으로 반대한다. 그리고 좀더 공격적으로 표현하면, 이 영화는 '동성애'를 이용하고 있을 뿐이다. 마치 '장애인'을 철저히 이용한 〈오아시스〉처럼 말이다.

내 개인적으로 이 영화는 전형적인 일본판 아류 '야오이'일 뿐이다. '야오이'가 도대체 뭔가? 간단히 말하면 '3류 저질 여성용 포르노'다. '포르노?' 이 무슨 해괴한 말인가 싶다. 분명히 이 영화에는 우리가 일상적으로 알고 있는 '포르노'를 이루고 있는 그 어떤 요소들도 포함되어있지 않은 것처럼 보이기 때문이다.

'야오이'란 남성 사이의 동성 연애물 혹은 그것을 창작하고 즐기는 문화를 통칭하는 말로서 본래는 일본어에서 온 말로 〈야마나시(やまなし)〉, 〈오치나시(おちなし)〉, 〈이미나시(いみなし)〉라는 '주제 없고', '소재 없고', '의미 없다'라는 세 단어의 머리글자를 딴 약어로 현재는 일부 여성들 사이에서 보편적으로 쓰이고 있다. 기원은 1976년부터 연재된 타케미야 케이코의 〈바람과 나무의 시〉이다. 다시 말해서, 이 장르가 태동된 일본에서는 일반적으로 '여성 작가에 의한', '여성 독자를 위한', '남성 동성애를 다룬', '포르노 소설 내지 만화'를 통칭하는 단어로 사용된다.

이렇게 일본에서 시작한 '야오이'는, 90년대에 들어서 '브론즈'라는 만화를 통해 일찍이 일본문화의 길을 성실히 뒤따라갔던 한국의 청소년 문화에서 사춘기 소녀들의 절대적 인기를 얻었던 '하이틴 로맨스'의 바람을 대체하는 문화코드로서 자리매김하게 되었다. 놀라운 사실은, 2003년의 보고에 따르면 우리나라 전체 청소년의 45%이상이 '야오이'를 접했으며 이미 '야오이'는 소녀만화시장의 50%를 차지하고 있다는 것이다. 이는 바로 '야오이'가 우리 청소년 문화의 '주류'가 되었다는 것이다.

그럼 다시, 왜 〈왕의 남자〉가 '퀴어영화'가 아니라 '야오이 영화'인가? 다음은 한겨레신문에 나온 소설가 한중렬 씨의 분석이다.

첫째, 공길은 녹수조차도 질투할 만큼 여자답게 묘사된다. 만약 공길이 원작인 연극 〈이〉(爾)에서처럼 우락부락하게 생겼다면 얘기가 한참 달라졌을 것이다.(〈내 생애 가장 아름다운 일주일〉의 동성애 섹션에서 두 남자가 서로를 뜨겁게 바라볼 때 관객들이 폭소를 터뜨린 것을 기억하는가.)

둘째, 자칫 호모포비아들의 심기를 건드릴 만한 성적 표현을 모두 제거했다. 연인들은 서로를 느끼는 방식으로 애잔하면서도 뜨거운 눈빛만 교환한다. 남성 동성애를 싫어하는 사람들 대부분이, '동성애'라는 추상명사가 아니라 구체적으로 떠오르는 섹스(항문성교 같은)에 몸서리친다는 사실을 생각해보면 참으로 영리한 연출이라 아니할 수 없다. 만약 공길이 영화 초반 판을 벌여준 양반뿐만 아니라 장생, 연산과 적나라한 섹스를 해댔다면 어땠을까?

셋째, 영화 속에 묘사되는 남자들의 사랑은 서로에 대한 끊임없는 배려와 희생이다. 심지어 폭군 연산조차도 공길을 대하는 손길이 자상하기 그지없다. 이런 사랑 앞에서는 동성애자들을 괴롭히고 싶어 손이 근질근질한 호모포비아도 무장해제를 당할 수밖에 없다. 그들의 사랑을 더럽다고 욕할 근거가 하나도 없는 것이다.

놀라운 것은 한 작가의 분석은 이 영화가 '퀴어영화'가 될 수 없다는 것을 분명히 설명해주고 있음과 동시에 그것이 바로 '야오이'의 특징이 된다는 것이다. '야오이'는 남자와 남자의 사랑을 그리되, 외모가 남성다운 두 남자들의 사랑을 그리지 않는다. 대신, 소위 '탑/바텀, 공/수, 혹은 S/M'의 구도 속에서 한 쪽은 남성답고, 다른 한쪽은 남성이면서도 극히 여성적이다. 외모부터 성격까지 여성보다 더 여성적인 케릭터가 나온다. 그리고 동시에 남성들의 성욕구체계의 구현인 '포르노'의 적나라함 대신 성적 묘사를 하되, 다소 우회적이고 분위기에 치중한 여성적 성적 욕구의 코드로 짜여 있다.

이렇게 '야오이'는 성적 유희를 즐기면서도, 그 대상을 '남-남'으로 설정함으로써 여성들로 하여금 마지막 남은 '성에 대한 수치심과 죄의식'을 교묘하게 완화·정당화시켜주며, 일부 보고에 의하면 남성에 대한 피해의식마저 보상해준다고 한다.

〈왕의 남자〉는 철저히 현재 우리나라 대중문화의 주소비자들인 여성들의 성적 판타지를 가장 극대화시키고, 그것을 당당히 문화의 주류로 인정·공개화하고 있으며 거기에 '순애보'적인 보편적인 사랑코드를 접목시켜서 이 영화에 대한 모든 종류의 도덕적 비난을 절묘하게 봉쇄하고 있다. 이제 여성들은 공론의 장에서조차 자신들의 성적 판타지를 당당하게 드러낼 수 있게 된 시대에 살고 있는 것이다. 그리고 이를 즐기는 여성들 중 많은 수가 자신들이 지금 무엇을 즐기는가를 분명히 알고 있다.

제아무리 폭군으로 역사에 기록되어있는 '연산군'이라 할지라도 그가 이제 한갓 여성용 '야동'의 '주인공'으로 전락해야 한다는 것은 매우 심각한 문제가 아닐 수 없다. 그가 역사에서 '패배자'로 기억 되었다는 것이 그가 이런 대우를 받아야 한다는 것을 정당화하지는 못한다. 이를테면 '장희빈'이 인터넷 성인방송 포르노의 주인공이 된다는 것이 말이 안 되는 것과 유사하며, 어떤 의미에서는 그 이 상이다. 성인방송은 성인방송일 뿐이기 때문이다. '깍두기는 깍두기 의 세계에 있어야지, 민간인의 세상에는 나오지 말라'는 말이 있듯 이, 우리 사회의 공개적 문화와 하위문화의 독립적 영역 확보와 구 분 짓기가 절실하게 요청된다.

또한 여성용 성적 판타지 영화를 가지고, 그것이 마치 우리나라 의 성적 소수자들인 '동성애자'들의 인권을 대변해주는 양 문화적으 로 유포·우도·선전된다는 것은 '성'에 대한 우리 사회의 왜곡된 의식을 더욱 악화시킬 것임이 분명해 보인다. 성적 소수자들을 위 한 것이면 그것에 맞게 사태를 왜곡하지 않는 상태에서 문화적으로 이해받으려는 노력을 해야 할 것이다.

마지막으로 우리사회를 언제부터인가 뒤흔드는 '신드롬'에 대해서 한 마디 하지 않을 수가 없다. 소위 지름 약 35km인 '서울'은 지름 약 500km가 넘는 '대한민국'을 대표하고 있으며, 3개의 공영방송과 소수의 신문과 잡지 그리고 몇몇의 인터넷 포털 사이트들로서 대한 민국의 여론이 대표된다는 이 무시무시한 현실에서, '신드롬'은 이

좁은 나라와 문화를 특정의 누군가의 이해관계에 따라 맘대로 지배할 수 있는 가장 확실한 '수단'인 것이다. 서울이라는 좁은 지역과 몇몇의 언론기관만 장악하고 있으면서 필요에 따라 각종 '신드롬'을 무차별 융단폭격을 할 때, 우리의 현실에서는, 우리 일반 국민들의 자발적인 욕구와 필요에 의해서가 아니라 인위적으로 '문화'와 '이데올로기'를 가공·창조·재생산 해낼 수 있다는 것, 이보다 '멋진 신세계'를 잘 설명해주는 현상이 달리 있을까?

‘장애인은 누구인가?’

오늘 신문을 보니, 영화 〈말아톤〉이 관객 500만을 돌파했다고 한다. 엄청난 성적이다. 통계적으로만 말한다면, 우리나라 인구 10명 중에서 1명 이상이 봤다는 것이니 말이다. 내 경우도 1달 전에 친구의 강권(?)에 못 이겨 그 영화를 봤었다.

사실 ‘장애’가 영화의 주제가 된다는 것은 어떤 의미에서는 매우 위험하고 어렵다. ‘영화’라는 것이 기본적으로 흥행이라는 운명에서 자유롭지 못한 점도 있지만, 그보다는 영화를 만드는 사람들이 장애인이 아니라는 것, 즉 비장애인들인 이유로, 그들의 노력에도 불구하고, 개인적이고 사회의식적인 한계에서 자유롭지 못하기 때문이다. 아직 장애인들은 자신들의 영화를 만들지 못하고 있다.

아마도 한국 영화에서 ‘장애’가 본격적으로, 그리고 적극적으로 다루어지고, 장애인’이 주인공으로 된 것은 1987년 배창호 감독의 〈안녕하세요 하나님〉일 것이다. 이 영화에서 안성기는 뇌성마비 장애인 역을 맡아 놀라운 연기를 했던 것으로 기억한다.

이 영화에서 ‘장애인’은 이 사회에서 철저히 ‘타자’로서 놓여있으며, 따라서 일반 사회인과는 다른 인식체계를 가지고 있으며, 다른 삶의 질서를 가지는 것으로 나타난다. 즉 비록 장애인은 열등하고 쓸모없지만, 천사 같은 마음을 가지고 있기에 비장애인들의 마음에 특별한 종류의 아름다움과 따뜻함을 준다는 식으로 나타난다. 이런 식의 '장애' 이해는 아직까지도 아주 일반화된 것으로서 유명 영화제에서 수상 경력이 있는 외국 영화 '제 8요일'에도 그대로 이어지고 있다.

'장애인은 다른 존재자.' 아마도 이는 비장애인들의 장애인들에 대한 상식적인 무지와 소위 기독교적 양심의 결합물로 여겨진다. 비장애인들의 상식 속에 장애인들은 그저 추하고 열등하고, 다른 존재자들이다. 도저히 어떤 식으로도 동질감을 느낄 수가 없는 것이다. 그럼에도 불구하고, 모든 존재하는 것은 다 나름의 이유가 있기 때문에 이 세상에 존재한다는 기독교적 세계관은 비장애인들이 가지고 있는 장애인들에 대한 낯섦과 무지, 그리고 두려움을 적절하게 해소함과 동시에 일종의 양심의 가책을 위안시켜주는 장치인 것이다.

'장애'가 두 번째로 본격적으로 다루어졌으면서 흥행에도 성공한 두 번째 영화는 이창동 감독의 〈오아시스〉였다. 개인적으로 나는 이 영화가, 매우 특별한 의미에서, 아주 의미가 있고 주목해야 할 영화라고 생각한다. 그 이유는 다음과 같다. 즉 이 영화는 비장애인들 사이에서는 그야말로 폭발적인 인기와 감동을 주었고, 뇌성마비 역을 맡았던 문소리는 이 영화 때문에 슈퍼스타로 성장할 수 있었음에도 불구하고, 장애인들 사이에서는 이 영화는 그야말로 분노와 모욕에 치를 떨게 한 영화이기 때문이다. 즉 영화 〈오아시스〉는 '장애'에 대한 인식 상에서, 비장애인과 장애인들 사이의 차이와 모순 그리고 갈등이 첨예화된 영화이기 때문이다.

〈오아시스〉에서 이창동 감독은 '장애인은 다른 존재자'라는 기존의 의식에 의문을 던지고, 그런 이데올로기를 공격하기 시작한다. 장애인의 '장애'는 그들의 본질이 아니라 그저 겉모습일 뿐이라는 것을 보여주려 시도한다. 장애인도 생각을 하며, 장애인도 '욕구하는' 인간이라는 점을 보여주고 있다. 그리고 이 점에서 많은 비장애인들의 마음이 움직이고 감동했었다. 이런 점에서 '오아시스'는 가히 혁명적인 진보를 이룬 영화이다. 그것은 장애인이 더 이상 '타자'가 아니라는 것을 보여주려 했기 때문이다.

그럼에도 불구하고, 이 영화에 장애인들은 분노했다. 대다수의 장애인들은 이 영화를 인정할 수 없었다. 문소리 역의 모델이 되었던 장애인은 문소리에 대해서 엄청난 배신감을 느꼈고 분노했으며, 큰 상처를 입었다.

그 이유는 〈오아시스〉가 비록 장애인을 같은 인간으로서 다루려 했음에도 불구하고, 철저히 '무능한' 존재자로 그려냈기 때문이다. 이 영화에서 장애인은 너무 너무 외로웠고, 사랑에 굶주리다 보니, 자기 아버지를 죽이려 함과 동시에 자신을 강간하려는 범죄자를 사랑할 정도로 '불쌍하며', 나중에 서로 진정으로 사랑하게 된 사람을 다른 사람들이 성폭력범으로 몰아붙이는 것에 대해서 해명도 저항도 못하는 '나약하기' 이를 데 없는 존재로 그려지고 있다. 즉 이 영화는 장애인을 극단적으로 불쌍하면서도 철저하게 무능력한 존재로 그려내는 것이다.

〈오아시스〉는 장애인을 같은 사람이지만, 불쌍하고 무능한 사람이라고 하는 것이다. 물론, 현실적으로 이런 진단은 그리 틀린 것은 아니다. 실제로 장애인들은 비장애인들보다 비교할 수 없을 정도로 심각하게 소외/고립되어 있어서 더 많은 심리적/정신적 고통을 겪어야 하며, 대다수가 교육을 제대로 받지 못하는 터에 매우 무능력하다.

그러나 우리가 분명히 알아야 할 것은 비록 그들이 '장애'를 가지고 있는 것이 분명한 사실이지만, 그들의 '비참한 처지'와 '무능'은 그들의 책임이 아니라는 것이다. 즉 그들이 비참하게 살고 무능한 것은 그들의 숙명적인 '장애'에 기인하는 것이 아니라. 그 장애로 말미암은 '사회적 소외/고립/격리'에 기인하기 때문이다. 그들이 장애를 가지고 있다는 것은, 그 자체로는, 그들만의 숙명인지는 모르지만, 그것 때문에 그들이 비참해야 하고, 무식하고 무능해야 할 이유는 없다는 것이다. 이창동은 이것을 놓치고 있는 것이다. 이것이 그의 무지에 기인한 것인지, 의도적인 것인지는 분명하지 않지만, 그는 매우 치명적인 과오를 저지르고 있는 것이다. 그는 장애로 인한 모든 '현실적인 문제'를 '장애' 그 자체의 숙명으로 돌리는 우를 범한 것이다.

결국 이창동은 그 어떤 사실적인 인식이 성숙하지 못한 상태에서 일종의 '당위론적 태도로써' 장애문제를 접근한 것이며, 그 결과 자신에게 도덕적 훈장을 안기게 한 것이다. 그는 "여러분! 장애인들 역시 사람입니다. 그러나 그들은 '불쌍한' 사람들입니다"라고 소리친 것이다. 여기서 우리는 장애인들이 그 영화에 분노한 이유를 이해할 수 있다, 그것은 '위선'의 문제이다. 이제 문제는 '무지'의 차원에서 '위선'의 차원으로 전환된 것이다.

　　영화 〈말아톤〉은 분명 〈오아시스〉보다 진보한 것으로 보인다. 〈말아톤〉에서는 '과장'과 '신화'가 없다. 그것은 '영화적 감동'과 '도덕적 우위'에 눈이 멀고 환장했던 〈오아시스〉의 과오를 범하고 있지 않는다. 〈말아톤〉은 위선적이지 않다. 그것은 장애에 대한 현실적 인식의 한계를 인정하면서, 억지로 잘난 척하지 않는다. 그것은 사람들을 선동하지 않는다.

　　〈말아톤〉에는 다음과 같은 대사가 나온다. 자폐아의 어머니로 나온 김미숙이 신문기자와의 인터뷰에서 나온 대사이다. "소원이요? 음,, 그래요, 우리 초원이가 제가 죽기 바로 전날 죽는 거예요" '장애'에 대한 그 어떤 신화도 없다. 듣기에 따라서는 처절할 정도의 현실에 대한 있는 그대로의 고백이다. 그리고 이 영화에서는 '장애'에 대한 매우 놀라운 의학적 정의가 나온다. '장애'는 그 어떤 '약'이나 '수술'에 의해서 '치료될 수' 있는 것이 아니라는 것이다.

　　엄밀하게 말해서 '장애'는 현실적으로는 그 어떤 희망도 없는 숙명이다. 그것은 변할 수 없는 사실인 것이다. 장애인에게는 신데렐라 같은 놀라운 일과 기적이 불가능하다. 그것은 천형이다. 그것은 필연이고, 어떤 의미에서는 '자연 자체'이다. 이 시대의 공식적인 최고의 고통인 가난조차도 논리적으로는 벗어날 수 있는 가능성이 있으며, 그에 따라 빈곤에 시달리는 자들조차도 '희망'이라는 단어를 가질 권리가 있지만, '장애'를 가진 자에게는 그런 종류의 '희망'도 가질 수가 없다. 한번 '장애'가 주어질 경우, 누구이건 간에, 평생을 함께해야 하는 것이다. 가난에는 '혁명'과 '로또'가 있어도, 장애에는 아무 것도 없다.

영화 〈말아톤〉은 '장애'에 대한 이런 현실의식에서 출발하고 있으며, 이 영화는 나름대로 '리얼리티'에 충실한 영화라고 할 수 있다. 따라서 이 영화에서의 '달리기'와 '마라톤 연습'은 그 어떤 대단한 미래를 위한 현재의 '숭고한' 희생이 아니다. 그저 아무 것도 없기에, 아무 것에서도 희망을 찾을 수 없었기에, 그러나 살아야 하므로 뭔가는 해야 했기에 뛰기 시작한 것이고, 마라톤에 참가하게 된 것이다.

여기서는 '장애'에 대한 그 어떤 종류의 무지에 기반을 둔 거부반응도, 황당한 기대와 신비도 찾을 수 없다. 장애인은 그 어딜 봐도 '장애'라는 한계 속에 갇혀있다. 장애인은 그 어떤 특별한 것도 가지고 있지 못하다. 그저 '장애인'일 뿐이다.

이런 의미에서 영화 〈말아톤〉은 우리 영화가 비로소 장애인을 장애인으로서 시선을 맞추는 데에 성공한 작품인 것처럼 보인다. 이 영화는 '장애'를 가지고서 무슨 '소설'을 쓰려하지 않는다. 비록 어느 정도의 감동은 있지만, 할리우드에서 늘 집착하는 휴먼드라마에서 나오는 온몸을 흔드는 진한 감동 같은 것은 없다. 그리고 위선도 없으며, 〈엘레펀트 맨〉이나 〈노트르담의 꼽추〉같이 '공포'와 '분노' 그리고 '인류보편적 연민'도 없다. 제 아무리 탄식을 하고, 가슴을 뜯으며 울어도 아무 것도 바뀌는 것이 없다는 것을 분명하게 이해하고 있기 때문이다.

그럼에도 불구하고 〈말아톤〉은 '장애'에 대한 완벽한 이해를 보여준다고 할 수는 없다. 사실 한 작품이 어떤 것에 대해서 완벽한 뭔가를 다 보여줄 수도 없는 터에 이런 것을 기대한다는 것 자체가 처음부터 말이 되지 않는다는 것은 당연하다. 그런데 이런 것과는 별개로 〈말아톤〉은 전체적으로 일종의 '파스텔 톤'이다. 아마도 장애문제를 리얼리티가 손상 받지 않게 함과 동시에 너무도 처절한 현실로서의 장애문제에 지나치게 매몰되는 것을 피하려 했던 것처럼 보인다. 그리고 이런 점에서 〈말아톤〉이 영화로서 성공할 수 있었던 것 같다.

그러나 나는 이런 종류의 기법이 이 영화를 영화로서 성공할 수 있게 했던 주요인임과 동시에 '장애'라는 처절한 현실이 다시 한 번 외면되는 이유가 되는 것으로 생각한다. 〈말아톤〉에는 장애로 말미암은 여러 종류의 아픔들과 절망들이 리얼하게 그러나 아주 세련되고 시적으로 표현되고 있다. 그리고 이로 말미암아 많은 관객들이 깊은 인상을 받게 된다. 이것은 어떤 의미에서는 영화적 완성을 가능케 한 요소이지만, 동시에 끝끝내 비장애인들과 이 사회로부터 '장애'가 왜곡되고 망각되는 이유가 되기도 한다.

'장애'는 인간으로 하여금 '낭만'을 허용하지 않게 한다. 그것은 낭만을 꿈꾸기에는 너무나도 리얼하며 처절한 현실이다. 특히 대한민국에서는 더욱 그러하다. 대한민국에서 '장애'는 그 시작부터 '열외'를 의미하는 것이며, '낙오자'를 의미한다. 그것은 부모에게는 하늘이 무너지는 것 같은 천벌의 선고이다. 그리고 장애인 당사자에게는 차라리 '정신장애'를 그리워할 만큼의 시련과 고통이며 수난인 것이다. 아마 우리나라에 법적으로 안락사가 허용된다면, 아마도 장애인과 그 부모들은 그 유혹에서 벗어나기 힘들 것이다.

사실 우리나라에서, 많은 장애인들은 '장애'가 엄청난 고통이지만, 그 고통은, 많은 경우, 장애 그 자체에서 오는 것이기보다는, 그 장애로 인해서 '사회적으로' 형성된 '정신적' 고통에서 오곤 한다. 그래서 우리나라에서 '장애'는 개인적이거나 신체적인 차원의 병리 현상이기보다는 일종의 '사회적 정신병리현상'에 가깝다고 할 수 있다. 장애인 역시 인간인 이유로 비장애인들과 같은 정신과 심리 구조를 가지고 있다. 그래서 그것들은 비장애인들의 그것들만큼 강하며 동시에 그것들만큼 연약하다. 그래서 장애인들은 자신의 약점을 개선하고 자기를 계발하려는 의지를 가질 만큼 강하며, 동시에 '왕따'에 의해 일반 비장애인들이 무너지는 만큼, 장애인에 대한 차별 앞에서 속절없이 무너지고 만다.

많은 비장애인들은 암묵적으로 자신들이 장애인들보다 '존재론적으로' 우월하다는 '신화'를 가지고 있다. 이는 부자가 가난한 자에 가지는 계급적 우위보다도 강력하며, 남성들이 여성들에게 갖곤 하는 성적 우위의식보다도 분명하며, 노골적이다. 이런 의미에서 그것은 일종의 '물질적인' 것이다. 그래서 장애인들 앞에서는 그 어떤 비장애인들도 겸손대신 '위선'의 허울을 뒤집어 쓸 수밖에 없으며, 그 어떤 것보다도 확실한 우월의식 속에서 '여유'를 부릴 수 있다. 그와 동시에 '장애'에 대한 무지만큼 당당한 것도 없다. 누구도 그것을 당당히 말할 수 있으며 당연한 것으로 인정된다. 그래서 '차별'은 상식이다. 그것은 현실이다. 아니 자연이다.

'장애'가 가지는 심각성은 장애가 있는 자녀를 둔 부모와 장애를 가진 당사자들의 의식 속에서 가장 극명하게 드러난다. 그들은 하나같이 '연민'을 가진다. 모두 하나같이 자식들에 대한 연민과 자기 자신에 대한 연민으로부터 자유롭지 못하다. 그리고 심지어 많은 수의 부모들과 장애인들은 '죄의식'에 시달리고 있기까지 하다.

　그런데 이런 자기 자신에 대한 연민과 죄의식은, 사회적인 멸시와 차별의식과 같은 종류의 의식의 흐름들이다. 자기 자식이기에, 또는 자기 자신이기에 연민과 죄의식을 가지는 것이지, 그런 종류의 의식이 타인에게 향할 때, 그것은 바로 '멸시감'일 뿐이기 때문이다. 그리고 바로 이런 의미에서, 장애인과 그 부모들이 사적인 차원에서 시달리고 있는 자기연민과 죄의식이라는 의식의 흐름은 결코 '장애'라는 그 사태 자체에서 오는 것이 아니라, 그 사태에 대한 '일반화된 사회의식'에서 오는 것임은 분명하다. 즉 장애로 인한 정신적 고통은 '철저히' '사회적인' 것이다. 따라서 우리 사회에서 장애인인 한에서, 그 어느 누구도 이런 종류의 왜곡된 병리적 정신현상에서 자유로울 수 없다. 반대로 그 어느 비장애인들도 장애인에 대한 존재론적 우월의식과 멸시감으로부터 자유로울 수 없는 것이다. 분명한 것은 이런 것들은 '객관적인 것'과는 아무 상관이 없는 것들이다. 아니 보다 정확히 말하면, 아직 제대로 알려지지 않았다. 왜냐면 그런 문제들은 아직까지도 단 한 번도 본격적으로, 그리고 사회-역사적으로 다루어져 본적이 없기 때문이다. 아직까지 장애인들은 그들의 존재가 그들에 대한 의식으로부터 철저히 소외되어 있는 상태에서 살아가고 있다. 그래서 그들은 사회-역사적으로 아직까지 존재하고 있지 않다. 그들은 인간들이 아니다.

　그런데 이런 모순과 부조리는 여기서 멈추지 않는다. 장애인들은 사회로부터 아직 인간들이 아닌 이유로, 일상적인 비장애인들은 상상할 수 없는 '특별한' 시험을 치러야 한다. 즉 그들은 비장애인들과 그들의 사회가 설정해 놓은 '인간의 기준'을 통과해야만 한다.

그리고 그런 한에서만 사회의 일원으로서 인정해주겠다는 약속을 요구 당한다. 그런데 이런 종류의 시험은 노골적으로 자신의 정체를 드러내지 않으며, 아주 기만적이고 미화된 양태로서 드러나는데 그것은 바로 '장애극복'이다. 그래서 장애인인 한에서 그 누구도 이 '장애극복'이라는 이데올로기로부터 자유로울 수 없으며, 동시에 짓눌림에 시달리지 않을 수 없다. 그것은 일종의 장애인의 '화두'이며, 지상과제이며, 악몽이며, 가위눌림이다. 앉으나 서나, 자나 깨나, 일할 때나 놀 때나, 사랑에 빠지고 결혼을 꿈꿀 때도, 그것은 대한민국 국민의 헌법과도 같이, 장애인들의 뇌리에서 꿈틀거린다.

이렇게 장애인들의 평생의 짐이 되는 '장애극복'이라는 이데올로기는 다시 '장애'에 대한 모든 종류의 사회적이고 구조적인 문제들을 은폐하고 정당화하는 기능을 한다. 그것은 장애인들을 '장애'로써 비장애인들과 분리시키며, 그 '장애'를 철저하게 장애인 당사자 차원의 '내적인' 문제로 왜곡시켜 버린다. '장애'는 오로지 '장애인'들만의 누가 대신할 수 없는 팔자이자 인생의 몫이 되며, 그런 이유로 그것을 극복하는 것 역시 사회와는 무관한 장애인 당사자들의 문제가 된다. 그래서 누군가 그것을 놀랍게도 '극복'을 했다면, 그는 이제 평범한 인간이 된다는 애초의 약속과는 달리, 마치 내적 투쟁에서 승리한 승려나 종교지도자들에게 보내지는 특별한 종류의 사회적 시선의 대상이 되기에 이른다. 이 경우 그들은 여전히 특별한 종류의 인간으로서 남게 된다. 그런데 그토록 찬미되고 숭상되는 '장애극복'이 이제는 그것을 극복하지 못했다고 여겨지는 대다수의 일상적인 장애인들에게는 가장 기본적인 '사회적응 능력시험'으로 강요되어, 그것을 극복하지 못한 책임은 전적으로 장애인 당사자들에게 전가되기에 이른다. 그리고 이 경우, '장애'로 인한 모든 차별과 모순의 책임 역시 장애인 당사자들의 몫이 되기에 이른다.

이제까지의 논의에서 우리가 알 수 있는 것은 다음과 같이 정리될 수 있다: '장애'는 사회적인 것임에도 불구하고, 장애인들만의 것으로 강요되며, 반대로 그것에 대한 평가는 장애인들에게 더 많은 권리가 있음에도 불구하고, 철저하게 사회가 독점적으로 행사한다.

'성경'을 보면, 예수가 장애인들을 치료해주는 장면이 나온다. 어느 날 제자들이 그에게 물었다

"선생님, 왜 저들은 태어나면서부터 눈이 멀고 다리를 절게 되었나요? 그들이 죄가 많아서 그런 것인가요? 아니면 그들의 부모나 조상들이 죄가 많아서 그런 것인가요?"

"그들이 죄가 많아서도 아니고, 그 부모나 조상들이 죄가 많아서도 아니다. 하느님께서 그들을 통해서 뭔가 놀라운 것을 드러내 보이시려 함이다"

🌰 고백성사, 불심검문 그리고 신분조회

나는 고등학교 때까지만 해도 나름대로 깊은 심신을 가지고 있었던 로만 카톨릭 신자였다. 사춘기의 영혼에 절대자와 구원 그리고 무조건적인 사랑의 이념 등은 엄청난 영향력이 있었다. 내 기억 속에서 당시 나는 늘 그런 형이상학적 판타지에 단단히 묶여 있었다. 물론 시간이 많이 지난 현재까지도 그 이념들은 아직도 나에게 소중한 것으로 남아 있다.

그런데 그렇게도 종교적인 열정으로 충만했던 젊은 영혼도 꺼려하고 부담스러워 하는 것이 있었는데, 그것은 바로 '고백성사'였다. 카톨릭의 전통에 따르면, 신자 된 사람은 말과 행동과 생각으로 죄를 짓자마자 자신의 죄를 '기도로써' 고백하고 용서를 받아야만 하며, 특히 사순절, 부활절 그리고 성탄절 같은 큰 행사가 있기 전에는 반드시 의무적으로 고백성사를 받아야만 했다.

고백성사가 이루어지는 작은 방은, 당시의 나로서는 너무도 부담스럽고 부끄러웠으며 두려웠다. 비록 얼굴을 마주하는 공간은 아닐지라도 말이다. 그리고 신의 대리자인 신부님과 단독으로 이루어지는 일이었음에도 불구하고 정말 고통스런 방이었다. 그래서 평소에 죄에 대한 강박증에 시달려야 했다. 무슨 큰 축일이 오는 것이 오히려 반갑지 않기까지 했었다.

당시 내가 괴로웠던 것은, 늘 누군가가 나를 감시한다는 것, 누군가에게 나는 완전히 발가벗겨져 있으며 또 그렇게 발가벗겨지는 것을 수시로 의무적으로 감당하고 받아들여야 한다는 것이었다.

나의 영혼은 종교적 열정으로 가득했지만 숨을 쉴 수가 없었다. 종교에 대한 열정이 강하면 강할수록 나는 미칠 것만 같았다. 죄, 죄, 죄 특히 사춘기의 혈기왕성한 나로서는 종교적 열정만큼이나 이성에 대한 호기심과 남성 특유의 자발적으로 솟아나는 성적 욕구 역시 통제 불가능할 정도로 강했었기에, 내 영혼은 모순으로 쪼개질 것만 같았다. 그리고 그것을 또 '있는 그대로' 고백을 해야 한다니……

결국, 내가 거짓말을 할 수밖에 그리고 위선적일 수밖에 없는 현실 앞에서 절망했고, 나는 죄의식으로 무너져야만 했다. 나에게 나는 괴물이 되었다.

시간은 흘러 나는 대학에 들어가게 되었고 기독교적 순종적 삶과 사회정의를 위한 투쟁의 갈등과 수많은 악몽이후 나는 기독교를 버려야 했다. 너무도 힘든 통과의례를 거치면서 나는 '사회'와 '국가'에 대한 의식을 가지게 되었고, 그것을 위한 '정의'라는 개념이 '구원'의 개념을 대체하기 시작했다. 내가 기억하기로, 기독교적 판타지에서 벗어나던 날 내가 느꼈던 해방감은 엄청났었다. 숨을 제대로 쉴 것만 같았고, 이제껏 나를 누르던 '원죄'가 떨어져 나갔으니, 이는 마치 손오공의 머리에 있던 고리가 벗겨지는 것 같은 느낌이었다.

그런데 그렇게 해방감을 느끼자마자 나는 새로운 공포심을 갖게 되었다. 그것은 '불심검문'이었다. 내가 대학을 다닐 때만 해도, '불심검문'은 하나의 일상이었다. 그 누구도 예외가 아니었고, 특히 좀 허술해 보이거나 특이해 보이는 사람들은 단 하루에도 몇 번이나 불심검문을 당해야했다.

불심검문을 당하면, 먼저 '주민등록증'을 제시해야 하고 내가 가지고 있는 모든 소지품을 다 보여 주어야 했다. 그러면 경찰들은 '의심'의 눈으로 그것들을 하나하나 살펴보았고 또 그들이 가지고 있는 '무전기'를 통해서 나의 모든 것을 다 조사하곤 했다.

이런 불심검문을 당할 때, 나는 다시 한번 발가벗겨지는 것 같은 부담스러움과 수치 그리고 두려움에 시달려야 했다. 이는 누가 내게 그런 심리적 상태를 가르쳐 준 적이 없었다. 그리고 경찰들은 말했다. "네가 죄가 없다면 무엇이 문제될 것인가? 정의사회구현은 극히 바람직한 것이 아닌가? 그리고 민주시민이라면 정부의 그런 노력에 자발적으로 협조하는 것이 당연한 것 아닌가?"

나는 '정의사회'에 치가 떨리기 시작했고 경찰이 두려웠다. 마치 '인류의 구원'에 숨막혀하고, 신부님을 부담스러워 하던 것처럼 말이다.

한번은 데모를 하다 전경에 잡혀 구치소 신세를 진 적이 있었는데, 당시 나는 주민등록증과 학생증을 가지고 있지 않았다. 물론 나는 주민번호와 학번 같은 나와 무관하다고 느껴지는 숫자들을 외우는 것을 너무 힘들어했고, 별로 노력도 하지 않았기에 당시 나는 그것을 외우지 못하고 있었다.

이런 나를 그들은 어처구니없다는 듯이 봤으며 "어떻게 대한민국 국민으로서 그것들을 외우지 못할 수가 있는가?"하며 나를 의심하고 협박도 했었다. 이는 기독교 신자가 '주기도문'을 외지 못하는 것과 같은 그런 종류의 경우였던 것 같다.

"네가 그러고도 대한민국 국민이고 대학생이냐?"
"정말이에요! 아무리 해도 외워지지가 않아요!"

"그래? 이걸 그냥…… 맞으면 돼!"
"아! 으……."

어느덧, 내가 원치 않아도 은행을 가야하고 인터넷 뱅킹도 해야 하는 나이가 되었다. 은행에서 새 카드를 만들 때면, 직원들은 내가 보이지 않는 모니터를 통해서 나의 모든 것 특히 돈과 관련된 모든 것을 다 보게 된다.

나의 경우, 은행에 가는 것이 정말 심리적으로 편하지 않다. 왜냐하면 거기만 갔다 하면 다시 악몽, 즉 다른 누군가가 나를 다 지켜보고 있으며 나는 다시 발가벗겨지는 것 같은 부담감을 느껴야 하기 때문이다. 이제껏 은행가서 맘이 편한 적도 없으며, 똑똑해 보인 적도 없다. 언제나 당황하고 어정쩡했으니 말이다.

누군가는 이렇게 말할 수 있다. "너의 직업이 남들 보기에 반듯하고, 네 구좌에 돈이 많으면 된다."

그렇다. 최소한 나에게는 맞는 말이다. 아마 내가 이런 경우라면 오히려 은행에 가는 것을 즐기겠지. 그래서 요즘 유행인 은행 고객 'VIP룸'에서 대접 받겠지.

한편 은행에 직접 가기가 싫어서 인터넷 뱅킹을 하려 할 경우 늘

러야 하고 확인해야 하는 그 수많은 번호들……. 내가 내 돈 거래
하기가 이렇게 힘들어서야 될까? 나는 심지어 내 아이디와 번호를
자꾸 잊어서 '세 번 오류 시 접근차단' 조치를 당하기 일쑤다. 이
무슨 해괴한 스트라이크 아웃제도인가? 그리고 그렇게 해서 다시
수정을 하러 은행에 갈 때마다 느껴야 하는 심적 부담감들……. 영
혼의 목자들의 부담스런 미소와 비현실적인 민중의 지팡이들의 웃
고 있는 사진과 더불어서, 정말 어색하기 이를 데 없는 은행직원들
의 피나는 미소노력 그리고 그 앞에서 땀 흘리는 나…….

이 모든 당황스럽고 힘겨운 일을 치르고 돌아올 때마다 나는 내
자신에게 자연스럽게 묻는다. "난 누구인가? 나의 실체, 나의 본질,
손상당하지 않는 나의 정수는 무엇일까?"

인간이 영적 존재라고 믿었을 때 우리의 영혼은 고백성사를 통해
서 지배당했고, 인간이 사회적 존재라고 믿었을 때 우리는 불심검
문으로 지배당했으며, 인간이 경제적 존재라고 믿고 있는 현재 난
은행이 두려울 뿐이다.

나는 비자발적으로 발가벗겨지기 싫다.

흉조(凶兆)들

　고등학교 때 국사와 세계사를 배우는 과정에서 알게 된 것인데, 동서고금을 통해서 수많은 왕조와 나라가 망하는 과정에 하나의 대체적인 경향성이 있다는 사실이다. 어린 시절 이것을 처음 알게 되었을 땐 그리 피부에 와 닿지 않았었지만, 지금 생각해보면 정말 중요하고 심각한 사항이다.

　어느 나라가 망하는 과정에서 가장 먼저 발생하는 것은 바로 "토지 분배 정의의 붕괴와 혼란"인 것으로 기억하고 있다. 이런 사실은 과거의 사회가 주로 농업이나 목축업에 의존하는 사업이었기에 더더욱 극명하게 드러나는 것 같다. 즉 당시의 이해구도 속에서 '토지＝자본'이었기 때문이다.

　그러나 이런 사실은, 산업혁명과 금융자본시장의 폭발적 증가를 겪은 현대사회에서도 거의 그대로 적용될 수 있는 것으로 보인다. 제아무리 정보혁명이니 뭐니 해도, 따지고 보면 실재적인 모든 자본의 토대는 '토지'에서 시작하는 것으로 보인다.

　그런데 이렇게 토지가 중요함에도 불구하고, '토지'는 근본적 문제를 안고 있는 대상이다. 즉 그것에 제아무리 노동이 투여되고 그것이 상업적으로 거래가 되어 많은 부가가치가 생김에도 불구하고, 전체의 토지의 양은 '불변'하는 것이라는 사실이다. 그것은 언제나 고정되어있다.

그런 이유로 토지를 대상으로 하는 인간의 모든 활동은 사실, 비생산적이며, 또한 인간의 노동의 가치를 오히려 떨어뜨린다는 것, 즉 그 결과는 그저 인플레이션일 뿐이라는 것이다. 바로 우리는 '토지'가 가지는 이 모순적인 두 가지 얼굴을 잊지 말아야 한다. 그것은 실제적인 모든 부의 기초임과 동시에 비생산적이라는 사실이다.

그런데 토지분배 정의가 무너질 경우, 토지를 독점하는 세력은 부의 무한창출을 보장받을 수 있으며 반대로 토지소유에서 소외된 사람은 시간이 갈수록 그가 겪어야 하는 빈곤의 깊이가 깊어지게 된다는 사실을 주목해야 한다. 그 경우, 인간의 모든 종류의 생산활동이 의미 없어지면서, 국가 생산량감소, 경기침체 그리고 빈부격차 확대 현상이 일어난다. 즉 국가 경제적으로도 손해이며 국가 정의의 차원에서도 마이너스 효과를 야기한다는 것이다. 그리고 그 결과 대외적으로 국가의 경쟁력이 약해지면 대내적으로 국가의 기강과 질서가 무너지게 된다.

우리는 이 시점에서 현재 우리나라 소득의 최상위 층을 형성하는 사람들이 부동산 재벌들이라는 오늘자 뉴스의 기사를 주목해야 하는 것이다.

이런 토지분배 정의가 무너지자마자 일어나는 일이 바로 조세정의의 상실이며, 뒤이어서 교육정책의 혼란 그리고 마침내 국가 방위력과 시스템의 붕괴…… 이런 식으로 진행되는 것이다.

한편, '창의력 향상'이라는 명목 하에 대학시험을 교과서에서 출제하지 않게 된 정말 해괴한 사태를 주목해야 한다. 우리나라에서의 교육은 다른 어느 나라에서보다 중요한 가치를 가지며, 그것은 우리 사회가 이제껏 마지막으로 지켜왔던 '공정경쟁시스템'이었다.

그런데 대학시험이 교과서에서 출제되지 않게 되는 순간, 그 명분이 무엇일지라도, '학교'는 무의미해지는 것이다. 즉 우리나라의 상황에선 바로 '공교육 붕괴/사교육 광풍'을 의미하는 것이다.

학교에서 선생님들이 가르쳐주시는 것들이 자신들의 미래와 별상관이 없을 때 누가 학교에서 공부를 하고 선생님들을 존경할 것이며 그곳에서 만나는 친구들을 소중하게 생각할 것인가? 어림 반 푼어치도 없는 것이다.

그리고 학교의 최소한의 가치가 사라지자마자 이제 '교육'은 하나의 사회억압과 불평등의 재생산의 대표적인 장치로 전락하게 된다. 이제는 더 이상 확실한 공부 대상이 있어서 그것을 타깃으로 삼아서 개인이 열심히 노력하는 것이 아니라, 누가 더 많은 돈과 자본을 통해서 보다 더 많고 값비싼 정보를 체험하며, 획득해내느냐가 관건이 되는 것이다.

바로 이런 흐름 속에서 소위 '강남'은 자연스레 형성되며, 공고해지게 되는 것이다. 그리고 이런 상황에서 자연스럽게 '비평준화'의 요구가 일어나게 된다. 원래의 의미에서 비평준화는 '공교육의 정상화'를 전제로 하는 한에서만 그 최소한의 정당성을 획득할 수 있는 것이다. 그러나 현재 그 요구는 공교육의 붕괴와 황폐화를 전제로 하고 있다. 나는 개인적으로 비평준화를 인정하는 사람이다. 그러나 그 전제가 다르다. 현재의 비평준화 논의는 국가적 차원에서 국가가 더 이상 국민 일반에 대한 일반적 책임과 의무를 포기하겠다는 선언에 불과하며, 개인적 차원에서는 사회와 공동체에 대한 적대감의 표현에 불과하기 때문이다.

어찌되었든, '토지·자본·교육'은 확실한 연대와 하모니를 형성하기에 이른다. 서로가 완전한 상보적 관계를 형성하게 되는 것이다.

다른 한편, 우리는 이 시점에서 현재의 우리나라의 대학들이 벌이는 저주받을 쇼의 정체를 이해할 필요가 있다. 우리나라에서 대학은 이제 국가발전에도 사회정의에도 문화발전에도 아무 도움이 되지 않는 쓰레기 집단이며, 기득권자들의 권리만을 신경 쓰는 이익집단이자 일종의 로비단체에 불과하다는 것을 이해해야 한다는 것이다.

평준화에 대해서 가장 노골적으로 거부감을 보이고, 호시탐탐 학생들의 수학능력의 저하를 문제 삼으면서 우리 공교육 시스템을 능멸하며, 창의력에 목말라 하는 척 연극을 하면서도 사실은 그런 것들에는 전혀 신경을 쓰지 않는다. 자신의 고유 의무와 본분을 가장 근본적으로 외면하는 집단이기 때문이다.

만일 우리나라 고등학생들의 평균적 수준이 OECD 국가에서 중하위라면, 우리나라 대학 수준은 세계 최하위권이기 때문이다. 그리고 그것은 바로 대학에서 교육으로 먹고사는 사람들의 수준이 세계 최하위 권이라는 것이다. 학생들이 60점이면, 교수들은 0점인 것이다. 그리고 이런 교육현실을 고안해내는 문교부와 교육당국은 다 파면감 들이다.

'창의력'을 노래하는 사람들이 그렇게 비창의적일 수 있으며, 학습능력 저하를 걱정하는 사람들이 그렇게 무식할 수 있을까? 그렇게 고상한 걱정에 제대로 잠을 못 이루는 작자들이 결국은 대학생들을 '영어와 토익' 광풍의 희생자로 만들어 버린 것일까?

더 이상 대학은 교육의 전당도 아니고, 문화 창조의 중심지도 아니다. 오히려 문화를 없애고 사회악을 재생산시키는 구심점인 것이다. 대학에서 제대로 공부하는 학생들이 사라진 지 이미 오래라는 명백한 사실은 모든 것을 설명해준다.

대학이 영어공부 하는 곳인가? 고등학교는 이미 박살나고, 대학은 영어학원으로 전락했다. 그리고 부록으로 운전과 컴퓨터 사용법도 가르쳐준다. 아주 좋은 서비스 체제임에는 틀림없어 보인다.

사정이 이렇게 될 때, 발생하는 문제 중의 하나가 바로 국가방어 시스템과 능력의 붕괴다.

원래 고대시대에서는 귀족계급이 전쟁에 나갔다. 어떤 의미에서는 그들이 권력의 핵이었기 때문에 전쟁은 그들의 몫이었던 것이다. 소위 '노블레스 오블리제'는 여기서 나오는 말이다. 권력을 가지고 있는 자가 그 대가로 위험을 책임지는 것이다. 전쟁사를 보면, 누구나 이해할 수 있는 현상이다.

그러나 지금 우리 군대와 국가 방어시스템은 어떤가?

소위 능력 없고 연줄 없는 사람들이 시간 낭비하고, 인격 황폐해져서 사회적 모순의 직접적 희생자로 전락하는 집단이 바로 군대인 것이다.

돈있는 놈, 권력있는 놈, 많이 배운 놈들은 군대 안 간다. 그리고 군인은 이제 사회적 조롱거리고 열등한 부류에 속하며 사회적으로 아무 보상체제도 없다. 살인집단이라는 욕이나 먹고, 소위 신앙의 자유를 명분으로 군대를 거부하며, 이에 온갖 양아치·백치들·개떼들이 달려들어 물어뜯는 곳, 그곳이 군대다.

이들은 일종의 현대판 노예들인 것이다.

놀라운 사실은, 이런 현상은 역사적으로는 아주 일반적인 현상이라는 것이다. 우리는 늘 유사한 삶을 살아가는 것 같아 보인다.

 우리에게 일본은 무엇일까?

요즘 대외적으로는 독도 문제, 대내적으로는 소위 '친일'이라는 과거사 규명 문제가 서로 하나로 어울려서 일본과의 관계가 최악으로 치닫고 있는 것 같다.

이런 사태는 이미 지난 3·1절 기념식에서 노무현 대통령이 공식적으로 일본에게 사과를 요청했던 것과, 한국주제 일본대사의 일본의 독도 영유권 발언 그리고 한승조 교수와 지만원 씨의 친일 옹호 발언들이라는 일련의 큰 사건들로 이어지면서 형성된 것이다.

급기야 어제 일부 반일 시위자들이 일본에 대한 분노의 표시로 자신들의 손가락을 절단하는 자해사태가 일어나기에 이르렀다. 이는, 이 문제가 과거의 경우와는 다른 국면으로 전환되었다는 것과 원만하게 해결될 수 없는 상태에 이르렀음을 의미하는 것으로 여겨진다.

우리의 반일감정은 어제 오늘의 일이 아니다. 비단 일제 식민지 시절이라는 치욕적인 체험이 직접적인 계기가 되었던 것은 사실이지만, 그 이전부터 다른 양태로 우리 민족의 심성 속에 내재하고 있었다고 생각한다.

아마도 역사적으로 일본과 우리가 서로 마음에 척을 두게 된 것은 나당 연합군의 백제 정벌 이후부터가 아닌가 싶다. 특히 일본에서 직접 백제 부흥을 위해 많은 지원군이 왔었음에도, 백제 부흥의 의지가 '백강구 전투'에서 꺾인 뒤부터 그 이전까지는 하나의 문명·문화권을 형성해왔던 한반도와 일본 열도는 서로 다른 역사적 궤도에 편입이 되었고, 이에 두 나라의 원한의 역사가 시작된 것이 아닌가 싶다.

이후 특히 근세조선의, 소위 '화-이(華夷)론'을 전제로 하는, 중화주의에의 광적 경도는 두 문명의 관계를 극단으로 치닫게 했던 것으로 보이며, 끝끝내 중화주의를 거부하고 대신 '탈아입구'로 대표되는 서구화를 통해서 명치유신에 성공한 일본은 '정한론'으로써 자신들의 '구원'을 앙갚음하려 했고, 이에 대륙정벌과 대동아공영권의 기치 하에 문명적 복수극이 일어났던 것으로 생각한다.

사실, 일본이 서구화에 기반을 둔 제국주의 국가의 일원이 되어 대륙정벌을 시도하기 이전까지, 일본은 역사적으로 그리고 지속적으로 대륙에 대해서 수세적이었고 소외되는 처지로 있어야 했다. 이런 의미에서 일본의 대동아공영권의 선언은 기존의 대륙과 일본의 관계를 역전하는 사건이었던 것이다.

이런 과정 속에서 우리와 일본은 서로 악업을 주고받으며 쌓는 악연을 맺게 되었으며 이런 악연은 지금에까지 지속되고 있는 것으로 보인다.

그런데 동아시아 또는 세계사적인 큰 틀에서 볼 때, 일본과 우리 사이에는 뭔가 '석연치 않은' 부분이 있는 것 같다.

사실, 인류 역사 속에서 그 어느 민족이나 문명도 다른 민족 문명과 언제나 평화적이었던 경우는 없었으며, 언제나 적대적이었던 적도 없다. 인류의 역사는 민족들 간의, 문명들 간의 '애증의' 역사이기 때문이다. 거기에는 늘 원한과 화해의 반복이 있었던 것이다.

그런데 유독 우리와 일본 사이에서 '비합리적이고 광기에 어린 증오'를 발견한다. 이는 비역사적이고 비사실적 기반을 가지고 있으며 일종의 광기에 기반을 두는 것으로 보인다.

이미 다 알려진 바, 박정희는 전형적인 친일파였다. 그리고 대한민국은 친일파의 국가로서 그 불행한 역사를 시작했었다. 그러나 참으로 역설적인 것은 친일파의 국가 대한민국의 국민들은 그 누구보다도 강한 반일감정을 가지고 있었다는 것이다.

이런 역설은, 우리에게 오랜 세월동안 '반일감정'이 반사실(反事實)적으로 '강요되고 세뇌되었다'는 사실을 증명한다. 그것은 사실의 산물이기보다 허구의 산물에 가까운 것이다.

박정희를 '독재자'라는 맥락에서 이해할 때, 그는 참으로 능력 있는 '독재자'였다고 할 수 있다. 즉 그는 매우 악랄한 독재자였다는 것이다. 독재자의 가장 큰 '무기 또는 기술'은 바로 '원한과 증오의 감정'이다.

독재자는 늘 자신만의 배타적인 권력의 독점을 위해서 늘 자신이 지배하는 집단과 그 구성원들을, 다른 집단과 구성원들로부터 아주 '철저하게' 분리시키며 고립시킨다. 이때 그런 분리와 고립을 위해 사용되는 것이 다른 집단과 구성원들에 대한 병리현상에 가까운 공포심과 증오 그리고 원한의 감정인 것이다.

일단 공포와 증오 그리고 원한에 젖어드는 순간, 정상적인 이성은 마비되고 오로지 눈은 멀게 되는 것이다. 그리고 모든 에너지는 광적으로 내부적 결속력으로 변화하게 되는 것이다.

그래서 박정희 자신은 비록 골수 친일파였음에도 불구하고, 그리고 일본과의 관계에서 굴욕적일 수밖에 없었음에도 불구하고, 그 국민들은 일본에 대해서만은 천추의 한을 품게 했던 것이다.

그런데 이런 박정희의 '공작'이 그렇게도 쉽게 성공할 수 있었던 것에는 역사적인 이유도 있다고 본다. 즉 근세조선 500년 동안 지속되었던 '중화주의'다.

중국의 화이(華夷)론자들이 자신들의 권위와 안보를 유지하는 기술 중에 단연 대표적인 것이 바로 '화-이'론이라는 배타적 이원론이며, 이 이원론적 역사-세계관을 지켜주는 것이 바로 그 유명한 '이이제이' 술수다. 즉, 오랑캐를 오랑캐로써 막는다는 것이다.

이는 소위 중심세력이 변방세력들을 서로 이간질하고 척을 두게 함으로써 서로 몰락하게 하는 식으로 자신을 지킨다는 의미다. 이때 그 중심세력에 편입되고자 하는 변방세력들이 치러야 하는 신고식이자 충성심의 표현이 바로 다른 오랑캐에 대한 증오와 원한감정인 것이다. 그래서 그 변방세력은 소위 '중심'에 편입되고 싶은 욕구에서 자기 자신을 그 '중심'을 지키는 '소모품'으로 희생시킨다는 것이다.

이런 자기-소외적 과대 충성심과 적개심이 바로 우리 근세조선의 자기 정체성이었다는 것을 인정하는 것은 정말 고통스러울 뿐이다.

임진왜란 이후 조선이 보였던 명나라에 대한 과장된 채무감과 일본에 대한 과잉 적대감 그리고 명나라가 몰락한 뒤에 보였던 조선의 비탄과 중화계승의지, 또 '형제'라 여겨 정벌의지를 아꼈던 청나라에 대한 지나친 멸시와 병자호란 이후 송시열과 노론을 중심으로 해서 일어났던 생뚱맞기 그지없고 시대의식을 저버린 '북벌론'…….

우리는 박정희라는 독재자를 만나기 오래전부터 이미 문명·문화적 자기소외와 허구적 증오와 원한감정의 노예였던 것이다.

그럼, 일본은 우리에게 결백하단 말인가?

물론 아니다. 그러나 역사에서 결백을 요구한다는 것 자체가 어리석은 태도다. 그들은 분명 우리에게 과오가 있다. 그러나 중요한 것은, 그 과오와 상처, 그리고 모순을 해결해야 할 당사자는 그들이기 보다는 우리 자신인 것이다.

우리는 아직도 우리의 과거사를 정리하지 못하고 있다. 그리고 우리 자신이 아직도 우리의 과거의 아픔들을 돌보지 못하고 있다. 아직도 친일파와 매국노들이 활개를 치고 있다. 이런 마당에 대외적 관계를 '가해자/피해자' 구도로 설정하고 처신한다는 것은, 간단히 말해서 '웃음거리'일 뿐이다.

우리가 일본에게 사과를 요구하기 전에 우리 자신이 먼저 우리의 아픔을 달래고 일본에게 보상을 요구하기 전에 우리 자신이 먼저 우리를 치유하며 그들에게 참회를 요구하기 전에 우리가 먼저 규명하고 정리해야 하는 것이다.

박정희는 그 오랜 세월을 일본에 대한 광기어린 적개심으로써 우리 자신을 지배했었다. 그는 우리를 노예로 만들면서 자신의 권력을 지탱했었던 것이다. 그런데 이제, 아직도 그의 망령이 가시지도 않은 상태에서 노무현은 다시 우리를 아주 버러지로 만들어 버리기에 이르렀던 것이다.

노무현은 어떤 의미에서 박정희의 '쌍둥이' 이거나 그의 직계 자식이다. 그는 이제껏 국민들 사이에 악의적 '갈등'을 일으키면서 자신의 권력을 지탱하더니, 이제 급기야는 불필요한 대외적 갈등을 일으키고 있다. 이런 것은 아주 버러지들이나 하는 열등한 짓임을 알아야 한다.

우리가 아직도 이런 하등적 작태를 일삼고 있기에, 한승조와 지만원같은 사람들이 나타나는 것이다. 그들은 어떤 의미에서는 우리 자신의 아주 추악하고 열등한 진실을 고백하는 무리들인 것이다.

모든 문제의 해결의 출발점은 우리 자신이고 열쇠는 우리가 가지고 있으며 해결의 당사자는 우리 자신인 것이다. 그 누구에게도 이것을 맡기거나 요구해서는 안 된다. 그것은 인간으로서 기본적인 의무이자 권리인 것이다. 오로지 우리 자신이 먼저 문제의 극복의 의지를 보이고, 그것을 해결하려 노력한 뒤에 남에게 그 책임을 물을 수 있는 것이다.

일본은 우리에게 결코 원수가 아니다. 그들은 그저 이웃이다. 그래서 과거에 그랬던 것처럼 앞으로도 계속 함께 이웃하며 살아갈 것이다.

첨언 : 독도와 관련한 사태를 보면서, 나는 일본이 이제, 우리가 과거에 그랬던 것처럼 다른 세력의 '주구'가 되었음을 확신한다. 분명한 사실은, '독도'를 그토록 절박하게 필요로 하는 자는 일본이 아니라 미국이다. 미국은 '한-일'간의 해묵은 구원을 이용해 독도를 획득하려는 것이며, 이에 일본과 우리는 놀아나는 것이다. 일본의 '우익'은 1968년 '미시마 유키오'의 할복자살로 막을 내렸다.

대한민국과 만주국

얼마 전, 고려대 명예교수였던 한승조 씨는, 일제 식민지 시절은 우리에게 하나의 행운이자 축복의 시기였다는 황당한 주장을 했었다.

그런데, 그의 주장이 황당하기 이를 데가 없는 것임에도 불구하고 그 사이 나는, 그 주장에 대해 제대로 된 이론적 반박을 볼 수가 없었다. 그저 분기탱천한 발언들만이 여론의 공간을 채웠던 것 같다. 나는 그런 현상을 보면서 '왜 이렇게 중요한 시기에 그 누구도 제대로 된 이론적 반박을 하지 않는 것일까? 분명히 관련 전공자들이나 전문가들이 있을 텐데, 왜 그들은 분노에 쌓인 여론을 방관하고 침묵하고만 있는 것일까? 한승조 교수의 주장이 너무 황당해서 상대할 가치가 없어서였을까? 그럴수록 정확한 비판을 해서 다시는 이런 해괴한 망발이 일어나지 않도록 해야 하지 않을까?' 이런 생각들을 했었다.

나 역시 관련 전공자가 아닌 이유로, 그의 주장이 황당하기 이를 데 없음에도 불구하고, 솔직히 완벽한 반박을 할 수 없다는 것에 일종의 자조감마저 드는 것을 고백할 수밖에 없다. 도대체 우리는 이제껏 뭘 공부했으며 뭘 배웠었던가? 반성할 수밖에 없을 것 같다. 아마 우리는 '독도' 문제에 대해서도 유사한 태도를 보이는 것 같다. 그 경우, 우리끼리는 한마음이 될지언정 제3자들을 절대로 설득할 수 없다는 것을 우리 모두 깨달아야 할 것이다. 한국은 이성적·이론적 논의가 부재하다. 양적으로야 많은 학자들과 전문가들이 있다지만, 포스트모던이니 하는 것에 대해서는 수많은 논의를 하는 척할 뿐 정작 우리 자신의 문제에 대해서는 무력하기 이를 데 없는 부끄러운 현실이다.

나의 보잘것없는 인식 안에서 평가할 때, 한교수의 주장은 대략 3가지의 오류들과 연관되어있다.

첫째는, 앞선 글에도 언급했듯이, 한교수는 자신과 자신이 속한 우리나라 수구 계층들을 변호하기 위해서 일제시대 독립운동을 '공산주의'로 매도하는 억지 논리를 펼치고 있다는 것이다. 이는 역사적 사실과 배치되는 거짓 주장일 뿐이다. 분명한 역사적 사실은, 당시 독립운동의 중심은 '대종교'를 비롯한 민족주의 계열들이라는 것이다.

둘째는, 한교수는 '결과주의적 오류'를 범하고 있다. 그는 역사를 이해할 때 일상인들이 가장 흔히 범하는 '특정시점에서의 결과주의적 오류'를 범하고 있다는 것이다.

우리는 얼마 전까지만 해도, 신라의 고구려·백제 정벌을 '삼국통일'이라 하면서 칭송하곤 했었다. 그러나 지금 그렇게 생각하는 사람들은 거의 없다. 역사를 이해할 때 가장 문제가 되는 오류 중의 하나는, 모든 평가를 어느 '특정 시기의' 이해 지평 속에 가두는 것이다. 역사는 열려진 세계다. 그것 역시 하나의 텍스트다.

이에 더해서 문제되는 것은, 평가의 지평을 '현재'라는 '특정 시기에' 가두고는 이런 전제 하에서 무리한 '가정'을 한다는 것이다. 이때, 역사학 또는 역사적 이해는 최소한의 합리성과 객관성도 보증할 수 없는, '판타지 소설'로 전락하게 된다는 것이다. 이는 결코 이성적 태도와 이해라 할 수 없다.

셋째의 오류는, 현재 우리나라 수구 계층들의 일반화 된, 자기합리화의 핵심적 논리와 연결된다. 즉 일제가 우리의 근대를 형성시켜주었기에 우리는 일본에게 빚이 있다는 논리다.

사실, 현재의 대한민국은 일제가 다져놓은 기초 위에서 건설된 것이라는 역사라는 것, 부끄럽지만 인정해야만 하는 사실이다. 대한민국의 행정·사법·건설·교통·도시계획 그리고 예술·문학·철학 등등 모든 분야는 일제가 닦아 놓은 터에서 건설된 것이다.

그런 이유로, 우리는 일제와의 그 숙명적 관련성을 부정할 수는 없다. 그것은 그렇게 간단히 부정·제거될 것들이 아니다. 그러나 이 사실보다 더 중요한 것은, 이런 사실이 칭송되고 그 가치가 영구적으로 보존되고 유지되어야 할 것은 절대로 아니라는 것이다.

이런 논리는 소위 박정희의 개발독재시절에 대한 평가에도 그대로 적용된다. 제아무리 노무현과 개혁세력이라 자처하는 자들이 보이는 어리석음이 문제가 될지라도, 우리에게 '박정희'가 최고의 가치가 될 수는 없는 것이다. '박정희'가 그 나름의 역사적 평가를 받을 수 있음에도 불구하고, 그것이 현재 그리고 미래에까지 우리를 영구적으로 지배하는 가치 기준으로 설정될 수는 없다는 것이다.

일제가 왜 우리나라를 근대화 시켰던 것일까? 일제는 왜 소위

'내선일체'라는 원칙하에, 우리의 모든 정신적 유산들을 자신들의 그것들에 포함시키려 했던 것일까? 그런 사실은 그들이 우리에게 베푼 은혜일까?

일제는 1933년 본격적으로 중국진출과 러시아 세력의 견제를 위해서 '만주사변'을 일으켜서 '만주국'이라는 '괴뢰국'을 세웠다. 그러면서 일제는 만주지역의 여러 민족들의 반발을 무마시키기 위해서 이미 과거 '신해혁명'으로 붕괴된 淸나라의 마지막 황제 '부의(傅儀 愛新覺羅)'를 만주국의 황제로 옹립을 하였고, 거의 모든 관료들을 중국인들과 만주인들로 채웠다. 거기에 더해서 만주국을 당시의 가장 최첨단의 기술과 과학을 동원하여 매우 선진화된 시스템을 갖춘 근대국가로 개발·정비하였고, 조선의 선진 농업기법을 도입하고 조선의 농민들을 강제로 이주시켜서 혁신적인 농업증산을 이루어내기까지 했었다.

그러나 중요한 사실은 이렇게 중국인들과 만주족이 관료였음에도 불구하고 실제적인 권력은 만주국 주제 일본 '총독'이 독점했다는 것이다. 그리고 근대적 시스템은 일제의 효과적인 물류이동을 위한 것이었고, 농업증산은 일본군의 군량미 보급을 목적으로 했다는 것이다.

한 가지 흥미로운 사실은, 우리나라의 고위 공직자들과 정치가들의 상당수가 과거 만주국에서 대학을 다녔었거나 공무원으로 재직한 적이 있었다는 것이다. 대표적인 사람들을 열거하자면 이렇다.

박정희는 만주국의 군인이었고, 강영훈 전 총리는 만주국에서 최고 명문대로 평가되던 '만주 건국대학교' 출신이며, 전 대통령 중의 한 명인 최규하 역시 만주 건국대와 공무원 출신이었다. 당시에 조선에서는 최신식 교육을 받기 위해서는 일본유학을 가거나 만주국으로 유학을 갔다고 한다.

이런 의미에서 우리나라 근대화의 본질은, 일제가 자신들의 대륙정발의 병참기지화의 목적으로 닦아놓은 기초들 위에서, 또 하나의 일제 전진기지였던 만주국에서 '선진' 기술과 '경제개발 노하우'를 배우고 익힌 사람들이 만들어냈던 '작품'이라는 것이다.

간단히 말해서, 우리의 '근대화'는 슬프게도, 만주국 출신의 군인과 만주국 출신의 학자와 만주국 출신의 관료들의 작품인 것이다.

만일 우리가 일제의 행위를 '감사하게' 생각해야 하는 것이라면, 우리 대한민국은 역사적으로 단명했고 정통성도 없었으며 오로지 일제의 대륙침략의 전진기지로 건설되었던 일개 괴뢰국이었던 '만주국'보다 더 나은 국가일 수 없으며, 반대로 우리 대한민국은 만주국의 아류가 된다는 것이다.

소위 '근대화'라는 것이, 모든 반대 논리들을 상쇄시키고 자신을 정당화시키는 '도깨비 방망이'가 될 수 없다는 것은 명백하다. 물론 우리가, 우리 대한민국 국민들이, 우리의 정체성을, 고작 만주국 정도에 만족한다면 그 경우는 모든 것이 정당화 될 수 있다.

따라서 우리가 박정희와 우리의 근대화 개발독재논리를 '극복할 수 있는' 유일한 길은, 우리가 단지 경제적으로 과학적으로 더 선진화된 국가를 개발하는 것만이 아니라 그런 것들과는 별개로 우리 자신의 역사적·민족적·사회적 정체성을 어디에서 그리고 무엇으로 찾는가에 전적으로 달려있다고 봐야 할 것이다.

한승조와 현재 우리나라의 수구 계층들은, 오로지 우리나라가 일제의 식민지이고 '만주국'의 한계를 벗어날 수 없는 한, 영원히 생존할 것이며 여전히 기득권을 형성하면서 막강한 권력을 행사할 것이다.

한편 지적해야만 하는 한 가지 중요한 사실은, 현재 우리나라에서 우익이건 좌익이건, 친일파이건 반공주의자이건 친미주의자이건 혹은 개혁주의자이거나 공산주의자이건 간에 그들 모두 한 가지 공통의 전제를 공유하고 있다는 사실이다. 그것은 바로 '자학적 역사관'이다.

그들 모두는 서로 대척되어있는 것처럼 보임에도 불구하고, 그들은 모두 우리 역사의 과거를 치욕스럽고 부끄러우며 보잘것없는 것으로 받아들인다는 것이다.

박정희는 언제나 외쳤다. "내가 우리 민족의 5천년의 가난을 해결했다!"

좌파 세력들은 언제나 외친다. "우리의 역사는 언제나 계급차별과 그로 인한 끔찍한 질곡의 역사였다!"

이는 같은 전제에서 출발한 '방법론적' 차이를 의미할 뿐이다. 그리고 인류 역사상 그 어느 문명과 민족도 이런 '자학적 역사의식'에서 소위 일류문명과 민족으로 성장했던 사례가 없다는 것, 이는 역사적 '진리'다.

문제는 이것이다 : "누가, 왜 그리고 어떻게 우리에게 자학적 역사관을 강요했으며, 그것이 강요되었는가?"

박정희와 후세인

최근 우리 사회는 '박정희 논란'으로 매우 시끄럽다. 노무현과 개혁세력들은 자신들의 정책을 시행하는 과정에서 언제나 '박정희' 코드로써 스스로를 정당화하곤 하기 때문이다. 그래서 개인적으로 생각하건데, 아마도 이 정권이 끝날 때까지 '박정희'는 계속해서 우리 주변에서 떠나지 않을 것이다. 그가 단순히 '부관참시'의 운명을 겪게 될지 또는 '죽은 박정희가 산 노무현을 이기게 될지'는 아직은 미지수다. 물론 현재까지는 후자의 경우가 보다 지배적이다.

나는 이런 시끄럽고 히스테리컬하기까지 한 '박정희 논란'을 보면서, 문득 그가 여러모로 '후세인'과 참으로 많이 닮은 '캐릭터'라는 생각이 들었다. 그렇다. 어떤 의미에선, 후세인은 중동의 박정희였다고 말할 수 있다고 본다.

한번 생각해보자. 도대체 '후세인'이 누군가? 텔레비전과 신문을 통해서 우리에게 알려진 '후세인'은 대강 '독재자'다. 그는 자신의 장기집권을 위해서 수많은 정적을 제거하고, 국민들을 통제하며 잔인하고도 비인간적인 압제를 했다. 그래서 그의 집권기간 동안 수많은 인권침해와 고문, 살인이 '국가'라는 명분으로 자행되었던 것이다. 그런가 하면 자신의 정통성에 자신이 없었던 탓에, 극단적으로 자신의 고향 세력들에게 지나친 특혜를 제공, 이라크 내의 사회적 갈등의 원인이 되기도 했다.

그런데 다른 한 편에서 볼 때, 그는 심지어 이웃의 다른 아랍 국가들로부터도 "서구의 제국주의와 이스라엘로부터 아랍의 안전과 자존심을 지켜내는 진정한 아랍의 지도자다"라는 칭송을 받았으며, 스스로를 고대 메소포타미아의 전설적 왕인 '느브갓네살'의 화신이라고 생각했고, 동시에 이라크 국민들로부터 아직까지도 '영웅'으로서 기억되고 있다. 실제로 그의 집권기간 동안 이라크는 아랍지역에서 옛 영화를 회복할 정도로 아랍의 맹주로서 더 이상 부러울 것 없이 발전하고 성장했다는 것은 부인할 수 없는 사실이다.

이렇게 영화를 누리던 이라크와 후세인은 두 차례에 걸쳐 진행되었던 미국의 페르시아만 전쟁에 의해서 완전히 몰락하게 되었다. 아랍의 자존심 이라크는 미국의 첨단무기와 물량공세 앞에서 처참하게 회복 불능의 상태로 파괴되었고, 영웅 후세인은 너무도 비참한 전쟁포로로 잡혀 제거되었다. 그리고 소위 최후의 승자 '미국과 서방언론'으로부터 붙여진 최후의 딱지는 '악마적 독재자'였던 것이다.

미국은 자신들의 페르시아만 전쟁의 명분을 '이라크에서의 민주주의 실현과 후세인 제거'로 삼았고, 후세인이 제거된 지금 이라크는 소위 '민주주의의 실험'이라는 민족적 홍역을 치르고 있다. 최초의 민주적 자유 총선이 어제 치러졌고 미국을 비롯한 서방 언론은 거의 한결같이 '자유언론의 승리'라고 축제 분위기를 연출함에도 불구하고, 축제 분위기는커녕 온통 피로 얼룩졌으며 '미국의 정치쇼'라는 오명에서 자유롭지 못한 것이 사실이다.

이라크를 점령하고 후세인을 제거한 것이 벌써 언제의 일일까? 미국은 그토록 이라크에서의 '평화의 재건'을 부르짖지만, 평화는 고사하고 소위 '테러리즘'은 진정될 기미도 보이지 않고, 벌써부터 세계여론으로부터 '제2의 베트남전'이라는 조롱을 받고 있는 것이다.

현재 우리나라에서 박정희는 이미 오래 전에 제거된 인물이다. 그는 독재자로서 또는 친일파로서 그리고 지역차별의 원인자로서 심지어는 최근에 들어와서는 악랄한 성폭행범이라는, 가능한 한 최악의 오명을 뒤집어쓴 채로 '일방적인 침묵'을 강요당하고 있다.

그럼에도 불구하고, 역설적이게도, 그는 대한민국의 역사 속에서 아직까지도 가장 영향력이 있고 존경 받는 인물로 남아있으며, 공식적인 자리에서는 모두 그에 대한 언급을 조심스러워한다. 박근혜는 단지 그의 '혈육'이라는 이유만으로, 정치 경력이 필요 없이도 단박에 야당의 총재가 되기까지 한 것이다. 이는 박정희가 아직도 셰익스피어의 '햄릿'이나 마르크스의 '공산당 선언'에서의 '유령'처럼 우리 주위를 배회하고 있으며, 아직까지 그 누구도 그것을 통제할 수 없다는 것을 의미한다. 그가 진정한 정의와 양심의 명령이건 예측할 수 없는 혁명의 에너지로서건 간에, 우리 주변에 항상 존재한다는 것이다.

박정희는 생전에 곧잘 '내 무덤에 침을 뱉어라.'라고 했다고 한다. 나는 이 말이 정확히 어떤 맥락에서 나온 말인지는 모른다. 그러나 정확한 맥락의 고증 여부와는 무관하게, 이 말은 '인간' 박정희 자신의 삶의 태도를 적나라하게 보여준다고 생각한다.

보통 사람들의 경우 그 누구도, 아무리 죽은 다음의 일일지언정, 자기 무덤에 다른 사람들이 침을 뱉기를 원하지는 않는다. 오히려, 죽은 다음에 살아생전시 받던 만큼의 또는 그 이상의 찬사와 존경을 받기를 원한다. 그러나 박정희는 '침을 뱉어라.'라고 말했다. 나는 여기서 그의 냉혹하고 잔인할 정도의 확고부동한 '현실의식'을 발견한다.

그는 분명히 자신의 생전시 이미 자신의 '공과'를 냉철하게 의식하고 있었던 것으로 보인다. 그는 그의 통치가 사람들로부터 어떤 평가를 받을지를 이미 잘 인식하고 있었던 것으로 보인다. 그는 "그래, 나더러 뭐라 해도 된다. 그러나 나는 내 생각대로 한다. 왜냐하면 현실에서 이것이 유일하게 내가 선택할 수 있는 길이니 말이다."라고 스스로에게 말했을 것이다. 어차피 불완전하고, 모순으로 가득한 현실에서 뭔가를 하려면, 그에 해당하는 불명예는 필연적 결과라고 인식한 것이다. 그는 그에게 쏟아질 후대의 조롱과 비난보다는 자신의 신념과 의지를 따랐던 것이다.

그는 분명히 독재자였다. 그리고 그는 지역갈등의 원인자였다. 그는 장기 집권을 했고 무소불위의 권력을 휘둘렀다. 그에 따라 수많은 부정의와 상처와 아픔들이 양산되었다.

그러나 동시에 그로 말미암아, 일제 식민지와 한국전쟁으로 쑥대밭이 되고 전 국민이 매 끼니를 걱정해야 하며 외국에서 거의 동물 취급을 받던 우리 대한민국과 국민들의 비극과 상처 그리고 아픔들은 치유되었던 것이다.

박정희와 후세인, 그들 모두 그들이 집권을 하는 과정에서 엄청나게 미국의 지원을 받았다. 그래서, 미국이 없었다면 그들의 장기 집권과 독재짓거리마저 불가능했을 것이라는 점은 명백하다. 이는 그 시대 상황 속에서의 그들이 감수하고 책임져야 할 원죄이자 업인 것이다.

그러나 그 둘 모두는 미국을 '배반했다'. 미국의 중동과 동아시아 정책을 위해 가공되었고 사용되었던 '꼭두각시'들이, 어느 날 겁 없이 자신들의 본분을 망각, 주인에게 반항을 한 것이다. 더 이상 노예짓거리 그만 하겠다고 말이다.

SF영화의 걸작 중의 하나인 〈블레이드 러너〉에서, 사이보그들은 그들이 아무리 인간에 가깝게 될지라도 '창조주' 인간을 극복할 수 없으며 인간의 명령을 거부할시에는 무자비하게 '전문형사'에 의해 제거되는 이야기가 나온다. 이들은 처음에는 모두 자신이 사이보그라는 정체성을 가지고 살아간다. 그러나 시간이 흐를수록 자신이 너무도 '인간적'이라는 것을 스스로 발견해가면서, 어느 사이 자신이 정말 인간이라고 스스로 믿게 되기에 이른다. 그리고 자신들의 창조주 인간이 심지어는 피조물들인 자신들보다도 더 열등하고 인간답지 못하다는 것을 발견하고 혼란스러워 한다. 그럼에도 불구하고 그들은 건방지고 창조주의 계획과 섭리를 방해한 무리들일 뿐이며 따라서 '사회정의'를 위해 '블레이드 러너'에 의해 제거되어야 하는 '불량품'들에 불과한 것이다.

박정희와 후세인은 스스로 용도 폐기 일을 재촉하고 앞당긴 '불량품'들이다. 미국의 '제조업자'들은 자신들의 물건들이 예상보다 빨리 고장나고 매우 폭력적이며 위험하게 오작동하는 것에 충격을 받았고, 자신들의 '안전'과 '세계평화'를 위해 그 불량품들을 제거해야 했으며 그에 따라 자신들의 '수리공'과 '폐품 처리반'을 급파해서 문제를 해결했던 것이다. 그리고 고객들에게 자신들의 조속한 AS능력을 과시했던 것이다. '제품은 절대로 오작동하면 안 되는 것이었다.'

그런데 문제는 그 제조업자들의 AS와 신상품교체가 오히려 더 많은 문제를 양산했던 것이다. '더 개선된 서비스'와 '한층 업그레이드 된 기능' 그래서 이젠 '살아있는 것과 차이가 없는 생동감'을 아무리 광고를 해도, 마치 미국의 MS사의 신제품들처럼 해당 소비자들의 혼란과 불만 그리고 다른 종류의 잔고장이 급증을 해서, 해당 제조사에 대한 전 사회적 불신이 팽배해져 감과 동시에 투박하고 멋없던 과거 제품에 대한 향수가 불길처럼 일어나 누구도 그것을 가라앉힐 수 없게 되기에 이른 것이다.

" '비가 올 때만 여러분 곁에 있었던 구제품은 이젠 잊으세요. 이번에 출시한 신제품은 비가 오나 눈이 오나 언제나 여러분 곁에 있을 테니까요.' 제기랄……. 어떻게 된 게 요즘에는 돈이나 쌔려 박으면서 턱없는 광고질이나 할 줄 알지, 도대체가 제대로 된 제품을 본 적이 없어! '차라리' 옛날 것이 더 좋았어. 이런 구라쟁이들……. 야! 채널 다른 데 틀어 봐, 정말 짜증나서 앞으로 TV 시청료 내나 봐라, 어떻게 공영방송이란 데가 맨날 허위 과장 광고 질에 선정성으로 뒤덮여 버렸냐? 에이 x같은…… 야 첫째, 둘째야. 너희들 중동과 우크라이나에 갔다 왔지? 거기도 이러냐?" "예, 아버지, 요즘엔 세상 어딜 가도 다 저래요." "그래? 참나, 아니 세상이 뭐가 되려고 이러는지……."

3. 깊은 곳으로

〈악령 속의 사춘기〉와 〈킹콩〉

아마 영화 〈킹콩〉을 모르는 한국인은 없을 것 같다. 어쩌면, 현대를 사는 지구인들 중에서 〈킹콩〉이란 단어를 모르는 사람은 많지 않을 것이다. 그만큼 〈킹콩〉은 우리들에게 너무도 익숙하고 친숙하며 자연스럽다. 〈용가리〉나 〈불가사리〉는 몰라도 〈킹콩〉은 누구나 다 아는 현대판 괴물의 대표격이다.

얼마 전 판타지의 대가 '피터 젝슨'이 리메이크 한, 최신판 〈킹콩〉을 봤다. 3시간이 넘는 러닝타임에도 불구하고 그리고 너무도 뻔히 다 아는 이야기임에도 불구하고, 보는 내내 '세상에 이렇게 재미있는 영화가 다 있나?'하면서 봤다. 코믹, 어드벤쳐, 미스테리, 공포, SF, 거기에 멜로까지 현대의 모든 장르가 다 녹아있었다. 누군가 "우리에겐 새로운 이야기가 필요하다. 우리에게 그동안 알려졌던 신화들은 이제 다 고갈되었고 지리멸렬해졌다." 라고 했는데, 이런 사람에게 나는 우리에겐 현대판 새로운 신화 〈킹콩〉이 있다고 말해주고 싶다.

일반적으로 '공포 영화'를 '성장영화'라고 한다. 그래서인가? 나이를 먹으면 더 이상 공포영화를 보지 않게 된다. 〈나이트메어〉 시리즈와 〈13일의 금요일〉 시리즈는 공포 영화 장르에서는 '고전'에 들어가는 명작들이다. 이런 영화들에 호기심을 갖고 보면서 공포를 느낀다면 아직 어른이 아니다.

그 이유는 다음과 같다. 우리에게 알려진 공포영화의 주요 모티브는 바로 '성(性)'에 대한 두려움이기 때문이다. 어느 날 갑자기 통제하기 어려운 '성욕'이 일어나고 그것이 뭔지 몰라 고통스러워하는 사춘기가 오게 될 무렵, 우리는 그것에 대해서 '이성적이고', '교훈적인' 대화를 나누기보다는 홀로 골방에 숨어 '포르노 테이프'를 보거나 '공포영화'에 빠져들기 시작한다.

바로 내가 사춘기 때, 이해받지 못하고 포용되지 못했던 청소년들의 최고 공포영화가 있었으니 그 제목은 〈악령 속의 사춘기〉다. 〈악령 속의 사춘기〉의 정확한 의미는 '악령에 지배당하고, 귀신이 들어버린 사춘기'라는 의미다. 나는 이 영화만큼, 현대 우리에게 알려진 공포영화 중에서 공포영화의 본질을 보여주는 작품은 없지 않나 싶다. 물론, 엑소시스트나 오맨 시리즈가 더 무섭고 더 잘 만들어졌다. 그러나 이 〈악령 속의 사춘기〉는 현대 공포영화가 무엇인가를 정확히 보여주고 있다.(관심 있는 분들은 꼭 한번 찾아보시기 바랍니다. 재미는 별로 없을지 몰라도, 정말 뭔가가 분명히 보임을 느끼실 것입니다.)

그런데 내 개인적으로는, 이 시대의 새로운 신화일 수도 있는 〈킹콩〉과 공포영화의 고전 〈악령 속의 사춘기〉는 뭔가 매우 중요한 요소를 공유하고 있는 것으로 보인다. 그 둘은 어떤 면에서 서로 '연속적'으로 보인다.

개인적으로, 〈킹콩〉과 〈악령 속의 사춘기〉는 모두 우리의 '욕구', 프로이드 적인 의미에서의 '성욕'을 매우 중요한 방식으로 포현하고 있다고 생각한다. 단적으로 말해서, 〈킹콩〉 속의 그 거대한 고릴라 킹콩과 〈악령 속의 사춘기〉에서의 악령은 현대 문명의 이해와 상식, 그리고 윤리체계 속에서 절대로 이해받지 못하고 억압받는 그러나 절대로 소멸되지 않고 끊임없이 현대 문명과 현대를 사는 우리를 위험에 빠뜨릴 수 있는 우리 모두의 '근원적이고 야성적 욕구'를 형상화하고 있다고 본다.

지도상에 없는 미지의 무인도 해골섬에, 현대에 이르기까지 공룡들과 킹콩이 살고 있다는 것, 거기에 사회적 성공욕에 불타는 영화감독과 그에 의해 이끌려 간 사람들 그리고 그 중에서 '금발의 매혹적인 여배우'의 등장, 무인도와 금발미녀 그리고 그녀에 대한 욕구와 그리움에 미쳐 버린 거대 고릴라 킹콩…….

킹콩이 '고릴라'라는 점, 무인도에 살고 있었다는 점 그리고 '그것'이 그리도 엄청나게 거대하고 무시무시하며 누구도 통제할 수 없는 괴력을 가지고 있다는 점, 고릴라임에도 불구하고 금발미녀를 탐하고 오로지 그녀를 통해서만 그것의 분노가 누그러진다는 점 그리고 그 거대 고릴라 킹콩이 문명의 한 가운데인 '뉴욕'에 그녀에 이끌러 오게 되며 결국에는 그 거대 고릴라 킹콩보다 비교할 수 없이 더 큰 문명의 괴물인 엠파이어스테이트(제국의 영토) 빌딩에서 죽임을 당하게 된다는 점, 이 모든 것은 바로 우리 현대인의 무의식을 구성하는 요소들이며 새로운 현대 신화를 구성하는 '신화소'들이라고 말할 수 있지 않을까?

무인도에서 킹콩은 자유로웠고, 세상으로부터 은폐되어있었다. 그래서 그것은 일종의 '섬의 황제'로서 군림해 왔었다. 그 섬에 있는 공룡들도 그에게 완전히 제압당할 정도로 그는 막강하다. 누구도 그를 건드릴 수 없다. 그런 그것이 문명의 세계로부터 온 '금발미녀'에 빠져 버리고…… 결국 문명의 중심인 뉴욕에 왔을 때, 그것은 더 이상 자유롭지 못하고 어떻게 제대로 관리될 수도 없으며 그것의 존재 자체가 그 도시의 위협이 된다. 세상은 그것의 등장 앞에서 경악해하며 두려움에 정신을 잃을 정도다. 이제 킹콩은 우리의 문명을 위해서 어쩔 수 없이 죽어줘야만 한다. 킹콩과 뉴욕시는 그 자체로 부조화이며 모순이다. 그보다 어색하고, 이상한 조합은 존재할 수 없다. 그것들의 존재 그 자체가 이미 서로에게 가장 큰 위협이 되는 것이다.

뉴욕시는 그것의 등장 앞에서 혼란에 빠지고 전율한다. 반대로 킹콩은 자신이 어디에 있는지조차 모른 상황에서 그저 당황해하고 자기의 잃어버린 그리움인 '금발미녀'만을 찾으려 하며 그것 아닌 모든 것에 적대적으로 된다.

'도대체 저건 뭐냔 말이냐?', '도대체 저건 어디서 온 것이냐?'라고 뉴욕은 두려움에 떨며 묻는 반면, '그녀는 어디에 있는가?', '여기가 도대체 어딘가?'라고 킹콩은 묻는다. 그 둘이 같이 있게 된 순간, 동시에 비명을 지르고 부수고 혼란이 일어난다. 서로는 함께 할 수 없다.

〈악령 속의 사춘기〉에서 주인공은 어머니를 여읜지 얼마 되지 않은, 슬픔에 빠진 사춘기 소녀이다. 그녀에겐, 매우 보수적인 아버지와 그녀와 그 가정을 위해서 헌신하는 수녀님이 있다. 그리고 그 보수적인 아버지를 사랑하는 방탕한 여자도 아버지 주위를 늘 맴돈다. 집에는 늘 사회적으로 지위가 높은 손님들이 방문한다.

그런데 그 소녀가 갑자기 귀신이 들린다. 그리고 아버지와 손님들이 있는 앞에서 옷을 훌러덩 다 벗어 버리면서 소리 지른다. "이 위선자들아. 이 더러운 돼지들아!!" 이건 하나의 충격이자, 설명 불가능한 사건이다. 그러나 이내 모두는 그 소녀가 어머니를 잃은 충격에서 그런 짓을 한 것이라 애써 이해하려 하며 진정하려고 한다.

그러나 그녀는 끓어오르는 '성욕'으로 고통받고 있으며 그 누구도 심지어 자기 자신조차 그녀를 이해하지 못하는 것에 고통받고 있다. 그래서 그녀는 그녀를 창녀로 만들어 버리는 악령에 완전히 지배당하게 된다. 그리고 밤마다 성적 환상에 시달리며 마침내 병석에 있는 자신의 삼촌을 겁탈하기까지 한다.

마침내 그녀를 걱정하는 수녀님이 그녀를 전담해서 보호하기에 이른다. 모두가 그녀가 악마에 영혼이 사로잡혔다고 믿기 때문이다. 도대체 그러지 않고서야 어떻게 그 착하던 딸이 그런 짓을 할 수가 있겠는가? 그녀의 걷잡을 수 없는 성욕은 모든 것을 파괴시키고 통제될 수 없고 이해할 수 없게 만든다.

어느 날 갑자기 그녀에게 닥쳐 든 그 성욕은 악령과도 같은 것이며, 오로지 성령의 힘으로만 치유될 수 있을 것이라는 기대만이 남게 된다. 소위 '영혼'과 '육체'의 모순적 대립 구도가 나타나는 것이다. 이런 점에서 이 영화는 전형적인 서구인들의 사고방식을 표현하고 있다.

〈악령 속의 사춘기〉처럼 영혼과 육체가 서로 모순적으로 대립한다면? 그때 누가 승자가 될 수 있을까? 또한 〈킹콩〉에서처럼, 야성적 욕구 혹은 본능과 문명 혹은 이성이 대립한다면? 그때 누가 승자가 될 수 있을까?

이 두 영화는 서로 매우 유사한 구도와 패러다임을 가지고 있다. 그럼에도 불구하고, 우리의 물음에 대해서 정 반대의 답을 내리고 있다. 〈킹콩〉에서 그 무시무시한 거대 고릴라 킹콩은 그보다 더 크고 높고 강한 엠파이어스테이트 빌딩 위로 올라가게 되고 결국 거기서 비극적인 최후를 맞이한다. 그리고 사람들은 말한다. "킹콩이 엠파이어스테이트 빌딩에 올라가서 죽을 이유가 없는데도 불구하고, 그녀에 대한 사랑 때문에 죽은 것이야."

반면 〈악령 속의 사춘기〉에서는 그 소녀를 돌보려던 수녀조차도 그 소녀로부터 육체적 쾌락을 느끼게 되고, 결국 그 육체적 쾌락을 탐하는 악령에 홀리게 된다. 그리고 수녀에게 들어간 악령은 말한다. "나는 너의 모든 것을 소유하게 되었다. 나는 네게 진정한 지식을 주었고, 너는 이제 사랑, 고통, 감각의 고뇌 그리고 절정의 미묘한 쾌감, 억제되지 않는 쾌락을 알게 되었다. 너는 이제 네가 살아 있는 한, 그것들을 제거할 수 없으리라." 결국, 그 수녀는 높은 담 위에서 극도의 슬픔 속에서 몸을 던지며 자살한다.

고귀한 사랑의 의미를 발견한 야수 킹콩의 문명의 중심에서의 타의적 자살과, 일찍이 알지 못했던 육체의 쾌락과 삶의 진실을 알게 된 순결한 수녀의 자살, 이 두 종류의 자살을 어떻게 이해해야 할까?

나는 개인적으로 〈악령 속의 사춘기〉에 표를 던지고 싶다. 물론, '악령'이라는 소재는 전적으로 반대하지만 말이다. 고귀한 사랑 앞에서 우리의 욕구를 파괴시키고, 문명화됨을 통해서만 그것을 얻을

수 있는 것일까? 차라리 죽을 때까지 우리의 본능적 욕구에서 벗어
날 수 없다고 하는 것이 보다 진실에 가까운 것이 아닐까?

문제는 서구 문화에서 늘 되풀이되는 '영혼과 육체', '본능과 이성'
의 대립·모순 구도이다. 나는 이런 식의 구도가 유지되는 한에서는,
결국 영혼에 대해서 육체가, 이성에 대해서 본능이 승리할 수밖에 없
다고 본다. 그러나 보다 정확히 말하자면 이 경우, 승자는 없고 그저
파괴된 육체와 왜곡된 본능만이 남게 될 뿐이라고 생각한다.

서구의 이성주의적 전통에서조차, 그리스 시대 때까지만 하더라
도 영혼과 육체, 본능과 이성은 서로 절대로 모순적이고, 대립적 구
도로 설정된 적도 없으며 설정될 수도 없었다는 점을 이해하는 것
이 중요하다. 가장 이성주의적 그리스인들이었던 플라톤과 아리스
토텔레스에서조차 육체와 본능은 절대로 영혼과 이성과 모순적이지
않다. 단지 그것들은 영혼과 이성에 대해서 하위에 놓여 있는 것들
이다. 그런 이유로 육체와 본능은 영혼과 이성과 원리적으로 모
순·대립적 관계에 놓일 수가 없으며 대신 그것들 사이에는 그저
'지배와 종속', '고양시킴과 흡수됨'의 관계가 놓여 있을 뿐이었다.

아리스토텔레스의 『영혼론』은 이런 점에서 우리에게 시사해주는
바가 참으로 많다. 그의 『영혼론』에 의하면, 영혼엔 세 가지의 것들
이 존재한다고 한다. 즉 '식물적 영혼', '동물적 영혼' 그리고 마지막
으로 '이성적 영혼'이 그것들이다. 그리고 이들 각각은 그들 나름의
고유한 기능들을 가지고 있는데, '식물적 영혼'은 '신진대사 기능'을,
'동물적 영혼'은 '운동능력 즉 위치이동능력'을, '이성적 영혼'은 '생
각할 수 있는, 사유능력'을 가지고 있다고 한다.

또한 이들은 각각 절대로 서로 대립·모순적 관계에 놓이지 않으며 놓일 수도 없다는 것이다. 대신, 상위의 것은 하위의 것을 '흡수·고양·지배'한다는 것이다. 그런 이유로, 식물들의 경우는 오로지 '식물적 영혼'만을 가지고 있고, 동물들은 '식물적 영혼을 동물적 영혼이 흡수'한 채로 있으며, 인간의 경우는 이성적 영혼이 식물적 영혼을 흡수한 동물적 영혼을 다시 흡수하고 있다는 것이다.

이렇게 식물적 영혼과 동물적 영혼 그리고 이성적 영혼은 서로 대립·모순적이지 않고 하나의 발전과 진화의 도상에서 '연속적'인 관계를 맺고 있으며, 그것들 사이에는 서로 침범할 수 없는 각자의 고유한 위상이 있어서 서로 간에 분명한 위계 속에서 상위의 것들이 하위의 것들을 지배·통치하고 있다는 것이다. 그래서 원리적으로 이것들 사이에 무슨 부조화나 혼란이 일어날 수가 없다는 것이다.

그런 이유로 만일 현대의 우리에게 너무도 익숙한 '영혼과 육체 그리고 본능과 이성'간에 무슨 문제가 발생한다면, 그 이유는 다음의 경우일 수밖에 없다. 즉 '불완전한 이성과 영혼' 때문인 것이다. 이것이 의미하는 바는 간단하다. 이성이 매우 불완전하고 미성숙하기에, 육체적인 것과 본능적인 것들의 기본적인 욕구를 제대로 이해하지 못해서 그것들을 부당하게 억압했거나 혹은 역시 이성이 불완전하고 미성숙한 이유로, 자신의 지배권을 망각하고 퇴락하며 타락했다는 것이다.

제아무리 이성적이고 고매한 영혼을 가지고 있는 사람일지라도, 숨 쉬지 않고 잠도 안자고 먹지도 않고 놀지도 않고 쾌락을 즐기지 않으면서 살 수는 없다는 것, 이는 삼척동자도 알 만한 것이다. 이렇게 이성은 기본적인 '식물적 욕구'와 '동물적 욕구'를 절대로 무시할 수가 없다. 이것은 당연한 사실이다. 그러나 이성은 이런 기본적인 욕구들을 모두 인정함과 동시에, 절대로 그것들에 매몰돼서는 안 된다는 것이다. 이것 역시 당연한 것이다.

만일 식물적 영혼을 흡수한 동물적 영혼을 가진 사자가 무슨 이상한 일이 발생한 탓에, 자신의 동물적 영혼 속에 흡수되어있는 식물적 영혼에 지배되기에 이른다고 해 보자. 무슨 일이 일어나겠는가? 아마도 사자는 하루 종일 절대로 움직이지 않고 잠만 자게 될 것이다. 이런 경우, 사자는 조만간 죽을 수밖에 없다. 상위의 영혼이 하위의 영혼을 흡수하는 경우, 필연적으로 상위의 영혼의 능력 때문에 하위의 영혼의 능력이 약화될 수밖에 없다. 그런 이유로, 식물은 하루 종일 움직이지 않아도 가사상태에서 광합성을 통해서 신진대사를 하게 되고, 이것으로써 자신의 생명을 유지할 수 있는 것이다.

그러나 사자는 비록 식물적 영혼을 가지고 있음에도 불구하고, 그것의 동물적 영혼 때문에 '광합성' 대신 '사냥'이라는 '움직임'을 통해서 자신의 생명을 유지할 수 있는 것이다. 그리고 이것으로써 상위의 것이 하위의 것을 지배·통치하게 되는 것이다.

바로 이처럼, 인간의 경우 인간은 자신의 이성적 영혼의 아래에 식물적 영혼과 동물적 영혼을 모두 가지고 있다. 인간도 숨을 쉬어야 하며, 뭔가를 먹어야 하고 움직여야 하기 때문이다. 그러나 다 알다시피, 인간은 식물보다도 식물적 영혼이 완전하지 않으며, 동물보다도 동물적 영혼이 완전하지 않다. 인간은 '이성적 영혼'이 있기 때문이다. 그리고 인간은 자신의 생존을 위해서 식물적 영혼과 동물적 영혼의 도움을 필연적으로 받아야 함에도 불구하고, 자신의 고유한 영혼인 '이성적 영혼'을 통해서 참되게 자신의 생존을 유지할 수 있는 것이다. 이는 자연적 이치다.

이런 식의 그리스적 『영혼론』은 인도와 우리 동아시아의 인간론과 너무도 유사하다. 사실, 그리스의 '영혼'이라는 말부터가 '숨'을 의미하는데 이는 인도와 동아시아의 영혼 개념과 다를 바가 없다. 그리고 이런 그리스적 영혼이 서로 다른 세 가지 것이 있지만, 그것들이 서로 발전적·진화적으로 연속적인 관계를 맺는 것처럼 인도와 동아시아에서도 용어만 차이가 있을 뿐 유사한 이해를 하고 있으며, 이런 식의 영혼 이해에서 인도와 동아시아에서는 '요가'와 '선수행·신선도'가 가능했다는 점이 중요하다.

요가와 신선도에서도 강조하는 것이 이 우주의 '숨'을 효과적으로 몸에 흡수·유지·축적하는 것이다. 그리고 그 과정에서 인간의 육체적 욕구와 본능은 거부되고 억압되어야 할 것이 아니라, 그 에너지는 보다 좋은 것 즉 상위의 것으로 발전되고 끌어올려져야 한다는 것이다. 그래서 만일 그것들이 수행에 방해가 된다고 그것들을 부정하면, 근본적인 영적 발전 자체가 불가능해진다는 것이다. 그것들은 모든 영적 성장의 시작이자 근원이다.

결국, 고대 그리스와 동양에서는 현대의 우리에게 너무도 익숙한 '육체와 영혼' 그리고 '본능과 이성' 간의 대립·갈등은 너무도 낯선 것이며 잘못된 오류투성이의 패러다임일 뿐이다. 그리스에서는 다음과 같은 격률이 있다. '거짓으로부터는 무엇이든 가능하다.' 이런 의미에서 현대의 우리들의 고통은 '환영'이다. 원래 고통이란 환영에서 나오는 것이다. 존재하지 않는 것이다. 그럼에도 우리는 누구 개인의 것이 아닌 전 인류적인 '일반적 환영' 속에서 모두가 허우적거리고 있다.

왜 현대의 우리는 킹콩에 매혹되며, 악령에 잡힌 소녀이야기에 공포를 느껴야 하는 것일까(이는 〈엑소시스트〉에서도 같다)? 왜 우리는 프로이드의 자손들로서 살아가는 것일까? 왜 우리는 욕구에 늘 주려 하면서 동시에 위선적으로 살아갈 수밖에 없는 것일까?

프로이드는 의식 혹은 이성과 무의식이라는 이분법을 고안해냄으로써 선천적 정신분열증 환자로서의 현대인을 고안해냈다. 현대인인 이상, 이 구도 속에서 그 누구도 자유롭지 못하리라. 그러나 내가 확신하건데, 만일 이런 프로이드의 구분을 아리스토텔레스가 봤다면, 그는 다음과 같이 말했으리라.

"도대체 어째서 주인의 능력을 그토록 제한시킴으로써 신과의 고리를 끊어 버리고, 노예들에게 지배당하게 만들었는가?"

현대는 노망이 들어 자신의 궁에서 내쫓긴 비참한 몰골의 리어왕과 마리 앙트와네트의 목을 자르고 정권을 탈취한 노예들의 반란이 추앙받는 그런 시대이다. 그래서 현대에 유독 위선자들이 그리도 많은 것이며, 동시에 도덕적으로 살기가 거의 불가능한 것이다. 이런 반역이 되돌려지지 않는 한, 킹콩 이야기는 계속되고 소녀들은 모두 악마가 될 것이다.

🌰 감정 교육과 동화

며칠 전, 친한 친구로부터 연락이 왔었다. 그 친구는 현재 입시학원 국어 선생인데, 논술 지도 문제로 나의 도움이 필요했던 모양이다. 오랜만에 정다운 친구의 연락을 받은 나는 그 친구의 부탁을 거절할 이유가 없었다.

그 친구로부터 최근 몇 년 동안의 우리나라의 잘 나가는 대학들이 내놓았던 기출 논술문제들을 볼 수 있었다. 그렇지 않아도 어느 정도 호기심이 있었던 터라, 나는 미세하나마 긴장감마저 느꼈다. '도대체 우리나라 대학들이 학생들에게 어떤 종류의 사고를 요구하는 것일까?'

그렇게 펴든 유인물에서 나는 대뜸 『실천이성비판』의 한 단락이 불쑥 달려드는 터에 순간적으로 멍해져야 했었다. '순수이성', '실천이성', '최고선', '최상선', '선의지' '최고 존재자'…… 철학을 전공한 나조차 한동안 아무 생각이 나지 않았었다. 그리고 정신을 고도로 집중해서, 이 글이 무엇이며 어느 부분에 나온 단락인가를 생각해 내야만 했었다. 그리고 순간적으로 이런 생각이 들었다. '무슨 논술 문제가 이 모양이야?'

친구는 이런 말을 했다. "학생들이 아주 불만이 많아. 생전 처음 본 책에, 생전 처음 본 개념어들이 가득한데, 도대체 무슨 말인지 하나도 모르겠대. 그리고 사실, 우리 선생들도 난리가 났어. 우리도 모르기는 마찬가지거든. 그래서 선생들끼리 서로 스터디를 할 정도야. 그러나 아무리 그렇게 해도, 어떻게 이런 내용들을 단기간에 이해하고 설명해줄 수가 있겠니?"

나는 어처구니가 없었다. 인터넷과 비주얼시대 흐름에 푹 빠져 있는 우리 청소년들과 자기들도 잘 이해하지 못하는 『실천이성비판』으로 윽박지르는 우리나라의 잘난 대학들의 행태가 보이는 그 극단적 반비례적 경향과 대조. '도대체 뭐하자는 거야?'

'학문'으로서의 철학은, 다른 일반 학문들과 마찬가지로, 철저한 예비적이고 사전적인 학습이 없이는 도저히 그 본질에 접근할 수 없는 기술적이고 전문적 학문이다. 철학을 잘 하려면, 무엇보다 철학의 역사와 철학자들이 사용하는 개념들에 대한 엄밀한 이해와 학습이 반드시 전제되며, 이것 없이는 신의 아들도 접근 불가능한 것이다. 이런 이유로 나는 한 때, 친구들에게 "철학을 잘 하려면, '버케블러리'에 강해야 해."라는 농담 같은 말을 하곤 했었다.

그런데 그 어떤 사전 학습이 없는 우리 학생들에게 이런 글을 던져주면서 생각을 해보고 글을 써라? 프랑스 같은 나라는 중등교육 과정에 정규과목으로 '철학'이 있음에도 불구하고, 그들의 논술고사인 '바깔로레아'에는 이런 문제를 절대로 출제하지 않는다. 그들은 요구한다. '꿈과 현실은 같은가 다른가? 같으면 어떻게 같고, 다르면 어떻게 다르다고 생각하는가?" 단 한 줄이다. 그리고 참고 단락도 없다. 또한 무엇보다도 '정답'이라는 것 자체가 없다. 글을 읽고 쓸 줄 아는 간단한 기술적 능력만 있으면, 누구나 그 논의에 참여할 수 있다. 중요한 것은 우리의 사고와 고민이기 때문이다.

반면, 우리의 논술고사는 어떠한가? 다들 엄청난 고전들에서 맥락을 무시하고 발췌한 글들을 던져준다. 학생들은 제목도 들어본 적도 없다. 그리고 그 글 속에 있는 단어들과 용어들의 의미를 알 수가 없다. 한자로 뒤범벅이 되고 전문용어로 화려하게 장식이 되어있지만, 학생들의 머릿속은 '백지'가 된다. 문제는, 학생들의 머리가 원래부터 백지상태가 아니라는 것이다. 그 학생들의 수준에서 뭔가가 있었어도, 그 문제들이 학생들을 백지로 만들어 버린다.

그런데 이렇게 학생들의 지성과 사고력을 무장 해제시키고, '철저히' 무력화시킨 그 문제들은 참으로 아이러니컬하게도 모두 뻔한 '정답'이 있다. 관련 전공자들에게는 '교과서'적일 정도로 뻔한 물음들이다. 우리나라의 논술문제는 그래서 '정답 찾기' 문제들이고, 이런 의미에서 기존 교육의 흐름에서 한 치도 벗어나있지 않다.

대학에서 공부할 때의 경험이다. 언제나 궁금한 것이 머리를 가득 채우곤 했었다. 그래서 교수님들에게 뭔가를 여쭈어 볼 때가 많았었다. 그런데 거의 대부분의 교수님들은 대답을 해주시기는 한데, 도저히 이해가 안 되는 외국어, 고도의 전문용어로 뒤범벅이 된 그런 대답을 해주시는 것이었다. 그럴 때마다 나는 당황했었고, 수치심을 느끼곤 했었다. 뭔가 잘못되었다는 느낌을 부정할 수 없었다.

시간이 흐른 뒤, 내가 깨달았던 불행한 진실은 우리나라의 철학, 문학, 역사학, 등등의 인문학자들이 대부분 '바보'들이라는 것이었다. 그랬다. 더도 덜도 아니고, 말 그대로 바보들이었다. 그들은 우리 인간의 삶의 문제를 다루는 인문학자들임에도 불구하고, 삶의 진실에 다가가서 그것들과 맨 몸뚱이로 싸울 힘도, 의지도, 그것을 할 만한 인격적 '고결성'도 없는 사람들이었다. 그럼 도대체 그들은 뭐하는 작자들인가?

언젠가 친구들과 이런 대화를 한 적이 있다. "상대성 이론을 공부하면 빛과 시간에 대한 사실적 정보를 알 수 있고, 항공역학을 공부하면 정말로 하늘을 멋지게 날아다니는 비행기를 만들 수 있다. 그런데, 칸트의 책을 달달 외우면 뭘 할 수 있지?"

10여 년 전 즈음에, 성남 공항에 '에어쇼'를 구경 간 적이 있었다. 나는 개인적으로 '비행기'라는 것에 큰 의미를 두고 있다. 어릴 적, 가장 친한 친구는 비행기에 정말 미친 아이였었다. 그 친구의 입에서는 언제나 '비행기', '하늘을 난다', '날개' 등등의 단어들이 나왔었다. 당시 나는 그 친구의 그 하늘을 나는 것에 대한 환영과 도취가 너무 멋있어 보였었다. 물론, 나는 왠지 그 보다는 더 멋진 것이 있지 않을까 하곤 생각했다. 왠지 우리가 그냥 하늘을 난다는 것만 가지고는 뭔가 부족하다는 막연한 느낌을 가질 뿐이었다.

그랬던 내가 '에어쇼'에서 그야말로 넋을 잃었던 것이다. 엄청난 굉음과 파워 그리고 아무 것도 없는 하늘을 마치 잘 닦인 빙판을 미끄러지며 멋진 춤을 주는 피겨스케이팅 선수들처럼 한 치의 오차도 없이 완벽하게 날아가는 비행기를 내 눈 앞에서 볼 수 있었다는 것, 나는 그 충격에서 헤쳐 나오기가 힘들었다. 나는 생각했다. "과학이라는 것 그리고 공학이라는 학문은 바로 저런 '기적'을 우리 앞에 내보여주고 있다. 도대체 그 누가 이런 기적을 외면할 수 있으며, 쉽게 가치 폄하를 시킬 수 있을까? 그동안 철학을 공부한 나는 저들과 비교해서 무엇을 내세울 수 있으며, 무엇을 보여줄 수 있을까?" 그건 칸트가 데이비드 흄을 공부하면서 '독단의 잠에서 깨어났다.'고 말했을 때의 충격과 비견될 만한 것이었다. 정신이 번쩍 났다. 도대체 그동안 무엇을 했던가. 지금 무얼 하고 있는가? 앞으로 무엇을 해야 하는가?

정답이 뻔히 있는 진부한 문제를 내놓고는, 학생들이 당황하는 모습을 보면서 속으로 즐거워하는 우리나라 대학들 그리고 그 난해하고 어지러운 개념어의 숲을 걷어내면 아무 것도 없는 문제들을 가지고 씨름하고 글을 쓰고 좋은 점수를 받기를 꿈꾸는 학생들 ……. 도대체 이런 논술고사와 이런 글쓰기와 사고하기에서 우리는 무슨 좋은 꼴을 볼 수 있을까?

학생들은 아직 전문가도 아니고 학자들도 아니다. 그들은 미래에 전문가가 될 그리고 학자가 될, 지성인이 될 '살아있는 생명체'들인 것이다. 그래서 대학은 그들에게 어림 반 푼어치도 없는 '전문지식'이나 혹은 '진부한 정답'을 요구할 것이 아니라, 그들의 '생명력'을, '열정'을, '갈망'을, '창조적 힘'을, '열려진 영혼'을 요구하고 시험해봐야 하며 주의 깊게 살펴봐야만 하는 것이다. 도대체 이놈들이 얼마나 펄떡거리며, 하늘을 향해 날갯짓을 하는가를 관찰해야만 하는 것이다.

사고에는 '정답'이 없다. '정답'이라는 것은 오로지 두 가지의 경우들에서만 가능하다. 하나는 모든 조건들이 정확히 한정된 고도로 정제되고 통제된 상황이고, 다른 하나는 이 세계가 단일한 평면일 경우이다. 다른 경우들에서는 정답이 없다. 전자는 '인공적 상황'이고, 후자는 '허구적 상황'이다.

새벽녘에 하늘을 보면, 운이 좋을 경우 반짝이는 금성을 볼 수 있다. 이 금성이라는 별은 다시 때로는 '샛별'이라 불리기도 하고, 또 때로는 '개밥바라기'라고 불리기도 한다. 왜 우리는 이렇게 다양한 단어를 사용하는 것일까? 그리고 그 경우, 실제로 무슨 일이 일어나는 것일까? 이 문제에 대해선 이미 위대한 철학자 Frege가 다룬 바가 있다. Frege는 말한다. 우리는 지시체(bedeutung)와 의미(sinn)를 구별해야 한다고 말이다. 그래서 그 지시체가 같을지라도 그 의미는 다양하다. 여기서 Frege는 사물의 영역과 독립적으로 존재한다고 여겨지는 의미의 영역의 실재성을 의심하지 않았다.

이런 Frege의 생각은 절대로 단순한 의미에서의 '관념론'의 부활로 오해해서는 안 된다고 본다. 나는 개인적으로, 그가 죽은 관념론을 다시 살리려고 했다기보다는 '세계의 복수성'을 사유했던 것이라고 생각한다. 철저히 '사물적'으로는 하나의 세계일 수 있으나, '사실 혹은 의미'적으로는 '천의 얼굴'을 가진 세계 그리고 우리 인간은 바로 그런 '복수성'의 세계 속에 살고 있는 것이다.

아니, 보다 엄밀한 의미에서 말을 하자면, 우리는 사물의 세계 속에 살고 있지 않으며 살고 싶어도 살 수가 없다. 도대체 모든 종류의 언어와 사고 혹은 개념과 이름을 부정하고서 소위 '사물 그 자체'를 생각해낼 수가 있으며 혹은 정말 있기라도 한 것일까?

우리의 사고나 인식은 '지시체->의미'로 나아가지 않는다. 지시체는 알몸이고, 의미는 그것을 걸치고 있는 여러 종류의 옷들이라는 이해방식으로부터 결별해야만 한다. 실제로는 우린 '의미->지시체'로 나아간다. 그래서 우리의 인식상에서 지시체는 처음의 것이 아니라 나중의 것이다. 우리는 좌우지간 그 어떤 식으로든 '의미'의 영역을 통해서 지시체를 구상해 낸다. 우리가 어떤 대상에 대해서 '꽃'이라고 여러 사람들이 공유할 때, 그 어떤 대상은 '꽃'이라는 고정적 이름을 갖게 된다.

이런 식의 이론과 생각의 창시자는 의심할 바 없이 '플라톤'이다. 그의 사상 속에서 모든 종류의 형상으로부터 벗어나 있는 '순수질료', '코라'는 아무 것도 잡히지 않는 '허공'이요, 이름 지을 수 없는 '절대 순수無'이다. 따라서 그것은 언명될 수 없고, 이해될 수 없다. 그것은 그래서 차라리 '먼지'와 같은 것들이고, 일종의 환영들이다.

이렇게 '의미의 선차성'을 주장함으로써, 사물 존재론적 사고를 부정하고 사실 존재론적 사고를 했음에도 불구하고(플라톤에게서 하나의 '사물'이란, 형상들의 일정한 결합 상태 즉 일종의 원자적 사실들의 결합 상태라고 생각한다), 플라톤은 형상들 간의 결합방식에 어떤 단일한 법칙을 설정한 것으로 보인다. 그래서 그는 오로지 한 방식으로 구성된 세계를 본 것 같다. 그럼으로써 그는 세계의 '복수성'을 부정하고, 그런 복수성을 노래한 '시인들'을 추방하려고 했다. 문제는 그렇게 시인을 추방하려 했던 그 자신조차 시인이라는 사실이다.

詩인이란 韻과 律, 그리고 調로써 하나의 고유한 세계를 창조하고 열어 밝히는 자이다. 그래서 각각의 시인은 그 나름의 새롭고 전무후무한 세계를 발견해내는 자인 것이다. 그래서 시인의 존재는 그 자체로 '세계의 복수성'을 긍정하고, 증명해내고 있다. 이런 의미에서 보자면, 플라톤 자신은 가장 비플라톤주의자라고 할 수도 있을 것 같다.

지금 내가 마시는 한 잔의 와인은, 그냥 '9500원 짜리 마주왕'일 수도 있고 '우울증 치료음료'일 수도 있으며 '내 영혼의 붉은 피'일 수도 있다. '와인'이라는 '하나의 지시체'는 '적어도' 3가지의 아주 판이하게 다른 의미를 가지고 있으며, 그에 따라 천차만별의 세계를 그 안에 품고 있어서 우리가 요구하는 것을 꺼내 보여줄 수 있는 것이다. 실제적으로 세상의 그 누구도 '와인'을 그저 '와인'으로 이해하는 자는 없다. 말로 표현만 안 되었을 뿐이고 구체적으로 이해하려 하지 않을 뿐, 사람들은 '와인'을 각자 자신들만의 고유한 그 무언가로서 받아들이고 있다. 그래서 사람들이 그렇게 서로 다른 인생들을 살아가는 것이다. 각자에게 인생과 세계가 다르기 때문이다.

그래서 '사유'라는 것은 당연하게도, 기존의 드러난 세계 의미를 공고히 해주고 고착시키기 보다는, 사유 본래의 의미에 의해서 즉 '사유와 실재는 일치한다.'에 의해서 부단하게 숨겨져 있고 감추어져 있으며 내재되어있는 세계의 다른 면들을 꺼내서 드러나게 해주어야 하는 것이다. 그래서 진리란 우리의 일반적 상식과는 달리, 수동적인 태도에 의해서가 아니라, 적극적이고 의지적인 태도 속에서 그 본래성이 유지되고 지켜질 수 있다. 진리는 그래서 창조자와 탐구자 그리고 개척자들, 항해자들의 몫이다.

그래서 우리가 살아가는 실재적 세상에서는 절대로 '정답' 하나의 답은 존재할 수 없다. 세계는 복수적이며 천의 얼굴을 가지고 있다. 춤추는 시바여신의 팔이 두 개가 아닌 이유가 바로 그것이다. 세계는 순간순간 핵융합 반응을 통해서 무한히 폭발하고 있는 무한 발산체이다. 생명의 진화 과정이 그런 것처럼 말이다. 우리는 이 생명과 세계의 무한한 생성의 파노라마의 한 가운데 서있다. 우리는 그 신비의 목격자가 되기 위해, 증인이 되기 위해 이 세상에 온 것이다.

언젠가 어떤 친구가 내게 이런 말을 한 적이 있다. "나는 클래식 음악과 가곡은 절대로 안 들어." 그래서 나는 이렇게 대답을 했다 "네가 만일 그것들 안에 들어있는 '아름다움'을 체험한다면, 심지어 누군가가 그것들을 강제로 듣지 못하게 하려 한다면, 너는 그 '고매한 아름다움'이 '그리워서', '그리워 죽을 것 같아서' 무슨 짓을 해서라도 그것들을 들으려 할 거야."

참된 예술에서 보이는 그 고매한 아름다움이라는 것은 아름다운 여성의 몸을 볼 때 느끼는 아름다움과는 질적으로 판이하게 다르다. 여성의 몸에서 느끼는 아름다움은 '단편적이고 단선적이고 확정적이다'. 반면에 위대한 예술에서 보이는 아름다움은 '복합적이고 복수적이고 불확정적이다'. 즉 깊이와 넓이 그리고 두께와 차원에서 더욱 고도화되어있고 심오하다. 그런 이유로 위대한 예술작품은 그 자체로 우리가 살아가고 있는 세계의 일부이자 혹은 세계 자체가 될 수 있다. 우리는 예술을 통해서 이 세상의 진실을, 세계의 복수성을 있는 그대로 이해할 수 있게 된다.

요즘 우리나라에는 너무 많이 배운 엄마들이 설쳐대고 있으며, 그 엄마들의 치맛바람을 이용해서 아동서적 시장이 점차로 발전하고 있다고 한다. 그래서 소위 강남 사는 엄마들은 어린 아이들에게 보다 양질의 책들을 남들보다 많이 읽히게 하려고 난리가 난 모양이다. 그리고 이것을 보는 강북 엄마들은 상대적 박탈감에 마음고생을 하는 것 같다.

그러나 나는 그 강남 엄마들의 행태를 보면, 웃음밖에 나오지 않는다. 자기 자식들을 아주 바보멍청이들로 만들고 있기 때문이다. 시간 낭비, 돈 낭비, 정력 낭비 하며 기를 써가면서 자기 자식들을 망치고 있는 것이다. 그 이유는 너무도 간단하다. 그 엄마들의 최대 장기가 '검열'이기 때문이다.

강남 엄마들은 언제나 '양서'를 찾고 '추천서적'을 찾아다닌다. 그리고 큰 출판사의 그림 좋은 책들을 찾아다닌다. 그리고 더 나아가서 출판사의 고도의 상품 전략에서 나온 '연령대'에 맞는 책들을 찾아다니고 있다. '1세 이전용', '3세용', '7세용', '초등생용', '청소년 용'…… 무슨, 영화 관람 기준표인가?

이렇게 아이들 책 고르기에 남달리 유난을 떠는 엄마들이 만일 자기 아이들이 어느 날 '완역본 그림형제 동화집'을 보는 것을 발견하고 그 책을 읽어 본다면 어떤 일이 일어나게 될까? 아마 자기 아이들을 혼낼지도 모른다. 아니면, 책을 숨기거나 버릴지 모른다. 아니면, 멍청한 독서지도사에게 가서 돈 줘가며 한심한 상담을 받을지도 모른다.

우리나라의 문화예술 교육과 아동문학 교육의 가장 치명적 병폐는 '아이는 순수해야 한다.'라는 원리이다. 이것은 모든 아이들을 바보로 만드는 원리이다. 우리나라의 엄마들은 자기 아이들을 '사람취급'하지 않는다. '사랑'을 이유로 자기 아이들을 애완동물로 만들어 버리려 한다.

엄마들은 철저히 이 시대의 엉터리 상식에 부합하는 도덕성에 부합하는 '아름답고, 예쁘고, 교훈적인, 그러면서도 아주 단순하고, 쉬운' 그런 동화책들만을 구입하고 아이들에게 교육을 시킨다. 자신들의 삶과 자신들의 생각은 그렇지도 않으면서 자식들에게는 그렇게 '바른생활 교과서'를 읽히려 한다. 물론 소수의 다른 엄마들은 이런 흐름에 정반대로 가면서, 어린 아이들에게 '돈 벌고, 쓰는', 지나치게 실용적 교육을 시킨다. 그러나 이 역시 아이들을 망치는 교육이다.

다수의 엄마들은 바른생활 교과서를 읽히고 소수의 엄마들은 재테크 전략서적을 읽히는데, 이런 대조적인 모습들은 하나의 공통적인 전제에서 나온 것이다. 엄마들이 '단무지'들이라는 것이다. 다시 말해서, 모두 단순 무식해서 세상을 오로지 하나의 관점에서만 보려하고 그런 세계 이해만이 참이라고 믿기 때문에 그런 짓을 하는 것이다. 무식함과 야만성은 자기들 대에서 끝내야 하는 것 아닌가?

어떤 의미에서 아이들은 멍청한 어른들보다도 더욱 '인간적'이고 '이성적'이다. 왜냐하면 그들의 감성은 이 세계에 활짝 열려져 있기 때문이다. 그래서 아이들을 잘 관찰하면, 어른들이 생각하는 것처럼 그렇게 멍청하지도 않고 선하지도, 악하지도 않다는 것을 알게 된다. 그들은 그저 어린 인간들인 것이다.

그래서 그들의 이성과 감정은, 그들의 몸이 그런 것처럼, 이 세상에 태어남과 동시에 부단하게 어머니로부터 독립하려 하고 있으며, 독자적 인격성을 형성하도록 추동되어지고 있다. 그래서 그들은 그들의 능력과 수준에 맞는 방식으로 늘 세상의 전체와 교류하고 있으며 대화하고 있다. 그들은 이미 세상에 있는 기쁨과 슬픔, 분노와 용서, 질투와 화해, 공포와 안식 등등의 이 세상을 구성하고 있는 모든 종류의 정서들을 가지고 있으며 그것들을 성장시키고 계발하기를 본능적으로 의지하고 원한다. 그들이 인간들이기 때문이다.

독일의 위대한 민속학자들인 그림형제가 엮어낸 '어린이와 가정을 위한 동화집(그림동화집)을 읽어보면, 말 그대로 별의별 이야기들이 다 있다. 어떤 것은 웃기고 어떤 것은 슬프며 어떤 것은 손에 땀이 난다. 또 다른 어떤 것은 엽기적이기까지 하며, 심지어 성적이기까지 한 것들도 하다. 그래서 이 책을 무식한 엄마들이 읽으면, 절대로 자기 아이들에게 읽히려 하지 않는다. 그리고 무식한 교육당국자들이 읽으면, 이 책을 '금서'로 하거나 '성인용'으로 분류하려 할 것이다. 분명 책 제목은 『어린이와 가정을 위한 동화집』인데 아이들은 읽을 수 없게 되는 것이다.

그러나 그림형제는 그 책이 분명히 어린이는 물론이거니와 엄마와 아빠도 같이 즉 가족 모두 그리고 더 나아가 독일 민족 모두 읽어야 하는 책이라고 생각했던 것이다. 모든 이야기들이 동화적이기에 심지어 세상모르는 어린 아이도 읽을 수 있음에도 불구하고, 거기에는 인간이 이 세상에서 겪을 수 있는 모든 종류의 일들과 진실들이 녹아있고 독일민족의 정신성의 본질이 들어 있으며 인간 정신의 원형이 드러나 있는 것이라고 그들은 생각했던 것이다. 아이들도 역시 인간이기에 인간이 가지고 모든 종류의 감정상태들에 대해서 어린 시절부터 이해할 능력이 있으며, 동시에 교육받고 훈련받아야 한다는 것, 오직 그럼으로써만 훗날 진정한 어른으로서 성장할 수 있다는 것, 참으로 고매한 인격을 소유한 인간으로서 완성될 수 있다는 것을 그들은 알고 있었던 것이다.

아이들을 아이들로만 취급하고 시대적인 상식에 부합되는 알량한 도덕 교육만 시키며 창조성을 그 뿌리에서부터 거세시킨 채로 '정답 교육'만 시키고 인격적으로 대우하기보다는 통제·지배의 대상으로만 생각하며 위에서 짓누를 생각만 하는 우리 한국 문화와 교육풍토에서는, 겉으로는 안정적으로 보이고 질서가 잘 잡힌 것처럼 보여도 사실은 철없고 바보 같은 어른들 즉 자신의 내면적 분노와 질투 그리고 물질에 대한 탐욕을 다스릴 줄 모르고 그것들에 이리저리 휘둘리는 저열하고 위험천만한 파탄 난 감정상태를 가진 괴물들만이 양산될 뿐이다.

천재의 부재, 예술의 몰락, 종교의 타락, 가정폭력, 외도, 황금만능주의, 패어 게임 상실, 왕따, 경쟁지상주의 그리고 테러……. 사실, 이런 것들은 우리나라만의 배타적 현실은 아니다. 바로 이 시대의 일반적 현상이다. 그리고 이는 '아이의 죽음과 어른의 부재'이자 '감정교육을 받지 못한 저열한 인격을 가진 사람들'에 의해 결과된 것들이다. '금수'들의 세상인 것이다.

이 시대에 도대체 누가 인간의 본래적 근원과 정신의 원형을 탐구하려 하며 그것들과 평생에 걸친 씨름을 할 수 있을까? 그렇게 무서울 정도로 무구하고 순수하며 또한 그렇게 무모할 정도로 담대한 기상을 가지고 있으며, 그렇게 어리석을 정도로 자신을 희생시킬 수 있는 자는 누구일까? 지금 우리는 새롭게 태어나는 '아이들'이 필요하다. 그들만이 세상의 희망이다.

도대체 남자란 무엇인가?

아마도 요즘처럼 남자들이 가치 폄하되던 때도 없었을 것이다. 현재 모든 방면에서 남자들은, 그들이 구체적으로 느끼고 있건 아니건 간에, 실제로 상당한 위기상황에 처해 있다.

전통적으로 오랜 세월 동안, 남자들은 여자들에 비해서 우위의 평가를 받아왔으며 그에 상당한 우월감과 동시에 책임감도 가져왔었다. 그리고 이에 따라, 국가와 여자들을 보호해야 할 의무도 자발적으로 짊어지고 왔다. 사실, 전통 사회에서 보이는 여성의 남성에 대한 존경은, 남성이 여성보다 우월하다는 의식 말고도 남성이 여성들의 안전과 생존을 지켜준다는 것에 대한 사회적 감사의 표현이었던 것이다.

그러나 현재, 수천 년 혹은 수만 년 동안 지속되어왔던 남성과 여성의 전통적 관계와 의식이 급속도로 해체되고 변화하고 있다. 이런 변화는 소위 '여성주의'와도 관련을 맺고 있다고 볼 수 있고 이것 이외에도 많은 다른 시대적 변화와 관련을 맺고 있다고 볼 수 있다. 요컨대 이는 거역할 수 없는 시대적 흐름이라고 할 수 있겠다.

전통적인 가치관에 의하면, 남성은 여성에 비해서 육체적으로는 말할 것도 없고 정신적으로도 탁월한 그래서 총체적으로 존재론적으로 우위에 있다고 여겨졌다. 그러나 요즘에는 이것이 완전히 역전이 되어, 일부 극단적인 견해에 따르면, 남성은 총체적으로 여성보다 열등하다고까지 한다.

나는 개인적으로 이런 흐름에 대해서, 내 자신이 남자라는 이유도 있지만 근본적으로 인간학적인 지평에서, 걱정스럽기만 하다.

가장 원초적인 지평에서 볼 때, 남자와 여자는 각각 무엇일까? 나는 간단히, 여성은 아이를 낳을 수 있는 사람인 반면에 남성은 그렇지 않은 사람이라고 이해하고 싶다. 그래서 예를 들어, 영어에서 여성을 의미하는 'women'이라는 말은 사람은 사람인데, '자궁'을 가진 그래서 애를 낳을 수 있는 사람이라는 의미를 가진다.

이렇게 수태와 출산의 능력은, 남성에 비해 여성만이 특권적이고 배타적으로 소유하고 있는 능력이자 특징인 것이다. 그래서 만일의 경우, 남성임에도 불구하고 아이를 낳을 수 있다면, 이는 모순일 뿐인 것이다. 그때 그는 더 이상 남성일 수 없다는 것이다.

현대의 교육과 문화 그리고 일부 여성주의는 이런 수태와 출산의 능력을 여성들만이 짊어져야 할 선천적인 천형이거나 짐으로 이해하려는 경향이 있다. 그래서 여성이 본성적으로 남성에 비해서 불리한 조건에 있으며, 여기서 여성에 대한 일종의 특별대우를 '인권'의 지평에서 요구하는 행태를 보이기도 한다.

그러나 너무도 당연한 것이지만, 여성의 이런 능력은 결코 천형도 짐도 아니다. 오히려 그 능력은 여성에게만 주어진 특혜이자 은혜인 것이다. 여성은 그 능력을 배타적으로 가지고 있는 터에 그 어떤 특별하고 인위적인 노력 없이도, 인간으로서 여성으로서 정당한 대우를 받을 수 있고, 사회 내에서 생명의 위험을 감수할 필요 없이 보호 받을 수 있는 것이다.

이에 더해서 여성은 여성으로서의 자신의 의무를 수행하는 경우, 남성과는 비교할 수 없을 정도의 작은 교육과 학습으로도 충분할 수 있었다. 요컨대 여성은 이미 많은 것을 구유한 채로 태어난다고 말할 수 있는 것이다.

반면에 남성의 경우는 이런 여성의 능력에서 '철저히' 소외되어있다. 그리고 이 여성적 선천적 능력의 차원에서만 볼 때, 남성은 그저 '불임'의 존재자일 뿐이다. 바로 이런 이유에서 나는 남성과 여성은 동일한 지평에서 '동등하게' 이해될 수 없으며, 오히려 그런 지평에서 볼 때는 이 둘은 서로 근본적으로 '불평등'하다고 말할 수 있다고 생각한다. 즉 여성은 처음부터 뭔가 특별한 것을 가지고 있지만 남성은 그렇지 못하다는 것이다.

그런데 문제가 여기서 그치는 것이 아니다. 남성은 이런 선천적인 능력도 갖추고 있지 못할 뿐더러 이에 더해서 일반적인 경우에 더 불안정하고 폭력적이어서, 반드시 특정한 종류의 '교육'과 '문화적 세례'를 받지 않을시, 심지어는 반사회적 '개망나니'가 될 수도 있다는 것이다. 여기서 다시 남성은 여성보다 최소한 '두 가지'를 모자란 상태로 이 세상에 태어난다는 것이다. 바로 이런 이유에서 난 현대를 풍미하고 있는 '평등주의'가 한갓 허구임을 주장하고 싶다. 남자와 여자는 절대로 같지도 않으며 서로 '평등하지도' 않다.

그런데 인간이라는 종과 인간 사회가 그저 철저히 생물학적이고,

자연적인 한계에만 구속·제한되는 것들이 아닌 한에서, 오로지 여성이 가진 능력만으로는 충족될 수 없는 것들이 있고, 이에 따라 남성에 대한 모종의 특별한 이해와 대책이 요구되는데, 이것이 '문화'인 것이다.

문화인류학적으로 볼 때, '문화'와 그것을 전수 발전시키는 행위로서의 '교육'은 거의 전적으로 남성의 몫이었다. 인간 사회는 남성들에게 인위적인 훈육장치로서의 교육을 강제함으로써 그들에게 '새로운' 기능과 몫을 요구하고 제공하게 되었던 바, 인간사회에서의 '남성'의 탄생과 존재 의미는 그의 생물학적 조건에 의해서 자연적으로 주어진 것이 아니라, 인위적인 교육과 그 결과로서의 문화에 의해서만 비로소 가능해지고 확보되는 것이라고 할 수 있다.

바로 이런 의미에서 수만 수천 년 동안의 과거사 속에서 남성은 거의 언제나 사회적이고 문화적인 그리고 정신적인 영역을 독점해왔고 오로지 그 속에서 자신들의 정체성을 확보해낼 수 있었던 것이고, 이에 반해 여성은 그녀들에게 주어진 선천적이고 생물학적 능력의 차원에서 자신들의 삶을 영위할 수 있었던 것이다. 그래서 어떤 의미에선 이제 남성은 수태와 출산의 위험과 부담으로부터 해방된 존재이며, 이에 따라 보다 인간적이고 고차원적인 영역을 향유할 수 있는, 보다 더 진화된 존재자라는 인식이 생기기에 이르렀던 것이다. 그래서 전통사회에선 남녀의 삶과 공간은 상당히 구분되어있었는데, 여성의 경우는 전적으로 출산·양육·생계노동에 관련된 삶을 살았던 반면에, 남성의 경우는 놀이·종교·예술·전쟁(전쟁의 발생도 따지고 보면, 종교적 차원에서 비롯된 것이다.)에 관련된 삶을 살았던 것이다.

중요한 사실은 전통 사회에서 남녀의 삶의 양식이 현상적으로는 매우 이질적으로 보임에도 불구하고, 본질적으로는 그 둘이 서로 다르지 않다는 것이다. 즉 그 둘 모두 '생의 의지' 또는 '영원에의 의지'의 활동이었기 때문이다.

사실 자연계에 있는 모든 것들은, 그 어느 것도 영원하지 않음에도 불구하고 영원과 영생을 의지한다는 것이다. 이는 니체가 말하는 '힘에의 의지'와 관련되는 사태인 것이다. 그리고 그런 한에서 각각의 존재자들은 그 각각으로서는 유한하면서도, 언제나 그때그때마다 존재할 수 있는 것이다. 생명체가 보이는 생식·종족 보존의 의지나 물질계가 보이는 여러 법칙들은 모두 영속성과 영생의 의지의 표현들인 것이다. 그래서 이 의지는 바로 '존재 자체의 본성'인 것이다.

여성은 이런 의지를 바로 임신과 출산의 능력으로써 실현시키는 것이다. 그래서 이런 의미에서 여성에게 임신 출산은 다른 어떤 것과도 비교할 수 없는 가장 고유한 본성의 실현인 것이다.

그러나 남성은 이런 능력이 없다. 따라서 그들은 다른 수단을 통해서 보다 간접적인 방식으로 이 원리를 실현해야 하는 것이며, 오로지 그런 한에서 그 근본적 존재 의미를 확보할 수 있는 것이다. 바로 이런 영원에의 의지라는 생명의 본성을 실현하기 위해 남성들이 '발견하게' 된 영역이 '정신과 문화'인 것이다. 그래서 만일 이것들을 발견하지 못했더라면, 남성은 그 존재 의미를 상실했을 것이다.

일본의 사무라이들은 부끄럼 없는 명예로운 죽음을 위해 할복을 했는데, 이들에 따르면 그들의 순수하고 고귀한 영혼이 바로 칼이

닿는 복부에 있다고 생각했다고 한다. 이는 매우 시사해주는 바가 많다. 왜 유독 남성들이 그렇게 '명예'와 '명성' 또는 '정신적인 것'에 집착을 하는지가 밝혀지는 지점이기 때문이다.

남성에게 투쟁과 전쟁이란, 자신이 가지고 있거나 자신을 통해서 드러나는 신성의 탁월성을 증명할 수 있는, 그래서 자신의 존재 의미를 발견·유지할 수 있는 유일한 공간이며, 이때 명예와 명성은 단순한 장식이 아니라 남성적 영혼 다시 말해 남성적 생명의 본질인 것이다. 그래서 명예를 더럽히고 전쟁에서 비굴해진다는 것은, 단순하고 자신의 능력 바깥에 놓여 있는 육체적·생물학적 죽음과는 비교할 수 없는, 완전한 죽음이자 파멸을 의미하는 것이며 이는 존재자이자 생명의 본질을 가장 근본적으로 부정하는 비참한 사건이 되는 것이다. 바로 이런 이유에서, 고대인들은 전쟁터에서 죽는 것이 가장 명예로운 남성적 죽음의 방식이라고 생각했던 것이다.

본래적인 차원에서 이해할 때, 남성은 그의 생물학적 죽음의 사건과 그것이 일어나는 공간에서 역설적으로 본래적 삶과 생의 의미를 발견할 수 있었던 것이다. 그래서 고대의 모든 전쟁은 성스러운 것이었고 사무라이의 죽음은 명예로운 것이었으며 전쟁의 영웅은 인간적인 모든 한계를 극복한 '신-인'이 될 수 있었던 것이다. 이런 이유로 인류의 모든 위대한 종교와 예술작품은 죽음과 전쟁과 그렇게도 긴밀하게 관련되어왔던 것이다.

그런데 이런 인류사의 장구한 흐름이 특히 현대에 이르러서 급격하게 반전·변화되었다. 현대사회의 전반적인 '유물론(과학주의·자본주의·공산주의 모두 유물론이다.)'적 흐름 속에서 이제껏 유지되어왔던 남성들의 고유한 공간인 '정신·예술·문화·종교'의 영역이 전면적으로 망각·왜곡·파괴되기 시작한 것이다. 이는 필연적으로 남성의 멸종이자 해체를 의미하는 엄청난 사건인 것이다.

현대의 남성은 그 어디서도 자신의 참다운 생명과 그 의미를 체험하고 느낄 수가 없다. 유사 이래로 가장 많은 양과 시간의 교육을 받음에도 불구하고, 그 교육 내용은 '정신'과는 무관한 기술·정보·실용 교육인 이유로 남학생들은 시간이 갈수록 학습의 의욕과 동기를 잃어가고, 정신의 황폐함 속에서 자신의 존재 의미를 망각해가면서 점점 게으르고 나약하고 미성숙하며 폭력적이며 반사회적 문제 덩어리들로 타락·퇴락해가고 있는 것이다. 현대 사회에서의 여성의 성장은 이런 남성의 퇴보와 무관하지 않다. 여성들은 과거에 그랬던 것처럼 오늘날도 여전히 거의 유사하게 살아가고 있다. 그런데 남성들이 퇴보하고 있는 것이며, 그렇게 스스로 물러난 자리들을 여성들이 차지하는 것일 뿐이다. 그래서 페미니즘은 여성들의 의식의 성장과는 아무 관련이 없는 것이며 오히려 시대정신 즉 남성의 정신의 퇴보와 타락에서 기인한 하나의 부수적 현상일 뿐이다.

그런데 한 가지 본질적으로 중요한 사실 : 시간이 갈수록 남성과 여성은 '평등'해지고 오히려 여성들이 우수해지는 것 같지만, 이런 현상을, 남성은 말할 것도 없고 대다수의 여성들도 반가워하지 않는다는 것이다. 왜냐하면 그녀들의 입장에서 볼 때는, 점점 시간이 갈수록 남성에게 실망만 해 가기 때문인 것이다. 여성들은 아무리 시대가 바뀌었어도 자연스럽게 본성적으로 소위 '남자'다운 '남자'를 간절히 원하기 때문이다. 이는 남자의 경우도 마찬가지다. 남자다운 남자, 무사 또는 진정한 예술적 정신을 가진 호방하고 멋진 남자,

명예를 지킬 줄 알고 당당하며 비록 집을 비울 수는 있어도 나라를 지키며 자랑스러운 남자…… 대다수의 여성들은 이런 남자들을 간절히 바라고 있는 것이다. 그러나 시간이 갈수록, 남자들은 열등해지고 있으며, 여자들은 공허해지는 것이다. 그리고 이 둘 사이는 질투와 반목으로 채워지는 것이다.

나는 확신을 가지고 말할 수 있다. 이 시대를 구원할 수 있는 길은 그 옛날의 야만적이면서도 고상했던 남성들이 부활하는 것이라고 말이다. 그것은 비단 남성 자신의 구원만이 아니라 여성의 구원이기도 하며 인류의 구원인 것이다. 생각해보자. 왜 우리가 2002년 월드컵 때 그토록 감격했는가를 말이다.

🌰 질병이란 무엇인가?

불교에 따르면, 우리의 인생살이는 생로병사(生老病死)의 과정일 뿐이라고 한다. 그래서 그 누구도 이것들로부터 자유롭지 못하다. 그리고 이런 네 가지의 고통으로 얼룩진 이 세상살이에서 유일하게 가치가 있는 것은 오로지 '깨달음의 길'을 가는 것이라고 한다.

그런데 4苦를 보면, 病을 뺀 나머지 '태어남', '늙음', '죽음'은 하나로 연결되어있는 것으로 보인다. 즉 태어났기에 죽는 것이고 죽는 과정이 늙는 것이기 때문이다. 이런 것들은 사실, 우리에게 주어진 필연적인 숙명으로 보인다. 그래서 그것은 우리가 무엇을 어떻게 할 수 있는 여지조차가 없어 보인다.

반면에 '질병'이란 부분은 약간 다르게 보인다. 물론 질병 자체는 그 역시 하나의 숙명처럼 보이지만, 그것은 우리가 하기에 따라서 어느 정도는 조절되고 통제 가능한 것으로 보이기 때문이다. 그리고 우리는 실제로 병이 났을 때, 그것을 다스리려 약을 먹거나 병원에서 치료를 받기까지 한다는 의미에서 이는 나머지 것들과는 분명히 달라 보인다. 약국과 병원의 존재는 질병이 다른 것들과는 확연하게 구별되게 보이게 한다.

현재 일반적으로 알려진 바에 의하면, 질병을 다스리고 치료하는 의학은 크게 전통 의학과 현대 의학 그리고 한의학을 대표로 하는 지역 의학과 서구 의학, 기존 의학과 대체 의학 등으로 구분되어진다. 그러나 현실적으로 서구 현대 의학은 주류이고, 나머지는 비주류이다.

비록 서구 의학이 그리스 시대의 히포크라테스로부터 기인했고, 그로 인해서 아직도 신참 의학도는 히포크라테스 선언을 반복하면서 의학도의 길을 출발하지만, 사실 서구의 전통 의학과 현대 의학은 근본적으로 다른 정신에서 출발하며 다른 길을 가고 있다.

개인적으로, 서구 현대 의학이 서구의 전통 의학과 다른 지역 의학 이를테면 한의학과 갈라지는 지점은 '해부학의 등장'과 '미생물의 발견'이라고 생각한다. 그리고 이에 따른 생화학의 발전에 힘입은 '수술', '화학 제조약' 그리고 '백신계발'이야말로 서구 의학을 대표하는 치료법으로 등장하게 된 것이라고 본다. 사실 서구 의학의 모든 치료는 이 셋 중의 하나다.

그런데 이 '해부학'과 '미생물의 발견'이라는 서구 현대 의학의 전제들은 세 가지의 근본적인 공통적 이해에서 결과된 것들이라고 할 수 있다.

우선 그것들은 '질병'이라는 것을 오로지 '시각적 이해'의 차원에서 접근한다는 것이다. 모든 것은 보일 수 있는 원인들이 있다는 것이다. 그러다보니, 잘 보이지 않는 것들에 대해서조차도 어떻게든 보려고 시도했고, 그 결과 인간 내부를 보게 되고 미생물까지도 보게 되기에 이른 것이다. 그리고 이런 식의 '봄'을 위해서 '연금술사'

였던 뉴턴이 가정했던 '절대공간'과도 같은 '실험실'이 특별한 위상을 얻게 된 것이다. '실험실에서 보인 것만이 참으로 실재하는 것이다.' 이것은 하나의 황금률이다.

둘째, 이런 '실험실'의 존재로 말미암아, 일반적 외부 환경과 실험실 사이에 어떤 '단절'을 요구하게 되었고, 이는 의학에서 '현상과 본질'이라는 이분법이 엄격하게 적용되게 되는 이유가 되었다. 그래서 병은 오로지 '실험실' 즉 '병원'에서만 제대로 보일 수 있으며, 치료될 수 있다는 의식이 형성된 것이다. 그리고 이런 병원에서의 특권적이고, 비의적인 치료술은 '수술'이라는 이름을 갖게 되었다. 그리고 그 과정에서 해부학은 탄생하게 되었다. 보이지 않는 인체의 '내부'를 그들만의 비밀스런 장소에서 접근하고 볼 수 있게 된 것이다.

셋째, 서구에서는 그리스 이래로 결과와 원인 그리고 개념과 대상 사이에는 언제나 1대 1의 대응관계가 놓여 있다고 생각했다. 이 1대 1 대응 이론은 플라톤의 이데아론에서도 분명하게 발견될 수 있다. 모든 개념 혹은 단어는 그것에 대응하는 고유하며, 독립적인 대상이 존재한다는 서구 전 역사에 걸쳐 흐르는 신앙, 이는 개념과 실재, 관념과 대상, 말과 사물 그리고 원인과 결과라는 교리 체계를 형성하면서 확고해졌고, 이런 아이디어는 과학에서는 분자와 원자의 발견으로 나아가기에 이르렀다. 우리 관념의 총체가 우리 사태의 총체를 표상하고 있는 것이라면, 우리 관념을 이루는 미분적(微分的) 요소들에 대응하는 실제적인 미분적 요소가 존재해야만 한다는 믿음은 곧 그 자체가 서구문화의 정수라고 할 수 있다.

그리고 이런 세 가지 요소들이 하나로 어우러져서 마침내 서구

의학은 '미생물' 즉 '박테리아' 그리고 후에는 '바이러스'라는 존재를 발견하기에 이른 것이다. 그리고 이런 관념은 후에 세포, 유전자, 그리고 DNA등의 존재를 발견하게 된 '패러다임'이 되었다.

서구의 학문은 이렇게 '시각적 사유'와 '연금술적 비의적 태도', 그리고 '원자론적 세계관'으로 정리될 수 있다. 그래서 서구의 의학 역시 이 궤도에서 한 치도 벗어나 있지 않다. 그리고 이것들은 다시 현실 속에서 '증거주의', '전문성' 그리고 '개인주의'라는 서구 사회시스템을 직조해내기에 이른다.

그런데 이런 패러다임 하에서 질병이라는 현상에 대한 이해 역시 벗어나 있지 않은 이유로, 서구 의학은 하나의 질병은 하나의 개별적인 질병인자에 의해서 독립적으로 발현되는 것이며 따라서 그 고립적이고 독립적인 질병인자를 발견하고 처리해낼 수만 있다면, 그 질병을 치료할 수 있다는 신념을 만들어내기에 이른다.

그래서 각각의 질병은 각각의 독립적인 요소들에 의해서 일어나는 것이며 또한 그 요소들의 최종 근거는 미생물 즉 박테리아나 바이러스에 의한 것이라고 결론을 내리기에 이른다. 이런 이유로 현대 의학은 한동안 모든 질병이 박테리아나 바이러스에 의한 것이라고 굳게 믿어왔었고, 그 결과 한동안은 '암'조차도 이것들에 의해서 생긴 것이라고 믿었었다.

그런데 서구 문명을 형성하는 다른 축이 있다. 그것은 바로 유태주의이다. 기독교를 빙자한 유태주의 말이다. 사실, 기독교는 유태교와 한 형제라고 할 수 있으며, 기독교의 모든 것은 유태교로부터 시작해서 유태주의를 극복하려는 몸부림이라고 생각한다. 그러나 기독교는 유태주의에 뿌리박혀 있으며, 따라서 그것을 극복해내기란 현실적으로는 매우 힘들다.

이런 유태주의에 따른 의학적 관점에 따르면, 질병과 그 원인 그리고 그 치료는 바로, '천벌 혹은 저주' 그리고 그 원인은 '죄', 그에 따른 치료는 '회개와 구원'인 것이다. 예수는 한번도 이런 식의 가르침을 한 적이 없었고, 오히려 이런 식의 관점을 극복하려 했지만 그 역시 이런 식의 패러다임의 희생자가 되었던 것이다.

이제 질병은 죄의 결과일 뿐이다. 질병이 심각할수록 치유가 어려울수록 죄가 큰 것이다. 그리고 질병들 중에는 스스로의 회개와 치유 노력으로는 안 되는 그런 것들이 있으며, 이는 오로지 신의 은총에 의해서 혹은 그의 대리자를 통해서만 '타력에 의해서만' 치유될 수 있는 것들이다.

이런 유태주의적 전통은 의학사에서 한편으로는 의학의 진보를 가로막는 계기로 작용했지만, 다른 한편으로는 의사의 권위와 의학의 가치를 격상시킬 수 있는 요소가 되었음은 분명해 보인다. 의사는 이제 사제가 되고 환자의 죄를 사해줄 수 있는 권위를 가진 존재가 되기에 이르며 환자는 그저 죄인이다. 그는 부끄럽고 수치스런 존재가 되는 것이다. 그는 병을 치유하는 기간 동안 자신의 죄를 회개하고, 용서라는 희망 속에서 구원을 수동적으로 기다려야만 한다. 그래서 치유가 되면 그것은 의사의 자비의 결과이며, 치유가 되지 않으면 그것은 그의 죄 값이 될 뿐이다. 의사는 밑져야 본전이며, 환자의 몸에 대한 모든 권리를 독점할 수 있게 된다. 생사여탈권을 가지게 된 것이다.

사실, 그리스 시대의 경우 이를테면 히포크라테스 시절에 의사의 권위는, 근대의 또는 현대의, 의사의 그것과는 비교가 되지 않았다. 그 당시 의사는 그저 과학자였고 환자에게 봉사해야 하는 그런 존재였으며 따라서 권위를 내세우고 자신의 지식을 신비화시킬 수 없었다. 만일 그렇게 하기라도 하면, 그는 당장 고소당하게 되어 태형을 받아야 했었다. 비록 치료가 되더라도 환자는 의사가 불친절하다고 생각할 경우, 그를 고소할 수 있으며 폭력을 가할 수도 있었던 것이다.

서구 근대에 들어와 그리스적 전통과 유태주의적 전통이 결합되고 이는 의학 분야에서도 독특하게 결합되게 되는데 의사들의 지식은 그리스적으로 영향을 받는 반면에, 의사와 환자의 관계는 유태주의적 영향을 받게 되었고 질병에 대한 일반인들의 의식 역시 유태주의적인 것에 지배를 받게 된다. 즉 의사는 각각의 질병은 그에 해당하는 미생물에 의한 것이라고 생각하며, 일반인들은 각각의 질병은 모두 죄의 결과라고 생각하게 된 것이다. 이런 이중성은 아직도 분명하게 남아있다.

이런 이중성으로 말미암아, 현대에 이르러서도 무슨 치명적인 신종 병이 등장하면, 그것이 등장하자마자 의사들은 "저건 또 무슨 박테리아 혹은 바이러스에 의한 것일까?"라고 생각하기 시작하는 반면, 일반 여론은 "아, 인류가 죄가 많아 또 천벌을 받는구나!"라는 식으로 자학하고 서로를 비난한다.

현대 의학의 원죄는 겉으로는 자신들이 언제나 '천벌'이라는 미신을 무찌르고 극복하는 투사처럼 보이려 하면서도, 사실은 그러면 그럴수록 자신들을 더욱더 '사제화'시키고 '예수화'시켰다는 것으로 압축할 수 있다. 이들은 늘 말한다. "병은 미생물이 원인이고, 이 질병은 바로 이 X 병균에 의해서 생긴 것입니다." 그러면 바로 "아이구!! 선생님!! 감사합니다!! 이 은혜는 잊지 않겠습니다."라는 화답을 기다린다. 그들의 의사 가운은 사실 사제복이다. 이는 유태주의적 망령일 뿐이다.

이런 원자주의로 대표되는 그리스 정신과 죄로 대표되는 유태주의는 마침내 가장 최악의 질병이라 여겨지는, 즉 암보다도 더 무서운 '에이즈AIDS'를 발견하기에 이른다.

유사 이래 최고의 불치병 '에이즈'라는 것은 무엇일까? 그것은 현상적으로는 인간의 '면역력이 손상' 당하고 파괴되는 병이다. 이런 의미에서 그것은 원칙적으로는 치료약이 없다. 그래서 이는 최악의 질병이다.

그 원인은 무엇인가? 그것은 '성 접촉 혹은 수혈 등의 피를 통해서' HIV라는 정체불명의 바이러스에 의해서 일어나는 것이다. 그 병은 누가 많이 걸리나? 주로 아프리카인들과 혹은 아시아의 후진국 그리고 동성연애자들이다. 이것들을 계속해서 읽고 생각하다 보면, 뭔가 이상한 냄새가 난다.

이 에이즈라는 질병은 희한하게도 '섹스에 대한 경계심', 그리고 '피에 대한 공포심'을 깔고 있으며, 동시에 선진국·백인종들은 피해 가고 있다. 놀랍지 않은가?! 내 생각으로는 이 HIV라는 미지의 바이러스가 '유태주의'로 무장하고 있으며, 동시에 백인들에게 자비심을 갖고 있는 것으로 보인다.

구약성경 즉 유태교의 경전은 온통 '피에 대한 공포', '섹스에 대한 경계', '동성애에 대한 저주' 그리고 '이교도들에 대한 증오'로 가득하며, 이런 정신은 신약 성경의 사도들의 서간들에서도 분명하게 드러나고 있다. 내 개인적으로, 이 에이즈라는 질병은 최고도로 진화된 유태주의적 질병의 그리스적 발현이다.

미생물의 자연발생설을 논박한 파스퇴르와 동시대에 '끌로드 베르나르'라는 생리학자가 있었다. 그는 현재 생리학의 아버지로 추앙받고 있다. 그의 이론의 핵심은 다음과 같다 : 생물과 환경이 밀접한 관계를 가지고 있으며 건강한 생물체는 외부 환경에 큰 변화가 있더라고 살아남기 위해 내부적으로 평형을 조절하는 능력을 가지고 있다고 보았다. 베르나르의 이러한 생각은 오늘날에는 '생물체가 가장 알맞은 생존조건에 맞추어서 자신의 안정성을 지키려는 자율조절 과정'을 가리키는 말 즉 항상성(恒常性, Homeostasis)이라는 개념으로 정리되어있다. 베르나르는 이 자율조절 능력을 키워 병을 물리칠 수 있다고 생각했다. 즉 '면역력'이 모든 질병을 치료하는 핵심이라는 것이다.

베르나르의 이런 아이디어는 당대의 파스퇴르에게 조차도 처음에는 받아들여지지 않았다. 그러나 후에 파스퇴르는 베르나르의 업적을 이해하게 되었고, 이에 사람의 몸에는 수많은 박테리아가 있지만 건강할 땐 인체가 이를 물리칠 수 있고 다만 신체가 허약해졌을 때만 피해를 가져온다는 사실을 잘 알게 되었다. 그래서 그는 "훌륭한 치료라는 것은 저항력이 발휘될 수 있도록 유리한 조건을 회복시켜 주는 것" 이라며 "이것은 내과 의사나 외과 의사가 명심해야 할 원칙" 이라고 강조했다. 나아가 그는 이런 말도 했다. "환자의 조건-허약도나 정신적인 태도- 때문에 무한히 작은 것(세균을 말함)의 침입에 대항하지 못할 정도로 허약한 장벽을 쌓는 일이 얼마나 자주 일어나는지 모른다." 라고 생각하기에 이르렀고, 마침내 그는 죽을 때 "베르나르가 옳았다. 병원체라는 것은 아무것도 아니다. 면역 기능이 강한 사람에겐 병원체라는 건 결코 무서운 게 아니다. 면역 기능을 강화해 모든 전염성 질병을 다스릴 수 있다."는 말을 남겼다고 전해진다.

이런 위대한 학자들을 계승해서, 러시아의 동물학자인 '메치니코프'는 사람들이 지켜보는 앞에서 자신들의 동료들과 함께 '콜레라 배양액'을 들이마셔 버리는 '생체실험'까지 하기에 이르렀다. 물론, 동료들 일부가 경미한 설사를 한 것 이외에는 아무 일도 잃어나지 않았다.

요점은 이것이다 : 박테리아는 존재한다. 그리고 그것보다 더 치료가 어려운 바이러스도 존재한다. 우리가 지구에 살아가는 한에서 우리 몸 안과 밖에는 이것들로 가득하다. 그러나 그것들은 결코 인간에게 치명적이지 않다.

그런데, 웬 에이즈? 그리고 그것이 면역력을 파괴해? 그것이 면역력을 파괴하는 한에서 그것은 감기 혹은 독한 감기 즉 독감과 유사해 보인다. 그런데 에이즈는 감기와 달리 섹스, 동성애, 피 그리고, 후진국과 관련된다.

한때 의학자들은 소위 말하는 '슈퍼 바이러스'를 두려워 한 적이 있다. 그들에 의하면, 이 슈퍼 바이러스가 주기적으로 창궐을 해서 수많은 사람들의 생명을 앗아갔다고 한다. 그리고 그것이 마지막으로 창궐했던 것이 제2차세계대전 때라고 한다. 그래서 실제로 전쟁으로 인한 사망자보다 이 독감으로 인한 사망자가 더 많다고 한다.

의학자들에 의하면, 이 슈퍼 독감이 2차 대전 이후로 아직까지 유행을 하지 않았다는 것이 오히려 더 위험하다고 한다. 왜냐하면 항생제의 계발 등으로, 아직까지는 돌아오지 않았지만 그들이 다시 유행한다는 것은 필연적 사태이므로, 그 돌아오는 주기가 길어질수록 더욱 강해진 채로 돌아온다는 것이다.

그러나 원칙적으로 독감은 그 자체로 인간을 죽이지 못한다는 것을 우리는 이해해야 한다. 그것은 그저 강한 감기일 뿐이다. 우리는 파스퇴르와 베르나르, 메치니코프를 기억해야 한다. 감기는 치료제도 없지만 치명적인 것도 아니다. 그래서 우리는 '정상적인 조건' 하에서 독감이 사람의 생명을 앗아간다는 생각을 할 이유가 없다.

문제는 우리의 면역력이다. 우리가 우리에게 갖추어져 있는 면역력만 제대로 유지한다면, 슈퍼독감이건 다른 무엇이건 간에 우리의 생명에 지장은 없다. 문제는 어떤 특정한 이유로 면역력이 약해지는 때이다. 이 때 무슨 세균이나 바이러스에 노출이 되면, 그때 우리는 우리의 몸을 지켜낼 수가 없게 된다. 독감은 바이러스에 의한 질병이다. 그리고 이 바이러스는 워낙 변이가 심해서 그 어떤 약으로도 잡을 수가 없다. 오로지 정상적인 인간의 면역력만이 우리를 지켜줄 수 있다.

이런 의미에서 제2차세계대전 당시의 슈퍼독감은 한마디로 세계대전의 후유증으로 생각해야 할 필요가 있다고 본다. 기아로 인한 영양 결핍, 죽음의 공포 그리고 환경파괴…… 이런 것들이 전쟁의 부산물이고, 이에 수많은 사람들의 면역체계에 문제가 발생했다고 본다. 여기서 슈퍼독감이 발병한 것이리라. 그리고 그 경우, 그 독감은 치명적이었으리라.

여기서 우리는 인간의 생명을 위협하는 '질병'의 진정한 기원은, 기아로 인한 영양 결핍과 생존의 불안감으로 인한 스트레스 그리고 오염된 환경 등이라고 생각한다. 이것들이 인간의 자연적 면역력과 시스템을 붕괴시키기 때문이다.

나는 설사 에이즈를 일으킨다고 하는 'HIV'가 존재하고 있다 해도, 그것이 문란한 성관계나 동성연애와 직접적으로 관련이 있다거나, 그것이 피로써 전염이 된다는 이론을 받아들이기가 불쾌하다. 그리고 그 질병이 아프리카와 아시아의 후진국에서 창궐하고 있다는 것에 대해서는 도저히 인정하기가 싫다. 무슨 구약성경의 소돔과 고모라 이야기의 현대적 버전인가? 그리고 아프리카 사람들은 죄다 섹스에 환장했고, 동성연애에 눈이 멀었다는 것인가? 세끼 밥 벌어먹지도 못하는 사람들이 무슨 섹스광이며 동성연애자들이란 말인가?

사실 에이즈가 다른 감기 종류와 증상적인 차원에서 구별되는 것은 없다. 모두 면역력 약화이고, 그에 따른 후유증과 합병증이 문제가 된다. 죽더라도 그 자체 때문에 죽는 것이 아니다. 그런데 단지 그 두 질병은 원인이 다를 뿐이다. 섹스, 동성애 그리고 피, 그 결과로서의 HIV, 이것이 에이즈인 것이다.

오히려 그것이 에이즈이건 에이즈 할아버지 이건 간에, 서구 문명으로 인한 극단적 환경 파괴와 서구 문명의 조종하에 진행된 오랜 내전으로 인한 극단적 영양 결핍과 생존에 대한 공포들…… 이런 것들이 그들의 면역력을 집단적으로 약화시킨 것이 아닌가? 결국 못 먹고 오염된 환경에서 살며 삶에 대해서 절망하는 것이 그들을 사지로 몰아붙이는 것이 아닌가?

만일 이것이 사실이면, 누군가 잘난 '백신'을 계발해 낸다한들, 치료될 리가 만무하다. 몸이 이미 끝장난 사람들에게 무슨 약을 먹인다고 무슨 효과가 나겠냔 말이다.

그래서 진정 현대의 흑사병이라 불리는 에이즈를 치료하고 싶다면, 실험실에 처박혀서 UFO 같은 HIV나 찾아다닐 것이 아니라 그들의 기아와 가난, 환경문제 그리고 마지막으로 그들의 상처받고 절망한 영혼을 돌보는 것이 제대로 된 길이라고 생각한다. 가난과 기아, 오염된 환경 그리고 스트레스와 절망, 이것이야말로 진정한 HIV의 모습이 아닐까?

실제로 장애인들은 비장애인들보다 수명이 평균적으로 '20년'이나 짧다. 그 이유는 '철저하게' 심리적 스트레스다. 즉 비장애인들은 하루하루 장애인들을 죽이려 하는 것이고, 장애인들은 그 적개심과 차별 앞에서 고통 받고 스트레스를 받아서 금방 죽게 되는 것이다.

그리고 오염된 환경 특히 공기·수질 오염과 음식 오염과 거기에 더해서 무차별적인 항생제 남용으로 인한 인간의 면역력 약화와 파괴는 인간을 생존의 위기에 빠뜨리게 한다. 그런 이유로 가난한 사람들이 더 금방 죽는 것이다.

인류 최악의 질병 에이즈는 이 모든 모순들이 총체적으로 결합이 되어있다. '에이즈'는 반인권적인 상황에서 일어나는 질병이다. 영혼을 가지고 있으며 존엄한 인간이 인간으로서 제대로 살 수 없는 곳에 바로 에이즈가 창궐하는 것이다. 지금 아프리카와 아시아의 일부 국가들에서 에이즈가 창궐해있다는 것은 그곳이 사람 살만한 곳이 아니라는 것을 의미한다. 그리고 그곳들에 인류의 모든 죄와 문명적 모순이 집결되어있다는 것이다.

영화 〈벤허〉를 보면, 많은 나병(한센병) 환자들이 나온다. 이들은 사람들 앞에 나올 권리도 없었다. 그들은 '죄인'이었기 때문이다. 그리고 그들의 병은 다른 사람들에게 전염되는 것이었기에 사람들은 모두 그들을 저주했고 비난했다. "이 죄인들아!"

그러나 당시 로마인들은 나병에 걸리지 않았다. 그 병 역시, 소외되고 차별받는 사람들만 걸렸다. 그리고는 다시 죄인이 되는 것이다. 어떤 모순으로 인한 희생자가 그 모순의 책임까지 지고 비난당해야 한다는 것은 부조리하지 않은가?

후에 이 나병이 비록 한센이라는 의사에 의해서 '죄'가 아닌 '균'에 의해 생기는 병이라는 것이 밝혀졌지만, 그래서 현재 그 병에 대한 '신학적 저주'는 풀렸지만, 아직까지도 그 '형이상학적 환상'은 깨지지 않고 있으며 이 형이상학적 환상이 깨지지 않는 한, 에이즈는 그 무시무시한 위세를 유지할 것이다.

나병의 경우 잠복기가 수십 년까지 확장되어있으며, 아직도 정확한 감염 경로가 밝혀지지 않았다고 한다. 지금 장난하고 있나? 우리는 아직도 이 나병에 대해서도 하나도 모르고 있다는 것이다. 비록 그것이 이제는 거의 완전하게 치료가 되기는 하지만, 이것은 하나의 우연적 결과일 뿐이다. 그리고 그만큼 이 나병이 큰 병이 아니라는 것을 의미하는 것이다. 병의 진행도 잘 모르고 감염 과정도 모르는데 치료가 된다? 웃을 일이다. 운이 좋은 것일 뿐이다.

그러나 에이즈는 다르다. 에이즈는 치료 불가능하다. 우리가 아는 것은 오로지 원인일 뿐이다. 우리는 감염 경로도 너무 잘 알고 있다. 문란한 성생활, 동성애 그리고 피를 통해서……

원자론과 질병 미생물론에 빠져 있는 의학자들은 아직도 그 HIV를 찾으려 혈안이 되어있고, 그것을 분리 추출해하고 싶어 안달이 나있다. 그러나 아직도 '독립적인' 상태에서의 HIV를 본 사람은 아무도 없다. 그리고 혈우병 환자들은 거의 다 HIV양성판정을 받는 심각한 사태가 벌어지고 있다.

우리나라의 전통 의학인 한의학은 물론이거니와 서양 의학의 아버지인 히포크라테스는 의료행위를 할 때, 환자의 심리적 상태를 끌어올리는 의사의 도덕성을 강조했고 약물과 인위적 치료보다는 '자연적 환경'을 중시했다고 한다. 그 역시, 심리적 안정과 평화 그리고 살기에 좋은 환경과 영양 상태 등을 마련해서 인간의 면역력과 자연치유력을 극대화시키려 했다는 것이다. 그리고 그는 인간의 몸은 단순한 부분들의 결합물이 아닌, 하나의 우주와도 같은 유기체로 봤기에 인위적인 치료행위나 수술 같은 것을 지양했다고 한다.

몇 년 전에 모 시민단체에서 서울과 인천에 있는 모든 종류의 병원에 공문을 보내 암 3기 환자를 3년 이상 생존시킨 사례가 있는 병원을 수소문 했다고 한다. 그 결과 일반 병원의 경우 단 한건도 보고 되지 않았다고 한다. 즉 암 3기면 모든 종류의 의술이 무의미하다는 것이다.

그런데 오직 한 병원, 인천의 모 한의원에서 환자들 중 20%를 3년 이상 생존시켰다는 보고가 있었다고 한다. 그리고 그 치료술은 그저 인간의 자연치유력을 극대화시키는 것이었다고 한다. 의사는 환자의 심리 상태를 돌보고, 환자에게 가장 좋은 환경을 제공함으로써 환자 스스로 살아나게끔 한 것이다. 끔찍한 방사선 치료와 독극물 칵테일 치료 같은 것은 없었다. 물론 그렇게 했다고 모두가 살아난 것은 아니다. 그러나 몇 명은 살 수 있었다.

에이즈 치료의 경우, 의사들은 HIV의 존재도 찾지 못한 상태에서 오로지 '면역 계측치'만을 가지고 환자에게 끔찍한 독극물을 투여하고 있다. 에이즈의 치료제라고 알려진 것이 과거에는 항암제였고 그 독성이 너무 강해서 항암 치료 시, 사용이 금지된 약물이라는 것을 아는 사람은 거의 없다. 사실상 에이즈 치료 행위는 없다. 단지 그렇게 보일 뿐이다.

이런 상태에서 환자들은 온갖 도덕적 비난과 죄의식과 공포로 시달리게 된다. 안팎으로 독을 들여 마시는 것이다. 누구라도, 심지어 헤라클레스조차도 이런 상황에선 오래 살지 못할 것이다. 자살이라도 할 것이다. 서양 의학은 자신들의 한계를 신학적 코드를 이용해서 은폐하고 있다.

에이즈는 서구 문명의 질병이다. 그것은 어떤 의미에선 존재하지 않는 '상자 안의 딱정벌레'다. 모두 다 있다는 것을 전제로 뭔가를, 하지만 사실은 존재하지 않는 것 말이다. 서구 문명의 패러다임인 '시각적 사유', '연금술적 비의적 태도', '원자론' 이 세 가지의 유산에 유태주의적 마인드와 '성과 피에 대한 두려움'이 어우러지고, 이에 더해서 근·현대의 제국주의와 자본주의의 야만성이 덧칠해져서 이루어진 '최종적 결정판' 말이다. 그래서 서구 합리주의와 유태적 기독교 그리고 제국주의·자본주의 이 세 가지 중에서 어느 하

나에도 걸려 있으면, 절대로 빠져 나갈 수 없는 막힌 골목의 미로
인 것이다.

석가모니는 이런 질병의 본질을 잘 알고 있었던 것 같다. 인간으
로 태어난 이상, 그 어느 사유·문화·문명에서도 질병 자체를 완
전히 해결할 수 있는 방법을 찾을 수는 없다는 것을 알고 있었던
것 같다. 그리고 오히려 많은 경우 그것들 때문에 치명적인 질병이
발생한다는 것을 알고 있었던 것 같다.

이 경우, 우리는 사유·문화·문명의 빛으로써 모든 질병을 치유
하는 시도를 하는 대신, 그것들의 야만과 어둠으로 인해서 생긴 질
병들을 치유하는 노력을 해야 하지 않을까?

우상에 대하여

우리는 성경을 보거나 혹은 불교 교리를 공부할 때마다 그 두 종교에서 '우상'을 매우 경계한다는 것을 알게 된다. 특히 기독교에서 우상에 대한 경계와 반감은 매우 극단적일 정도이다. 출애굽기를 보면, 모세가 하느님으로부터 십계를 받으려 호렙산으로 올라간 사이 모세와 신의 부재에 불안해하던 이스라엘 사람들이 황금 송아지를 숭배하는 일이 벌어지는데, 이에 하느님은 무려 3000명의 이스라엘 백성을 학살시키는 벌까지 내릴 정도다.

사실 이 때, 이스라엘 백성들이 숭배했다는 '송아지'는 일종의 농경신이자 '생산력'의 신이었다. 그리고 이런 의미에서 이스라엘 백성들은 매우 기괴하고 악마적인 것을 숭배한 것이 아니었던 것이다. 어떤 의미에서 그들은 매우 보편적으로 알려진 신을 섬기려 했을 뿐이다. 그런데도 불구하고 성경에 의하면, 하느님은 그들을 용서하지 않았던 것이다.

이런 우상숭배에 대한 논란은 현대에 이르기까지, 우리나라의 경우에도 매우 진지하게 다루어지고 있다. 기독교 특히 개신교의 우상숭배에 대한 경계와 알레르기성 반응은 급기야는 우리 민족의 기본적 전통마저 부정하는 결과를 초래하기도 한다. 제사와 조상에 대한 절을 금지한다는 것이 바로 그것이다. 이는 가깝게는 우리의 유교적 전통 그리고 더 나아가서는 우리민족 문화의 골수에 놓여 있는 조상과 부모에 대한 존경과 숭배적 전통을 뿌리부터 부정한다는 것을 의미한다.

나는 이런 현상들을 볼 때마다, '우상'의 의미에 대해서 진지하게 생각해보곤 한다. 무엇을 일러 우리는 우상이라 하는가? 그리고 그때, 그 '우상'은 무엇이 문제가 되는 것일까?

1. 우상은 신의 무한성을 부정하게 만든다

본래적인 의미에서 신이 신이기 위해 가장 근본적으로 요구되는 것은 '무한성'이다. 신은 영원하고 전체이며 그러기 위해선 신은 반드시 무한한 그 무엇이다. 이 말은, 신은 그 어떤 종류의 '제한'이나 '제약'을 갖지 않는다는 것이다.

바로 이런 의미에서 토마스 아퀴나스는 사물의 제한성을 의미하는 '본질'이라는 사태를 신으로부터 배제시켰던 것이다. 그에 의하면, '본질'은 '피조된 것들' 즉 신이 창조한 사물들에게 해당되는 징표가 된다. 그런 이유로, 신은 그 어떤 종류의 본질도 가지고 있지 않다. 신은 본질이 없다.

신은 그 어떤 본질도 갖고 있지 않다는 바로 그 이유로 신은 우리의 언어와 사고에 의해서 '지칭되고', '파악되지 않는다.' 그래서 신은 이름이 없으며, 절대로 의식에 의해 표상되거나 감각적으로 포착되지 않는다. '신'이라는 단어는 그래서 사실은 그 어떤 것도 지칭하는 것이 없는, 비트겐슈타인 적으로 말하면, 무의미한 것이거나 비의미적인 것. 그래서 이름이 아니다. 그래서 신은 그 어떤 것도 아니며 차라리 무이거나 무와 유사한 그 무엇일 뿐이다.

이런 이유로 그 누구도 신의 이름을 알지 못하며, 정의 내리지 못하며, 볼 수 없는 것이다. 그런 이유로 신은 출애굽기에서 모세 앞에 불타는 떨기나무로 화해서 나타나고, 모세는 신을 볼 수가 없었던 것이다.

바로 우상은 이런 신의 무한성을 정면으로 부정하는 것이다. 신을 그 어떤 식으로든 간에 '제한시키는 것' 그것이 우상인 것이다. 우상은 이런 의미에서 우리 인간의 본능적 욕구에서 나온 결과라고 할 수 있다. 우리의 본능은 존재하는 사물을 늘 특정한 방식으로 '고정화시키고', '제한시키려'한다. 생존의 불안과 그에 따른 타자 정복욕 때문이다. 오로지 타자를 그 본래성에서 소외시켜서 자기 식대로 규정하고 제한하고 환원시켜서 지배하려는 것, 이런 생존의지에서 우상은 탄생하는 것이다.

그러나 당연하게도 신은 우상화를 가장 완강히 거부하며, 우리의 동일자화의지로부터 영원히 이탈하고, 그 자신을 우리로부터 절대적인 타자의 자리에 머무르게 한다. 이는 신의 당연한 행위이다.

2. 우상은 신의 초월성을 부정하려 한다

사람들이 일단 신을 우상화시킬 경우, 즉 신을 송아지로 보건 다른 무엇으로 보건 간에, 인간은 신을 어떤 특정 사물로 표현하기에 이른다. 누군가는 그것을 나무로, 누군가는 그것을 돌로 그리고 다른 누군가는 신을 금으로 표현하려 한다.

이 경우 인간은 신을 '내재적인' 사물들과 유사한 그 무엇으로 이해하려 하게 된다. 그러나 중요한 사실은 내재적인 것들(the immanent)은 그 어느 것도 영원하지도 않고, 무제한적이지도 않다. 그러나 신은 고갈되지 않는다. 그래서 신은 영원한 것이다. 이런 신의 영구성, 비고갈성을 설명하기 위해서는 신은 초월적인 존재라는 것이 인정되어야만 한다.

3. 우상은 신의 유일성을 부정한다

절대 타자이자 전체로서의 신은 유일할 수밖에 없게 된다. 이 경우 '하나'라는 것은 그것의 '수'를 의미하기보다는, 신의 전체성을 설명해주는 용어인 것이다. 신은 가능한 한 전체인 이유로, 수적으로 하나일 수밖에 없으며 신밖에는 아무 것도 있지 않게 된다. 신은 자신의 배후에 다른 그 무엇을 인정하지 않는다. 신은 처음이자 끝이요, 중심이자 변두리가 되는 것이다.

우상은 그것이 아무리 탁월한 방식일지라도 신을 제한하며, 내재화시킴으로써 그 배후에 아무 것도 인정하지 않는, 신의 유일성을 부정하게 되는 것이다. 바람을 믿건 소를 믿건 그것들이 제아무리 위대하고 강력하다 한들, 그것들은 전체적인 것들이 아닌 이유로 다른 타자와 배후를 인정할 수밖에 없는 것이다.

4. 우상은 신의 최고 존귀성을 부정한다

천상천하 유아독존, 이는 신을 두고 하는 말이다. 신은 무한하고 절대적으로 초월적이며 유일한 이유로, 이 세계, 이 우주 그리고 과거와 현재, 미래를 통틀어 그보다 위대하고 존귀한 것은 있을 수가 없는 것이다.

그러나 신을, 그 어떤 식으로든 간에 우상화시킬 경우, 신은 자신의 존귀성을 박탈당하게 된다. 그때 신은 다른 귀한 사물들과 등가적인 그 무엇이 되거나 혹은 다른 것들과의 잠정적이고 유동적인 '비교'에 의해서만 그 가치를 인정받게 된다. 예를 들어, 금이 아무리 귀해도 그것이 이 세상에서 가장 고귀한 것도 아니고 언제나 고귀한 것도 아니다. 그러나 신은 가장 고귀하며 언제나 그렇다.

이런 이유로 신의 무한성, 초월성, 유일성, 최고 존귀성은 우리의 일상적 세계이해방식과 태도로써는 결코 해명되고 이해될 수없는 것들이다. 그것들은 그 나름의 고유한 이해의 길을 우리에게 제시하고 그것에 우리가 순종하기를 원할 뿐이다.

그런데 진짜 문제는 이제 시작한다.

이런 우상에 대한 이해를 원칙적으로 몰고 갈 경우, 우리는 모든 종류의 종교 예술과 의례 그리고 건축물 모두를 '우상'이라고 규정해야만 하는 난처한 결론에 도달할 수밖에 없다. 왜냐하면 그것들이 제아무리 아름답고 멋있고 성스럽고 대단한 것들일지라도, 그것들은 신 자체와는 근본적으로 비교될 수 있는 것들이 아니기 때문이다.

그리고 이 경우 우리는 모든 교회 십자가를 비롯한 모든 종류의 성물들 그리고 심지어는 성경책과 모든 종류의 신에 대한 책들, 기도들을 폐기해야만 하는 것이다. 신의 가장 완전한 본래성을 있는 그대로 지키려면, 우리는 모든 것을 파괴하고 완전히 포기하며 벙어리처럼 살아야 하는 것이다.

그러나 대다수의 기독교 신자들은 매주 일요일 교회를 가고 미사나 예배를 보면서, 십자가와 여러 성물들을 구하고 기도하고 노래하고 책을 읽는다. 엄밀하게 말하면, 이 모든 것들은 다 우상숭배인 것이다. 그것들에는 신이 없기 때문이다.

그럼 진정한 신앙을 지키기 위해서 우리는 그 모든 것을 폐기하고 포기해야만 하는 것인가?

사실, 초기 기독교와 초기 불교 시대엔 그 어떤 성물도 없었다. 그 어떤 성상도 없었다. 부처의 경우는 무려 그의 사후 500 여년이 지날 때까지 그는 그저 '보리수나무'로써 표현되었을 뿐이다. 그만큼 우상을 경계했던 것이다.

그러나 지금 교회와 절을 가면, 우리는 수많은 성상들과 불상들 그리고 아름다운 예술품들과 멋진 교회당과 절을 구경할 수 있다. 이것들의 의미는 무엇일까?

하나의 비유를 들자.

사랑하는 어머니가 돌아가셨다. 자식들은 어머니를 잃은 슬픔에 어찌할 바를 모른다. 그런데 어머니는 돌아가시기 직전에 자식들에게 당신의 옷가지며 평소에 아끼시던 물건들을 유품으로 나누어 주셨다. 그런 이유로, 자식들은 어머니 사후에도 그 유품들을 너무도 소중하게 보관하고 아끼며 어머니를 느낀다.

이 경우, 다른 누군가가 "그 유품들이 어머니도 아닌데, 뭐 하러 그것을 그리 소중히 하는가? 그것들이 어머니와 대치될 수 있는 것인가?"라고 묻는다면 사람들은 뭐라고 생각할까?

그 유품들이 어머니도 아니고, 그래서 어머니와 대치될 수 있는 것이 아니라는 것은 바보도 아는 사실이다. 그 어느 것도 어머니를 대치할 수 없다는 것, 이는 너무도 명백해서 따분하기까지 한 사실이다.

그러나 그렇다고 해서, 그 유품들이 무가치한 것들이며 다 폐기시켜야만 하는 것들인가? 그리고 그것들을 누군가가 강제로 빼앗아 가도 아무 문제가 되지 않는 것인가? 절대로 그렇지 않다.

그것들은 '우상'이 아니다. 그것들은 어머니와 대치될 수 없다. 그러나 그것들은 어머니를 '불러 모실 수 있다'. 그래서 그것은 하나의 '상징'인 것이다.

상징 즉 symbol은 그리스어 'symballein'에서 유래한 말로, 이는 '함께 던지다', 혹은 '짝을 맞추다'를 의미했다. 즉 이미 그 자체 이질적인 것들을 하나로 연결시키고 만나게 한다는 것이다. 그래서 상징은 두 사물 간의 이질성을 전제로 하면서도 그것들을 신비한 방식으로써 묶어주는 역할을 하는 것이다.

이런 의미에서 상징은 단순한 '지칭'이 아닌 것이며 따라서 상징어는 결코 '이름'과 그것들로 이루어진 '재현과 표상 또는 설명'이 아닌 것이다. 그래서 어머니와 어머니의 유품 사이에는 명백한 본래적인 차이가 전제되어있으며, 이런 한에서 그 둘은 서로 연결되는 것이다. 상징은 하나의 '매개물이자 연결자'이지 결코 '대치물·대체자'가 아닌 것이다. 이렇게 종교상의 모든 전통과 의식 그리고 유물 등은 그것들이 오로지 상징들인 한에서 그것들의 정당성을 획득할 수 있는 것이다. 즉 그것들은 우리와 하느님을 연결시켜주는 채널이 되는 것이다.

이 '상징'에 대한 이해는, 이를테면, 우상숭배를 가장 경계하는 기독교 자체를 위해서는 가장 필수적인 것이다. 그리고 동시에 기독교가 다른 문화권들의 이질적인 풍속과 문화를 감싸고 화해할 수 있는 수단인 것이다.

우리나라의 대표적 풍속인 제사를 지내는 것에 대한 개신교계의 반발은 사실, 그들이 '상징'에 대해서 매우 졸렬하고 위선적인 이중적 태도를 취하는 데서 기인하는 비극이라고 말할 수 있다. 살아생전에 부모님께 절을 할 때, 우리의 절과 부모님 사이에는 그 어떤 상징작용도 존재하지 않는다. 그러나 돌아가신 부모님께 절을 할 경우, 비록 똑같은 절이라 할지라도, 거기에는 반드시 '상징작용'이 들어가 있는 것이다. 그리고 그때의 상징작용은 '제사'라고 하는 의식 혹은 의례에 의해 정당화되는 것이다.

제사에서 부모님께 절을 하는 것을 우상숭배니 귀신을 믿는다니 하는 것은, 기본적으로 우리 전통에 대한 적개심과 무지에서 비롯된 야만인 것이다. 돌아가신 분들이, 유명을 달리 하신 분들이 어떻게 우리와 같은 계에서 관계를 가질 수 있단 말인가? 설사 부모님의 영혼이 살아계신다 한들, 그 분들의 영혼과 우리는 서로 함께 할 수 없는 것이다. 그리고 바로 이런 이유에서 우리는 '제사라는 의례와 절이라는 상징적 행위'를 통해서 그 분들과 상징적으로 만나는 것일 뿐이다.

따라서 이런 우리의 전통을 부정하고, 자식 된 도리와 부모에 대한 그리움의 마음을 '우상숭배'라고 규정하며 금기시한다는 것은 한 마디로 '반문화적 야만'을 의미할 뿐이다. 그것은 자신들의 도덕적 이중성과 지적 무능력 그리고 전통에 대한 적개심과 식민지 성을 스스로 폭로하는 꼴일 뿐이다.

누군가 그랬다. "왜 부모님께 절을 못하냐? 그래 그럼 부모님이 우상이냐?" 딱 맞는 말이다. 더 말할 필요도 없다.

그들에게 나는 이런 말을 하고 싶다. "아, 이 저열하고 가여운 우상의 자식들이여!!!"

🌰 중국의 수도는 뻬이찡인가?

얼마 전 서울시는 그동안 사용되었던 수도 '서울'의 한자 표기였던 '漢城'을 삭제하고, 대신 '서울'이라는 한글음가에 가까운 가차 단어인 '서우얼(首爾)'을 사용하기로 결정을 했다고 한다. 사실 그동안 사용되었던 '漢城'은 대한민국의 수도가 아닌, 근대조선의 수도명이다. 그리고 그 중국식 발음 역시 '서울'과는 전적으로 다른 '한청'이었으니, 이번 일은 이러저러한 면에서 매우 합리적인 결정이라고 생각한다.

그러나 나는 이번 일이 합리적인 것이었다고 생각하면서도 다른 한편으론, 근본적으로 뭔가 순서가 바뀐 것 같다는 생각이 든다. 나의 문제의식은 서울시에 대한 것이 아니다. 그보다는 보다 더 근본적인 것에서 시작한다.

내 기억으로는 얼마 전까지만 해도, 우리는 신문에서 '북경(北京)'이라는 단어나 모택동, 등소평 등등의 우리 한자 음가에 따른 중국에 관련된 단어들을 사용했었다. 그래서 한자에 비교적 익숙한 사람들의 경우는 어떤 혼란 없이도, 중국이나 또는 일본에 관련된 단어를 쉽게 이해할 수 있었다.

그런데 언제부터인가, 비록 같은 한자를 사용한다 할지라도, 한중일이 서로 그 음가가 다르고 따라서 우리가 중국의 지명이나 인명을 부를 때는 우리 음가에 따른 표기대신 중국음가에 비교적 가까운 음가표기를 해야 한다는 주장이 일어나게 되었고, 현재 이런 원칙은 우리 사회에서 보편적으로 통용되기에 이르렀다.

그래서 지금은 '북경' 대신, '베이찡'을 '모택동' 대신 '마오쩌뚱'을 공식적으로 사용하고 있다. 그리고 일본의 동경도 '도꾜'라고 부르고 있다.

그러나 내 생각으로는 이런 식의 사용은 뭔가 매우 중요하고 소중한, 근본적인 것에 대한 '망각'에서 비롯된 수치스러운 해프닝이라는 의혹을 지울 수가 없다.

사실 중국에 가면 분명 '북경'은 없고 '베이찡'은 있다. 그리고 모택동은 없어도 마오쩌뚱은 있다. 그러나 이보다 더욱 분명한 사실들은 다음과 같다.

첫째, 중국에 가면 '한국'도 없고 '한국인'도 없다. 대신 '한꿔'와 '한꿔뤈'이 있고, 우리의 대통령인 '노무현'도 없다. 대신 '루우쉬안'이 있으며, 한류의 대표 격인 안재욱 대신 '안짜이쉬'가 있다.

누구든지 중국에 가서, "너 한국의 스타 안재욱 아니?"하고 물어보라. 이 경우, 중국인들은 "그런 사람 없다!"라고 답할 것이다. 이런 사정은 비단 중국만의 경우도 아니어서, 만일 우리가 일본에 가서 "너희들 한국의 슈퍼스타 배용준 아니?"하고 물어보라. 그럼 그들은 "배용준은 없고, 욘사마는 있다."라고 말할 것이다.

둘째, 얼마 전 우리는 우리가 수십 년 동안 남녀노소 누구나 사용해 왔었던 정겨운 중국요리 '짜장면'과 '짬뽕'을 강제적으로 빼앗겼다. 대신, 생뚱맞기 그지없고 어색해서 웃음마저 나오는 '자장면'과 '짬봉'을 먹게 되었다.

그러나 한번 중국에 가보라. 중국 전역을 다 돌아봐도 결코 '자장면'도 '짬봉'도 찾을 수 없을 것이다. 그 어느 중국 정통 요리점에 가도 거기 주방장들은 그 이름들조차 모를 것이다. 그 이유는 간단하다. 그 짜장면과 짬뽕은 바로 우리 조국의 한 지역인 '인천'에서 만들어진 것들이기 때문이다.

셋째, 그렇게 한자의 현지 발음음가원칙이 중요하다면, 우리는 앞으로 '중국' 대신 '쭝꿔'라고 해야 할 것이며, '일본' 대신 '니혼'이라고 불러야 할 것이다. 그래서 앞으로는 "쭝꿔뤈들은 쭝꿔의 전 지도자 마오쩌뚱을 증오하고 있으며……"라는 식으로 써야 할 것이다. 사실 '중국의 수도 뻬이찡'이라는 표현만큼 웃기는 것은 없기 때문이다. '중국의 수도 북경' 이거나 '쭝꿔의 수도 뻬이찡'이라고 하는 것이 일관성이 있어 보이기 때문이다.

한글학회를 비롯한 일반적 한국인들의 의식 속에는 '한글'은 우리말, '한자'는 '중국말'이라는 정말 해괴한 이데올로기가 있다. 그런데 이 이데올로기는 현재 너무나 상식적인 것으로 받아들여져서 거의 어느 누구도 토를 달지 않는다. 그리고 신문의 '한글전용'이 무슨 '애국심'의 발로인 양 착각을 하고 있다.

그리고 만일 누군가 왜 '한자'가 중국 것이냐?하고 묻기라도 하면, '한자'라는 말이 '漢字'이고 또 한자의 쓰임이 우리말과 매우 다르며 거기에 더해서 그러다보니 우리 민족은 우리 글자가 없었기에 오랜 세월 동안 중국 글자를 힘들게 차용했었다는 식으로 말을 할 것이다.

그러나 이는 명백한 오류다. 이데올로기의 문제는 언제나 오류를 참으로 참을 오류로 왜곡한다는 것에 있다.

만일 한자가 '漢字'이기에 중국어라면, 우리 근대조선의 수도인 '漢城'은 우리나라에 있었던 지역이 아니라 중국의 지명이었던가? 그리고 우리 전통 의학인 '漢醫學'(요즘에는 韓醫學이라고 쓰기도 함)은 중국의 의학인가?

한의학의 역사를 공부하다 보면, 한의학의 기원은 중국의 漢나라 이전까지 거슬러 올라간다. 공식적 자료들에 의하면, 한의학의 기원은 소위 三皇五帝시절까지 거슬러 올라간다. 우리가 아는 한의학의 전설적 인물들인 '신농'과 '황제'의 경우가 그러하다. 그리고 현존하는 가장 오래된, 한의학 서적인 '황제내경'의 경우는 '춘추전국시대'에 저술되었다고 알려져 있다.

그래서 한의학의 고전과 기본 틀은 모두 소위 중국의 주류인 漢族들의 신화적 기원인 漢나라 이전에 저술·확립되었음을 쉽게 알 수 있다. 더해서 흥미로운 사실은, 현재 '漢醫學'이라는 단어는 정작 중국 본토에서는 사용되지 않는다. 그들은 대신 '中醫學'이라는 단어를 사용하고 있다.

따라서 한자가 비록 '漢字'라고 해서, 그 한자에 대한 특권적이고 독점적인 권리가 '중국'에 귀속될 수는 없는 것이다.

또한 중국 철학을 공부하는 사람들에 의하면, 현재 우리에게 익숙한 중국어 용법 또는 한자의 사용규칙인 한자문법은 중국의 한나라 이후에나 성립이 되어서 당송시대를 거치면서 확고해진 것이라 한다. 그러다보니, 고대의 문헌을 독해할 때 현재의 문법으로 읽어 내릴 수가 없다고 한다.

결국 漢字는 漢나라 이전부터 있었던 문자이고, 이것이 중국의 역사 속에서 漢族들이 전성기를 맞이했던 '한-당-송' 시기에 현재의 한문 문법에 따른 중국글로 발전하게 된 것이다. 따라서 우리는 '漢字'는 '중국어'와는 다른 것이라는 사실을 알게 된다.

'漢字＝중국어' ---〉 이것이 바로 허구적 이데올로기인 것이다.

이에 대해서 혹자는 "전통적으로 우리나라와 일본은 한자가 외국 문자였던 탓에 어려움을 느껴서, 각자의 시정에 따라 우리나라는 '이두'를 만들었고 일본은 현재 히라가나, 한자, 가타카나 등을 사용하는 것 아닌가?"라고 물을 수 있다. 그러나 나는 이런 사실이 결코 한자가 중국어임을 증명하는 근거가 될 수 없다고 확신한다.

사실, 한자는 매우 어려운 문자다. 그래서 역사적으로 거의 지배층의 경우에만 국한되어서 배타적으로 쓰여졌던 문자였었다. 그런데 나의 견해로는, 이런 한자의 어려움은 '계급'상의 문제이지 '민족문화'의 차원은 아니라는 것이다. 즉 우리나라가 오래 전부터 이두를 사용했었다는 것 그리고 한글을 쓰게 된 것이, 우리가 오랜 세월 동안 외국어인 한자를 사용해온 데서 기인한 것은 아니라는 것이다.

만일, '이두'의 사용이 한자가 외국어였다는 것에 대한 증거라고 한다면, 우리는 현재 중국에서의 '백화문' 즉 '간자사용'에 대해서도 동일한 논리를 적용해야 한다고 본다.

따라서 한자의 난해함과 사용상의 어려움은, 이질적 문화 차원에서의 문제가 아니라, 일종의 계급차원에서의 문제라고 보는 것이 보다 설득력이 있다고 본다.

그럼 '한자'의 진정한 정체성은 무엇일까? 나의 견해로는, 한자는 고래부터 동아시아 문화권에서 보편적으로 사용되었던, 일종의 '알파벳'라는 것이다. 그래서 한자에 대한 권리는 漢族만도 아니고 그렇다고 중국만도 아닌, 우리나라와 일본 또는 전통적으로 한자를 썼던 아시아 여러 나라가 동등하게 소유하는 것이라고 생각한다.

漢字는 특히 동아시아의 알파벳이다. 서구의 알파벳이 특정한 국가 또는 민족에게 배타적이고 독점적으로 귀속되는 것이 아니듯이, 한자 역시 동아시아의 여러 나라가 동등한 권리를 가지는 문자인 것이다.

그리고 한자가 동아시아의 알파벳인 이유로, 그것은 나라마다 고유한 음가를 가진다. 그래서 중국의 한자 음가와 한국의 한자 음가 그리고 일본의 한자 음가가 서로 다른 것이며, 바로 이런 이유에서 동일한 단어들이 서로 다른 나라들에서 각기 서로 다르게 발음될 수 있는 것이다. 그리고 그 음가에 대해서는 각각의 나라마다 동등한 권리를 가지는 것이다.

서양의 경우, 그들 역시 서로 다른 언어들로 나뉘어있음에도 불구하고, 그들은 거의 유사한 하나의 알파벳을 가지고 있고 그에 따라 각기 고유한 음가를 가지고 있으며 그 사용 권리를 가지고 있다.

그러다보니, 영어권에서는 프랑스의 '빠리'를 '빠리'라 하지 않고 '패리스'라고 하며, 이탈리아의 로마를 '롬'이라 한다. 더 나아가 프랑스의 철학자 '들뢰즈'를 '들루즈'라 부르며, 심지어 아우구스티누스를 '어거스틴, 예수마저 '지저스'라고 부르는 것이다. 이는 반대의 경우에도 참이어서, 프랑스 사람이나 독일 사람들 역시 미국이나 영국의 지명이나 사람 이름 또는 개념들을 사용할 때 자기들의 음가대로 발음을 하는 것이다. 그래서 '커뮤니케이션'을 프랑스인들은 '꼬뮈니까씨옹'이라 하는 것이다.

알파벳을 공유하는 한에서, 그것은 특정 어느 나라만의 배타적 소유물이 아닌 이유로, 각기 다른 나라마다 자기들만의 발음의 권리가 있는 것이며 자연스럽게 자기들대로 사용하는 것이다.

따라서 '한자'가 결코 중국어(그것도 무식하고 제국주의적인 속지주의적인 원칙에 따라 규정된)가 아닌 한에서, 우리나라를 비롯한 중국과 일본은 각자 그들 나라마다의 한자 '음가 권리'를 소유하고 있는 것이며 최소한 각기 '자국 내'에서는 타국과 타국의 지역이나 인명 등등의 단어들에 대해서 자국의 '음가사용 권리'를 자연스럽게 소유하는 것이다.

따라서 우리나라는 중국을 '중꿔'라 할 필요도 없으며, 북경을 '뻬이찡', 모택동을 '마오쩌뚱'이라 발음·사용해야 할 아무 이유가 없는 것이다.

그리고 만에 하나, 한자가 중국어라면 우리는 중국을 '중꿔'라고 발음해야 하고 심지어 우리 한국도 '한꿔'라 해야 하며, 일본 역시 '욘사마'는 고사하고 자기들 나라마저 '니혼'이라 부를 수 없는 것이다,

중국의 경우 그들은 얼마 전까지만 해도 우리 수도를 漢城이라고 자기들 맘대로 사용했으며, 거기에 한 술 더 떠서 '한청'이라고 발음해왔었다. 그래서 이번에 우리나라가 그들을 '특별 배려'까지 하면서, '서우얼(首爾)'이라고까지 해주었는데도 불구하고, 자기들 맘대로 불만을 토로하며 우리의 배려를 받아들이지 않으려 하기까지 한다.

이런 중국의 처사는 말 그대로, 우리의 처사와는 180도 차이를 보인다. 이는 그들이 생고집 정신 실종 제국주의적 마인드를 보이는 것인데 반해서, 우리나라는 자기 것도 못 찾아 먹는 얼빠진 식민주의와 사대주의의 마인드를 고백하는 것으로써 이 둘 서로가 상보적 관계를 형성한다는 것을 보여준다.

우리의 독립과 자주는 상대의 반성만으로 얻어지는 것이 아니다. 그것은 그보다 앞선, 우리 자신의 자각에서 보다 더 본질적으로 가능해지는 것이다.

나는 '짜장면'과 '짬뽕'을 먹고 싶다. 그리고 일찍이 공자를 '콩쯔'라고 하면서 인기를 끌었던 개날라리를 국외추방 시켜버리고 싶다.

🌸 술로 흥청대던 망년회가 오히려 그립다

노조라는 것이 아예 없는, 국내 최대 대기업인 삼성은 술자리와 망년회 문화도 주도적으로 변화시키고 있다. 그들은 술자리로 휘청거리는 망년회 문화를 깨끗하고 건전하게 변화시킬 필요가 있다고 생각, 대낮에 고급스럽고 화사한 식당에서 조촐하게 송년회를 하고 술 파티가 벌어지는 시간 이전에 마칠 계획이라고 한다.

이제까지 우리나라의 12월은 술이 넘쳐나던 시즌이었다. 사람들은 성탄절이다 망년회다 해서 매주 주말이면 으레 이런저런 모임에 참석하게 되고, 그때마다 술독에 빠지게 되곤 했던 것이다. 이런 문화는 때로 비판의 대상이 되기도 하고, 그에 따라 사회적인 시정 노력까지 있어왔었지만 별 효과는 보지 못했던 것이 사실이다.

그런데 최근 몇 년 사이 경제적인 이유를 비롯한 여러 이유로 이런 흥청망청 문화가 과거에 비해서 엄청나게 위축된 것으로 보이며, 이제는 전 사회적으로 어느 정도의 공감대가 형성, 개인들이 자발적으로 이런 건전한 문화운동을 수행하기 시작하는 것으로 보인다.

내 경우 불과 몇 년 전까지만 해도, 적어도 일주일에 한 번은 술에 푹 담가져야만 했었다. 신촌의 wood stock에서 시작된 술자리는 록까페를 비롯한 여러 곳을 옮겨 다니다가 새벽 5시가 되어서야 마쳐지곤 했었다. 물론 때로는 몇 시간 더 연장되기도 했었다. 그리고 아침에 초췌한 모습으로 지하철을 타고 집에 올 때면, 아침 일찍 부지런히 직장에 출근하는 사람들과 얼굴을 마주쳐야 하는, 좀 어색하고 우스꽝스런 장면이 연출되어야 했었다.

내 경우, 돌이켜 보건데, 그 날을 제외하곤 나머지 날들은 정말 건전했다. 공부도 나름대로 열성적으로 하고 생각도 많이 하고 늘 진지했던 것 같다. 돈은 오로지 책 사는 것에만 쓰고, 학교와 집만 아는 그런 패턴으로 살았었다. 그러나 일주일에 적어도 한 번은 '신나고 싶었고', '신나야 했었다'.

아마도 현대에 스페인만큼 놀이와 축제가 살아있는 나라도 드물 것이다. 몇 년 전 우연히 텔레비전에서 스페인 '산 페르민 축제'를 본 적이 있었다. 이 축제는 전 세계적으로 이미 너무 많이 알려진 축제로서, 길거리에 황소들을 잔뜩 풀어놓고 사람들이 앞에서 도망가는 것이다. 그러면 놀란 황소들이 사람들을 쫓아가고, 그러다보면 거리는 말 그대로 아수라장이 된다. 부상당하는 사람들이 속출하고 심지어는 죽기까지 한다. 텔레비전으로 그 축제를 볼 때면 정말 비현실적이고 어리석게도 느껴지지만, 가끔은 정말 '신난다!', '한 번 해봤으면, 아으……'하고 생각한다.

또한 스페인에는 토마토 축제도 있다. 사람들이 편을 나누어서 토마토를 무기삼아 서로 던지고 맞히고 하는 축제다. 이는 어린 시절 눈싸움을 연상시키면서도 그 이상의 흥분과 재미를 느끼게 한다. 정말 다른 축제는 몰라도 이 축제만큼은 정말 참여하고 싶고, 또 왠지 잘 할 수 있을 것 같다는 자신감이 들기까지 한다.

그런데 이런 축제들에 대한 사람들의 일반적이고 상식적인 평가는 '이해할 수 없음'과 '낭비'다. 사람들은 말한다. "거참, 살기가 편한가봐. 일하기도 바쁜데 저런 걸 하니……. 아니, 저러다 다치기라도 하면 어쩌려고…… 저거 한다고 떡이 나와, 밥이 나와. 정말 할 일 없는 사람들이네." 그들의 눈에 스페인의 광란의 축제들은 '어리석음'과 '시간 낭비' 그리고 '사치'일 뿐이다. 그리고 이들의 지적은 놀랍도록 정확하다!

석가모니처럼 완벽하고 참되게 깨달은 사람의 눈에 이 세계는 '선'도 아니고 '악'도 아니다. 그리고 '성스러운' 세계만도 아니고 '속된' 세계만도 아니다. 그는 언제나 완벽할 정도의 균형 감각을 유지하며 '중간에' 서 있기 때문이다. 그는 일종의 줄타기 선수이며, 기가 막힐 정도로 '가운데 길'을 잘 가는 사람이다.

그러나 나를 비롯한 보통 사람들에게 이 세상은 낮과 밤, 남자와 여자, 삶과 죽음 그리고 성과 속, 종교와 일상의 세계로 나뉜다. 그래서 우리 같은 사람들의 의식 속에는 일종의 거대한 '분열'이 있다. 우리는 이 분열 속에서 휘청거리며 좌충우돌하며 산다. 때로는 어지러워하면서 또 때로는 그런 이중성을 즐기기도 한다. 이해는 잘 안 되지만 그럼에도 문제성을 심각하게는 생각지 않는다. 그저 우리에게 선천적으로 주어진 그 무엇 정도로 받아들일 뿐이다.

그런데 사실 이 정도의 의식 상태마저 시간이 가면서 이제는 점점 잊혀지고, 오로지 전적으로 이 양면적인 것들의 어느 한쪽만을 보며, 다른 쪽을 부정하는 그런 의식 상태가 일반화되기에 이르고 있다. 이런 이중성을 '일원화시키는' 의식화 작용이 일어나는 것이다. 이들에게 이런 이중성은 '부조리', '어리석음' 그리고 '차별'을 의미할 뿐이다. 그래서 그것들은 부정되고 해결되고 개선되고 한쪽으로 다른 한쪽이 환원되어 통합되어야 할 것들일 뿐이다.

그렇게 해서 이제 세상에는 오로지 '낮', '남자', '삶', '노동' 그리고 '금기'만이 존재한다. 우리는 늘 무엇은 하지 말라는 강제 조항 속에서 하루 종일 무언가를 생산해내야 하며, 노동할 수 있는 한에서만 의미를 부여받을 수 있는 그런 사회 시스템 속에서 힘겹게 살아가고 있다. 그럼으로써 '불면증'과 '일중독'에 빠져 있으며 '커리어 우먼'이 칭송받고 '기업형 교회'를 다니며 아주 작은 모임에 가입을 할 때조차도 산더미처럼 많은 금지조항들을 읽고 그 규칙들을 성실히 이행함을 '맹세'해야만 한다.

그런데 이처럼 생산적이고 모범적으로 사는 우리가 매일 아침 읽어보는 신문에는 언제나 간밤에 일어났던 여러 가지 사건 사고 혹은 미성년자와의 원조교제 그것도 아니면 필리핀 4박 5일 환상여행식의 관광 광고로 도배질이 되어있다. 우리는 그것들을 읽으면서 남의 집 불구경에 정신이 나가고 로리타 콤플렉스에 침 흘리며 열대의 해변의 환상을 꿈꾼다. "열심히 일한 당신, 떠나라!" "그럼, 난 떠날 일 없겠네ㅡ..ㅡ;;;"

신약 성경의 주기도문을 읽어보면, 예수께서는 다음과 같이 하느님께 기도한다. "하늘에 계신 우리 아버지, 아버지의 이름이 거룩히 빛나시며, 아버지의 뜻이 하늘에서와 같이 땅에서도 이루어지게 하소서. 오늘 우리에게 일용(日用)할 양식을 주옵시며…… 우리를 용서 하옵시며, 시험에 들지 말게 하옵시며, 악에서 구하소서." 나는 오래전부터 이 기도문을 읽을 때마다 '어쩜 이리도 현실과 정반대일까?'라는 생각을 하곤 했다. 그랬다. 예수님은 우리의 현실과는 정반대 혹은 모순적인 것을 기도하신 것이다. 이것이 의미하는 바 중의 하나는 그는 우리의 현실을 정확히 아셨던 것이다.

내가 이 기도문 중에서 주목하는 구절 중의 하나는 바로 '일용(日用)할'이다. 그 뜻은 간단하다. '그날그날 필요한 만큼만의'이다. 그 이상도 아니고 그 이하도 아니다. 즉 하느님의 그리고 그분이 다스리는 하늘나라의 참된 이치와 뜻은 '오로지 필요한 만큼의, 그래서 남김없이, 그러나 동시에 언제나 영원히'이다.

그러나 우리가 사는 현재의 이 세계는 한마디로 '무한 노동'과 '무한 축적'의 원리로 작동하고 있다.

우리는 흔히 이런 말을 하거나 듣곤 한다. "지금 열심히 해서 충분히 쓰고도 남을 만큼 벌어둬야 나중에 좋다." 혹은 "돈이라는 것이 쓰다보면, 제아무리 많아도 금방 다 쓴다." 그럼 결국 뭔가? 죽을 때까지 죽도록 벌어서 쌓아두어야 한다는 것 아닌가? 이는 바로 자본가의 윤리이자 행동강령이다.

죽을 때까지 벌어서 쌓아두어도 시원찮은데, 놀고 마시고 날리고 써 버리고 부순다? 그리고 스페인의 산 페르민 축제는 뭔가? 그리고 적어도 일주일에 한번은 술독에 빠지곤 했던 나는 뭐며, 망년회다 뭐다 해서 근 한 달을 술 퍼마시는 것으로 시간을 보냈던 기존의 한국인들은 뭔가?

옛 중국 기록에 의하면, 우리 민족은 주로 추수철이 되면 남녀가 어울려서 며칠 밤낮으로 춤을 추고 노래하며 놀았다고 한다. 그래서인지 우리 민족은 아직도 정말 놀기 좋아하고 노래를 잘 하며 술 또한 좋아하는 것 같다. 이런 우리 민족의 풍습은 고대의 변방이었던 '華夏族(지금의 중국의 한족)'들의 눈에는 보통 이상한 것이 아니었던 것 같다.

이런 축제기간이 되면, 남녀가 자유로이 만나고 밤낮으로 놀 수도 있고 술도 진탕 마실 수 있으며 심지어는 죄수들도 방면되었다. 또한 신분상의 차이도 없어져서 귀족과 하층민이 하나로 어울리며 말도 놓고 지냈다고 한다. 이런 풍습은 고려시대의 '팔관회'까지 이어진다.

그런데 이런 우리 민족의 축제들은 조선왕조에 들어오면서 급작스럽게 전면적으로 폐지되고 변형되기에 이르렀다. 조선의 성리학자들은 모든 종류의 전통 축제를 재정비했고, 이 과정에서 축제에서 '축제성'을 제거했다. 즉 모든 종류의 광기, 유희, 무차별성, 일탈성을 철저히 제거했고 축제마저 품위 있고 건전하고 음란하지 않게 만들어버렸다.

그런 이유로, 예를 들면 원래는 일 년 중 양기(陽氣)가 최고조로 도달하는 터에 밭에 씨 뿌리고 광란의 성적 난교를 즐기던, 최고의 축제인 '단오절'을 전면적으로 정비해서, 고작해야 젊은 처자들이 창포물에 목욕을 하고 춘향(春香)이가 자신의 '암내'를 펄펄 풍기라고 남원의 광한루 근처에서 그네나 타게 하는 명절로 만들었던 것이다. 어째, 결론은 비슷하겠지만, 과정이 매우 건전하고 품위 있게 바뀐 것 같다. 조선사회에서 여자들에게 이 정도의 자유를 주었다는 것이 나름대로 대단해 보인다. 그리고 당시에는 이 정도만 되었어도 남정네들은 충분히 흥분되었으리라.

프랑스의 유명한 작가인 조르쥬 바타이유는 그의 여러 저서들에서 '일반 경제'라는 특이한 신조어를 사용했다. 이는 우리가 아는 돈의 흐름과 관리를 공부하는 경제학과는 아무 관련이 없다. 그러나 이 둘은 본질적으로 서로 정반대다. '일반 경제'가 무한히 열려 있는 그리고 영원히 유지되는 그런 경제라면 우리에게 익숙한 경제는 '폐쇄된, 고갈될 경제'기 때문이다.

그에 의하면, 우리의 세계는 '노동과 유희', '금기와 일탈', '일상과 종교' 혹은 '성과 속'이라는 이원적 체계로 이루어져 있으며 이 둘은 모두 각자의 고유하고 중요한 의미를 가지고 있는 이유로, 어느 한쪽 측면만이 중요할 수가 없다는 것이다. 일견, 자본주의 시대의 노동 노예로서 살아가는 우리로서는 잘 이해가 가지 않을 수 있다.

그에 의하면, 우리의 일상생활은 언제나 노동을 통한 모든 종류의 '재화의 축적' 활동으로 이루어져 있다고 한다. 그리고 이런 재화의 축적을 보다 효과적으로 하기 위해 갖가지 '윤리와 법'이 존재하고, 이는 한마디로 '타부'라 일컬어지는 '금기'로 압축될 수 있다고 한다. 이는 우리의 생물학적 생존과 문명적 생존을 위해서 필수적이며 자연스런 요소들이다.

그런데, 우리의 삶은 동시에 이런 일상과는 전적으로 판이한 다른 측면을 가지고 있어서, 노동에 대해서 유희가, 금기에 대해서 일탈이 그리고 일상에 대해서 종교적 축제가 있다는 것이다. 그러나 중요한 것은 이 서로 모순적으로 보이는 이원적 요소들이 결코 변증법적으로 대립·투쟁하지 않으며 어느 한쪽으로 환원되어서도 안되는 것이라고 한다. 이 이원적 요소들은 변증법적 지양이 아니라, 상호 증여 혹은 상호 호혜적으로 관련 맺고 있다는 것이다. 우리의 삶 자체는 변증법을 혐오한다.

이런 우리 삶의 이원성은 그에 따르면 바로 존재의 이원성이다. 존재가 자기의 충만성과 완결성을 위해서 이런 이원성을 가지고 있다는 것이다. 그래서 서로가 서로에게 상보적으로 조화를 이루어내며 균형을 유지한다.

그런 이유로, 우리 일상에서 노동을 통한 재화의 축적 과정은 그 자체로는 무한 축적을 지향함에도 불구하고, 그 축적된 양이 과잉되고 잉여생산이 일어날 경우 우리의 삶은 자연스레 축제를 통해서, 유희와 일탈을 통해서 그것들을 '철저하게' 소비하고 소모시킨다는 것이다.

이 잉여생산물과 과잉 축적된 재화의 광적인 소비는 '일상적인 관점'에서 볼 땐, '끔찍한 파괴'이자 '어리석은 낭비'이며 '무질서와 혼란'을 의미하는 것으로 보일 뿐이지만, 존재 그 자체의 총체적 관점에서 보자면 바로 그것이야말로 새롭고 진화된 생산동력이 된다는 것이다.

여기서 우리는 죠르쥬 바타이유의 '일반 경제'가 '에너지 보존의 법칙'으로 알려진 열역학 제1법칙과, 베르그송적 생명의 '창조적 진화', 니체의 '동일한 것의 영원한 되돌아옴' 그리고 더 나아가 하이데거의 '존재의 역운(易運)', 수많은 고대 종교와 인류학적 지식들 혹은 동양의 역(易)학적 사고의 총 집결체임을 생각해낼 수 있으며, 이는 한 마디로 '존재의 영구적 비고갈성'과 '존재의 영구적 운동성'에 대한 이해임을 알 수 있다.

더 나은 생산을 위해, 더욱 진보된 새로운 생명의 진화를 위해, 존재는 무한히 역동적으로 운행하고 있으며 한시도 멈추지 않는다. 이런 존재의 운행 속에서 모든 것들이 새롭게 생성되고, 다시 모두 파괴·소멸되고 다시 고스란히 창조되는 것이다.

결국, 우리 인간 사회의 노동-유희, 금기-일탈, 일상-종교(축제)는 우리 삶의 이원성 즉 삶과 죽음, 여자와 남자, 낮과 밤 그리고 결국은 존재의 이중성 즉 생성과 파괴, 사물과 여백, 드러냄과 감춤 등을 구현해내고, 영원히 재현해내는 것임을 알 수 있다. 이런 의미에서 하나도 남김없이, 이 모든 것이 더 높은 차원에서는 '성스럽다'고밖에는 달리 말할 길이 없을 것 같다.

이 시대의 자본가들과 도덕군자들 그리고 다수의 여자들은 이런 것을 절대로 이해하지 못한다. 그들은 한결같이 '무한한 축적'과 '엄격한 준수' 그리고 '날마다 똑같은 일상'만을 볼 수 있으며, 오로지 그것들만을 인정하기 때문이다. '외눈박이'들일 뿐이다. 이 시대의 '싸이클롭스'들이다. 그들은 모두 '소화불량과 변비, 위선과 내숭 그리고 권태'라는 필연적이고 운명적인 직업병을 가질 수밖에 없다. 이들의 말로는 '비만', '변태' 그리고 '이혼'이다. 슬픈 시대다. 오디세우스가 했던 것처럼 이 싸이클롭스들에겐 술을 먹여야 한다.

내가 가장 싫어하는, 그러나 대한민국을 먹여 살리는 호감도 1위 기업인 삼성에서 망년회를 술잔치가 되지 못하게 하는 것은 절대로 '우연'이 아니다. 이들에게는 '우연'이라는 단어가 없다, 이들에게 모든 것은 '필연'이고 '사전 각본'이 있다.

'우연'이라는 것은 지구 속 중심에 가서 대장장이 신 헤파이토스의 아내이자 영원한 사랑의 여신 비너스와 눈 맞은 '허풍쟁이' 뮌히하우젠과, 혼돈이라는 이름의 도시 바빌로니아에서 복권과 도박에 빠져있는 '눈 먼' 보르헤스만의 전유물이다. 물론, 모두가 그것을 가질 수 있지만, 거의 아무도 가질 수 없다. 오늘도 술집에는 술에 취해 허풍을 떨고 눈이 침침해진 뮌히하우젠과 보르헤스가 있겠지?

🌰 세렝게티 초원의 누우 떼와 마르크스

어린 시절 참 많이 시청했던 〈동물의 왕국〉의 주 무대는 케냐의 '세렝게티 초원'이다. 서울에 있는 동네 이름도 다 외지 못하지만, 그 아프리카에 있는 초원 이름은 잘 기억한다. 아마 현대에 그곳만큼 야생 동물들이 많이 서식하고 있는 곳도 없으리라. 영화 〈말아톤〉에서도 주인공 '초원'이의 꿈도 세렝게티 초원에서 얼룩말처럼 뛰어다니는 것이 아니었던가.

〈동물의 왕국〉은 몇 가지 단골 주제가 나오는데, 이를테면, 치타가 영양을 사냥하는 것, 수사자의 일생 혹은 악어 이야기…… 그리고 '누우' 떼에 대한 것 등등이다. 이 중에서 나는 '누우' 떼에 대한 프로그램을 인상적으로 보곤 했다.

그 프로그램에 의하면, 누우 떼는 일 년에 두 번씩 먹이와 물을 확보하기 위해 이동을 한다. 그리고 그 이동은 수천수만 마리가 동시에 이동하는 것이기에 장관을 연출한다. 그런데 그들의 이동이 내게 보다 인상적이었던 이유는 그네들이 그 이동 중에 반드시 큰 희생을 치러야 한다는 것 때문이다. 누우 떼들은 이동 중에 반드시 강을 건너야 하게 되는데, 그 강에는 그 누우들을 기다리는 수많은 악어들이 있다. 그럼에도 불구하고, 건너편으로 건너가는 모험을 하게 되고 그 과정에서 수많은 희생을 당하곤 한다.

그런데 이들의 희생은 언제나 필요 이상이다. 즉 악어가 잡아먹어서 생기는 것 이상의 희생을 치른다. 그 이유는 그들이 비록 거대한 집단을 형성함에도 불구하고, 악어와 험한 강 물살 앞에서 각자 자기만 살려고 발버둥치기 때문이다. 악어에 대한 저항은 고사하고, 자기만 살려고 허둥대다 보니 질서가 파괴되고 그 와중에서 서로 엎어지고 밟고 치이고…… 악어들은 굳이 사냥을 하지 않아도 누우들이 저절로 먹잇감으로 바쳐진다. 세상에 이런 어리석은 동물들이 다 있을까?

나는 대학생 시절에 한때 운동권에 있었다. "이제까지의 모든 철학자들은 세상을 해석했다. 그러나 이제 철학자들은 세상을 변혁시켜야 한다"--이는 젊은 나의 영혼을 근본에서부터 흔들어놓기에 충분했다. 사회와 역사에 대한 심오한 문제제기와 그 대안과 이상 세계 모델 제시…… 아마도 '이상'을 꿈꾸는 사람들에게는 누구나 한 번쯤은 관심을 가졌으리라.

나는 순수한 이상주의적 마인드에서 그들의 사상을 받아들였었다. 그리고 나의 이상주의적 경향 때문에 나는 특히 '생시몽' 등의 '공상적 사회주의자'들을 좋아했었다. 나는 늘 새로운 세계를 꿈꾸었고, 나의 노력이 그런 세계를 가능하게 하는 하나의 요소로 작용할 수 있기를 기원했었다.

그리고 과학적 사회주의이자 유물론적 사회주의의 창시자 마르크스도 공부하게 되었다. 그의 불행했지만, 백절불굴의 의지와 이론가로서의 거대한 스케일…… 처음에는 그의 삶은 나를 그에 대한 '열병'을 앓게까지 만들었었다. 나 역시 그와 같은 이론적 혁명가로서 살고 싶었다. 그 당시 나는 '예수'를 내쫓고, 그 자리에 '마르크스'를 옮겨 놓았었다.

그러나 시간이 흐른 뒤, 나는 그 집단에서 '필연적으로' 나오게 되었다. 나는 '배신자'라는 소리를 들었지만, 전혀 개의치 않았다. 나는 마르크스의 이론이 이 세계를 변혁시키기는커녕, 이 세계를 악으로 물들이는 쓰레기이자 독과 같은 이론이라고 확신했기 때문이다.

나의 이런 생각을 '기회주의자의 변명'으로 몰아붙이지 말기 바란다. 원래 '좌파'들의 특기가 사람 몰아붙이고 인민재판으로 숙청하는 것이라는 점, 너무 잘 안다. 구실잡고 비난하는 것에 대해서 그들보다 더 능한 사람들이 있을까?

내가 그들에게 등을 돌리게 된 것은 간단히 말해서 '유물론'과 '당파성'이라는 두 개념 때문이다. 내 개인적으로 마르크스주의는 이 '유물론'과 '당파성'이라는 개념에서 다른 모든 것이 유도되어 나오는 이론 체계라고 본다.

유물론-- 세상의 근본은 물질이다. 그래서 인간의 사회도, 그들의 표현대로 한다면 하부구조 즉 '경제관계'가 상부구조 즉 문화와 정신적인 요소들을 근거 짓고 결정짓는다는 것이다. 그래서 '인간' 역시 물질적 진화와 그 관계성의 최고 정점에 위치한 '물질-동물'이다.

나는 물었다. "인간이 물질적 존재인가?" 그들은 답한다. "그렇다, 최고단계의 물질적 존재이다."

나는 물었다. "인간의 영혼은 무엇인가?" 그들은 답한다. "그건 물질의 한 단계에 불과하다."

나는 물었다. "인간을 영적 존재 아닌가?" 그들은 답한다. "그건 마약과도 같은 사고방식이다."

여기서 나는 마르크스주의의 근본적인 오류를 발견하기 시작했다. 세상이 온통 물질이고, 인간 역시 물질적 존재에 불과한 것이라면, 우리는 왜 세계를 변혁해야하며 또 인간이 모두 평등한 그런 세상을 만들어야 하는가? 이런 도덕적이고 역사적 당위적 요청은 어디서 나오는가?

그들이 비록 헤겔을 패러디해서, 변증법을 가지고서 '영구 혁명론'이라는 개뼈다귀 같은 헛소리를 하고 있지만, 이는 일종의 '거지논법(선결문제 요구조건의 오류)' 즉 논증되어야 할 것을 이미 은근슬쩍 전제로 써먹으면서 사람들을 현혹시키고 있다는 것을 알게 되었다. 즉 유물론으로는 이런 도덕적·당위적 요청은 불가능하다.

물질의 세계는 언제나 경직되어있고 그래서 늘 모순·충돌·파괴의 세계일 뿐이며, 그것에서 겨우 벗어나 있는 동물계조차도 '약육강식'의 세계에 불과하다. 그 어디에도, 모두가 다 잘 살고 인간의 참된 존엄성이 인정받을 수 있는 근거를 찾을 수 없다.

나의 결론은 다음과 같았다 : 마르크스주의는 일종의 전 근대적 독재이론의 악질적 부활인 북한의 '주체사상'으로 '승화'되지 않는 한, 열등감과 분노 그리고 원한으로 가득한 노예들의 분풀이 이론에 불과하다는 것이다. 거지 떼들이 모여서 자기들이 억압받고 있다는 것에서 서로 연대해서 부자들을 다 때려죽이면, 이상적인 평화시대가 온다는 것.

마르크스 이론은 전형적인 '네가티브' 이론이다. 즉 자기 자신 속에 수많은 오류와 모순이 내재함에도 불구하고, 자기 자신의 반성보다는 타자의 약점을 공격하는 것에 초점이 맞추어져 있으며, 타자를 이론적으로 논박함으로써만 자기 정당성을 확보해낸다는 것. 니체가 극도로 혐오했던 '노예이론'이다. 늘 적이 있어야만 하고, 그 적을 무찌르는 한에서만 연대가 가능한…… '동상이몽'의 이론이다.

바로 이런 이유로 마르크스주의 혁명은 그것이 일어난 이래로 끝까지 투쟁·살육전을 지속한다. 그 내부적 부정합성과 '물질주의'로 말미암아, 마르크스주의는 언제나 사회를 투쟁과 살육의 격전장으로 만들어 버린다. 물질에게 평화가 없듯이, 유물론은 언제나 누군가를 적으로 만들고, 심지어 언제나 서로가 서로를 비난하고 욕하고 죽이려 한다. 이는 최악의 인간조건이다. 이것이 인간 역사의 결론인가? 절대 아니다. 나는 동의할 수 없다.

그들은 이런 물질주의와 투쟁론을 '영구혁명론'과 '당파성'이론으로 정당화한다. 동서고금의 모든 위대한 현인들이 통탄할 일이며, 헤겔이 이를 갈 일이다. 마르크스주의자들은 세상의 근본상태를 '모순'으로 본다. 즉 이 세계가 '근본적으로' 아귀다툼의 세계며 지옥 같은 곳이라는 것이다. 그래서 이 세계에 태어나는 순간부터 죽여야 할 '적'이 있다는 것이다. 이는 그저 '정글의 이론'에 불과하다.

그런데 이것이 단순한 정글의 이론마저도 못한 것은, 이 이론은 늘 무한히 집단과 집단 간의 투쟁만을 말한다는, 바로 니체가 말하는 '개떼들의 이론'이기 때문이다. 개인적으로도 서로가 서로에게

적의 관계라고 하기에는 각각의 개인은 형편없기에, 늘 특정한 집단 속에서 연대를 형성해서 다른 집단과 투쟁하라는 이론인 것이다. 즉, 여기서는 '개인'도 없다.

말이 좋아서 '영구혁명'이고 '당파성'이지, 이것들의 실제적인 의미는 늘 떼거리로 몰려다니면서 아귀다툼하는 것이 세상의 실상이라는 것이다. 이제껏 10년도 넘게 철학을 공부했지만, 동서고금을 통해 이런 하등의 이론은 정말 본적도 없고, 이런 것이 생겨날 수 있었다는 것이 경악스러울 뿐이다.

인간은 그저 물질이기에, 이기적이고 철저히 물질적 자기 이해관계에 의해서 생각하고 활동한다는 것 그리고 늘 '잠정적으로' 자신의 이해관계와 맞는 타인들과 무리를 지어서 다른 무리와 죽어라고 싸우고 제거하려 한다는 것. --- 이것이 마르크스 이론의 알파이자 오메가이다.

여기에 '보편성'이란 단어는 없다. '소통'도 없다. 그저 거지 떼들의 물질적 집단주의일 뿐이다.

이것들은 인간 개개인의 인간관계도 박살내고 한 사회의 공동체성도 박살내더니, 이제 급기야는 국가마저 박살낸다. '만국의 노동자여 단결하라.' 도대체 어떻게 이토록 현재 세계를 휩쓸고 있는 '신자유주의'와 어쩜 이토록 닮아 있을 수 있단 말인가? '신자유주의'이건 '마르크스주의'이건 매한가지로 '유물론'이며 '집단주의'에 불과하다. '돈'이라는 공통의 목적을 놓고, '돈 있는 놈들'과 '돈 없는 놈들'이 서로 죽여 가며 개싸움을 하게 만드는 것, 이것이 21세기 현대의 자화상이다.

어차피 근기가 낮고, 의식수준이 탁한 사람들은 절대 이해할 수 없겠지만, 수천 년 전부터 현자들은 인간이란 비록 물질적 이해관계성에서 완전히 자유롭기는 '현실적으로' 매우 어렵다. 그래도 그것들로부터 벗어나서 사유하고 살아가려 노력하는 것이 참된 인간이라고 가르쳐왔었다.

이런 가르침들을 가진 자들의 지배이데올로기이니 하는 식으로 막말을 하지 말자. 아무리 민주주의도 좋지만, 말을 함부로 지껄이는 것은 아니다. 인간이 다른 동물과 하등 다를 것 없고, 그저 머리만 더 좋은 그런 종류의 특별한 동물에 불과하다고 생각하거나 그런 식으로 살아간다는 것, 이는 인간에게 주어진 본성을 전면적으로 부정하고 파괴하는 '독이 든 사과'를 먹는 것에 불과하다.

아리스토텔레스는 '인간은 이성적 동물'이라 했다. 여기서 중요한 것은 '동물'이 아니라 '이성적'이다. 바로 이 '이성적'이 인간을 다른 동물과 종적(種的)으로 구별시켜 주는 것이며, 여기서 말하는 '이성적'이 의미하는 것은 '아이큐 좋고 자기 이익 잘 챙기는, 그런 영악한 잔머리'를 의미하는 것이 아니라, '진실과 진리를 위해 전면적으로 열려져 있다는 것'이다. 그래서 인간은 진리와 진실의 세계 자체를 받아들일 수 있다는 것, 그래서 많은 경우 자기 자신의 이익을 위해 사는 것이 아니라, 자기 자신에게는 손해가 날지라도 보편적인 것과 함께 살아야 하는 그런 존재자라는 것이다.

인간은 이 세계에 '이성'적 필요성 때문에 존재하게 된 것이고, 그것을 지키는 한에서 이 지구 상에서 존재 의미를 가질 수 있다. 모든 존재하는 것들은 각자 자신의 본성대로 '살아야 하며', 오로지 그런 한에서 '행복할 수 있으며', 그렇게 행복할 수 있는 한에서 '생존할 수 있다'.

그러나 현재 인간의 모습은, 오늘도 세렝게티 초원에서 강물을 건너다 서로 밟고 치이고 하면서 악어들에게 공짜로 '몸보시'를 하는 어리석기 짝이 없는 '누우' 떼들과 본질적으로 다르지 않아 보인다. '양상적 차이'와 '본성적 차이'를 헷갈려하지 말자.

🔵 동성애와 근친상간

1. 동성애

현재 동성애 문제는 상당히 일반적으로 널리 알려지고 있다. 성 규범과 정체성에 대해서 그 어느 문명권보다 민감하고 엄격했던 우리나라에서조차 이 문제는 많은 관심을 얻고 있으며, 최근에 개봉된 영화 〈왕의 남자〉이후로 당당히 주류적 문화코드로서 자리매김하고 있다. 이미 우리나라에서는 성적 소수자들의 사랑과 인권에 대해서 관심을 가지고 동성애를 하나의 자연스런 문화적·사회적 현상으로 인정하게끔 노력해왔던 인권단체들이 있어왔었는데, 그들의 '이반(異般)의 노력'이 이제 그 결실을 맺나 보다.

일반적으로 동성애의 역사적 기원은 '그리스'로 알려져 있다. 플라톤의 『향연』에 보면, 태초의 인간은 두 사람이 하나로 붙어있는 모습을 하고 있었는데 그 종류가 '남-남', '여-여', '남-여', 이렇게 세 종류였다고 한다. 그런데 이들이 둘이 서로 붙어있는 이유로 너무 강력해서 신들에게 대항을 할 수 있을 정도가 되었고, 이에 불안을 느낀 신이 이들을 둘로 갈라버렸다는 것이다. 그리고 이후로 사람들은 자신의 잃어버린 반쪽을 찾아 평생을 헤매고 다닌다는 것이다. 이 이야기에 의하면, 동성애는 자연스런 사랑의 한 종류인 것 같다. 그리고 이는 다시, 플라톤이 살던 시대에 얼마나 '동성애'가 일반적 현상이었는가를 추측할 수 있게 한다.

그리스에서 동성애가 기원한 이유에 대한 여러 가지 이야기들이 있는데 일반적으로 알려진 바에 의하면, '전우애'가 동성애의 기원이란다.

그리스 사회는, 다른 문화권들과는 달리, 전쟁에 오직 시민계급 이상의 사람들이 자기들이 스스로 구입한 무기들을 가지고 자원을 해서 나갔다고 한다. 무기라고 하는 것은 예나 지금이나 매우 고가이며 다루기가 어렵고 위험한 물건이었다. 그러다보니, 심지어는 전쟁에 참전하고 싶어도 아무나 전쟁에 나갈 수가 있었던 것이 아니다. 오직 신체 건강하고 명예를 최고의 가치로 생각하며, 돈도 있고 독자적으로 전쟁을 수행할 수 있을 만큼 지성적인 사람들만이 참전할 수 있었던 것이다. 한 가지 흥미로운 사실은 무기를 각자 구입했듯이, 전쟁에서 승리할 경우 그 전리품도 그것을 챙긴 사람의 몫이라는 것이다. 이는 전쟁 시, 병사들의 사기진작과 명예욕을 일으키는 좋은 수단이었을 것이다.

사실 '전쟁사'를 공부해보면, 전쟁의 기원과 본래적 성격은 현재 우리가 알고 있는 그것과는 상당히 판이하다. 현재의 그것은 무자비한 살육전이자 파괴이며, 인간의 탐욕과 악마적 본성이 극명하게 드러나는 가능한 한 가장 추악한 비극일 뿐이다. 그러나 서구 전쟁사를 읽어보면, 서구의 역사에서 전쟁이 현재의 그것과 유사한 '대량 살육전이자 파괴전'으로 된 것은 '로마'의 등장으로부터 시작함을 알 수 있다.

그럼 로마 이전의 역사에서 전쟁은 무엇이었는가? 물론, 그것은 근본적으로 파괴적인 성격을 가지고 있다. 그러나 그것은 본질적인 것이 아니다. 전쟁의 기원은 바로 특정 무리들 간의 '우열경쟁'에서 시작한다. '누가 더 우수하고, 강하고 멋진가?' 이것을 승부내는 것, 이것이 전쟁이었던 것이다. 바로 이런 이유에서 과거 역사 속에서 왜 그렇게도 많은 남자들이 자발적으로 전쟁에 나가기를 원했던 것이다.

그러나 이런 낭만적인 전쟁도 실제로는 매우 위험할 수밖에 없었으며, '토로이 전쟁'처럼 원거리 원정을 떠나거나 장기화되는 경우 특히 많은 희생자가 날 수밖에 없었다. 이런 혹독하고 고통스런 체험은 전쟁에 참여했던 사람들에게 많은 것을 느끼고, 생각하게끔 해주었던 것이다.

죽음이 눈앞에 닥친 상황에서 명예를 추구한다는 것은 무엇을 의미하는가? 삶은 무엇이며 죽음은 무엇인가? 그리고 우리의 삶을 가득 채우고 있는 고통이란 무엇인가? 자신이 죽어가면서까지 지키고자 했던 우정과 의리란 도대체 무엇인가? 한편, 좌우지간에 이런 흥분과 극단적 갈등을 만들어내는 전쟁이란 무엇이며, 이런 통제되지 않는 극단적 상황에서 허우적거리는 우리 인간이란 무엇인가?

시간이 날 때마다 그리고 전투가 끝나 누군가는 살고 누군가는 죽었다는 것을 확인할 때마다, 생사고락을 같이하며 자신의 마음을 준 전우들이 속절없이 죽어 감을 목격하면서 전쟁에 참여했던 지성적이고 문화적 교양이 있던 병사들은 이런 물음들을 스스로에게 던지고 서로 이런 주제들을 가지고 토론을 하곤 했던 것이며 이런 물음들로써 마음을 같이할 수 있었던 것이다.

『일리아드』를 보면, 그리스 최고의 남자이자 최강의 전사인 아킬레스와 파트로클로스의 진한 우정을 발견한다. 이들은 원래부터 죽마고우의 사이였고 둘 다 무예에 뛰어났으며 명예를 중시했다. 아름답고 멋진, 그리스 최고의 사내들이었다. 특히 아킬레스는 그 누구도 그를 제압할 수 없는 최고 중의 최고 전사였다. 이런 아킬레스가 자신의 친구 파트로클로스의 죽음 앞에서 대성통곡을 한다.

사나이도 운다. 그리고 그 울음이 절대로 수치스러운 것이 아니다. 그 울음에는 이젠 다시는 돌아올 수 없는 길을 떠나고 만 친구에 대한 하염없는 그리움과 깊이를 헤아릴 수 없는 사랑이 그대로 드러나고 있다.

고대 그리스 문화에서 진정한 사랑(Philia)은 전쟁이라는 극한적 상황에서 생사고락을 같이했던 전우들에 대한 진한 우정과 그런 상황들 속에서 그들이 나눈 정신적 교감들의 결정체였으며, 이런 체험들 속에서 '동성애'가 시작되었다. 그래서 그들의 사랑은 그토록 정신적이고 진지하며 고매하며 헌신적이며 무조건적이었던 것이다.

이런 그리스인들은 여성들과는 진정한 사랑을 체험할 수 없다고 생각했다. 그들이 생각하기로 여성들은 나약하며 감각적이며 명예보다는 실리를 추구하며 삶에 대한 깊은 통찰을 가지고 있지 못하는 그저 단순한 욕구적 대상이었으며, 아이를 낳아 남자들에게 현실적 책임만을 지우게 하는 번거롭고 골치 아프고 속물적이며 단순한 존재였을 뿐이다. 그래서 여자들과의 관계에서는 우정과 헌신적 마음보다는 이기적 욕정만이 있을 뿐이고, 삶의 본질에 대한 통찰과 정신적 진화보다는 현실적 이해관계의 중압감만이 생겨날 뿐이라고 생각했던 것이며, 이에 여성과의 사랑을 인정하기 어려웠던 것이다.

현대에 이르러 우리는 이런 고대 그리스적 동성애의 원형적 흔적을 토마스 만의 『베니스에서의 죽음』과 헤르만 헤세의 『데미안』에서 찾을 수 있다. 모두 상대방에 대한, 영혼의 깊은 곳으로부터 나온 존경과 매혹됨에서 나온 탐미적이며 고매한 사랑이며, 한번 빠지면 절대로 헤쳐 나오기 어려운 치명적 사랑이다.

그러나 현대의 우리에게 익숙한 동성애는 분명 이런 종류의 동성애와는 거리가 있어 보인다. 그럼 이런 종류의 동성애의 기원은 어디일까? 물론, 어느 시대, 어느 사회에나 이런 종류의 동성애는 늘 있어왔다. 중요한 것은 '그것이 어디에서 본격적이고 심각하게 다루어졌는가'이다.

현대에 익숙한 동성애의 기원은 바로 '히브리'다. 이스라엘인 것이다. 우리는 성경을 읽을 때마다 구약성경과 신약성격에 이르기까지 성경 전 영역에 걸쳐서 동성애 이야기와 그것에 대한 유태신의 분노와 사도들의 저주들을 어렵지 않게 발견할 수 있다. '구약'에 나오는 '소돔과 고모라'는 바로 '동성애'의 메카였으며, 이런 이유로 유태신의 분노를 사서 파멸되기에 이른다. 그리고 신약성경에 있는 여러 사도들의 서간문을 읽어보면, 너무나 자주 동성애에 대한 경고와 저주 그리고 금지명령을 발견할 수 있다. 이것들에서 나온 동성애는 말 그대로의 '육체적 동성애'이다.

그리스와 유태 사이의 간극은 그 두 문화권에서의 '동성애' 현상과 그것에 대한 이해의 차이만큼 멀고 다르며 하나 될 수 없다. 그것들은 서로 다른 것들이다. 그런데 현대는 후자의 것만 남아있다.

2. 근친상간

우리나라 역사를 공부하면, 삼국시대 신라 왕실에는 '근친상간'이 아주 흔히 일어나곤 했음을 알게 된다(믿기 힘들면, 삼국유사 등을 찾아보시라). 그런데 이런 '근친상간'은 신라에만 있었던 것이 아니라, 고대 사회에서 매우 흔한 현상이었던 것으로 파악된다. 대표적으로 '이집트' 왕가에선 근친상간이 흔한 것을 넘어서 일상적인 현상이었다. 그래서 이집트에선 왕가의 모든 구성원들이 서로 서로 누나고 동생이고 어머니고 아버지였다. 정말 놀라운 일이다.

그런데 동성애의 천국 그리스에선 '근치상간'이 금기시 되었던 것 같다. 우리는 이를 '소포클레스'의 '오이디푸스 3부작'에서 발견할 수 있다. 그리스에서의 '근친상간'은 인류와 사회의 근간을 흔드는 매우 위험한 행위이며 이는 비참한 결과를 몰고 오는 것으로 이해되었는데, '근친상간'에 대한 이런 식의 이해는 우리 동양사회의 그것과 매우 유사해 보인다.

그럼, 이렇게 위험하게 인식되었던 '근친상간'이 왜 신라와 이집트에선 빈번하게 일어날 수 있었던 것일까? 그 문명권에선 '근친상간'의 생물학적 위험성을 모르며 이종교배를 통한 유전적 다양성의 추구와 그것으로 인한 환경적응력의 획득이라는 생명체의 본능이 없었던 것일까?

이것을 이해하려면 우선 우리 현대인들이 가지고 있는 매우 심각한 태도, 과학적이고 유물론적 세계관을 잠시나마 괄호 쳐야만 한다. 고대인들은 우리와는 다른 세계관을 가지고 있었고, 그 때문에 우리는 현대 우리에게 익숙한 세계관을 가지고서는 고대인들을 이해할 수 없다. 현대와 고대 사이에는 이렇게 시간적 장벽이외에 여러 가지 다른 종류의 장벽이 있어서 우리를 단절시키는 것이다.

고대인들에게 '근친상간'은 '신적이며 고귀한 혈통의 보존'과 관련이 되어있다. 이집트 왕족들이나 신라의 왕족들은 자신들의 혈통이 순수한 형태로 유지되어야 한다고 생각했고, 이는 오로지 근친간의 결혼으로 가능하다고 생각했다. 그러나 이것만으로도 충분한 설명이 된 것은 아니다. 이들이 이렇게 극단적 혈통주의를 가지고 있던 것은 보다 더 심오한 이유에서 비롯된 것이다. 바로 '근원에의 회귀의지'이다. 이들은 끊임없이 사랑을 통해서, 성관계를 통해서 자신들의 영적이며 존재론적 원형을 지켜내며 동시에 그 원형에 계속해서 돌아가고자 했을 뿐만 아니라 그것에 머물고자 했던 것이다.

이들의 이런 정신세계는 현대 정신분석학적으로는 단순한 '퇴행의식'의 결과에 불과하지만, 이들에게는 '퇴행'이 아닌 '회귀'인 것이었으며 끊임없이 반복되는 견우와 직녀의 만남이자 창조주인 복희와 여와 남매의 영원한 동거였던 것이다. 이를 통해, 이들의 정신은 언제나 세계의 시초에서 근원과 함께 할 수 있었던 것이다. 그럼으로써 우주는 유지되고 자신들은 영원히 살 수 있다고 생각했던 것이다.

그러나 이런 종류의 정신성이 파괴되고 망각된 현대사회에, 동성애만큼은 널리 알려지고 크게 성장한 것은 아니지만 어느 사이 하위문화세계에서 '근친상간'이 자주 표현되고 일어나고 있음을 발견할 수 있다.

나는 영혼의 사랑이 완전히 망각의 암흑 속으로 사라지고, 대신 무차별적인 육체적 동성애가 문화의 주류가 되는 '근미래'가 도래할 무렵, 이런 무차별적 동성애보다 더욱 파괴적인 야만적 형태의 '근친상간'이 주류 문화의 장에 전면적으로 등장하게 될 것이라 전망한다. '性'에 대한 최소한의 차이들마저 유물론적 획일화의 논리 속에서 파괴되는 터에, '가족'이라는 인간사회의 기초적 단위가 안전하게 남을 이유가 없어 보이기 때문이다.

이미 우리는 이런 시대에 살고 있다.

🌰 문화혁명과 평균주의, 가공할 전체주의

명분상으로는 중국 문명 내의 반봉건-사회주의 혁명의 위대한 지도자이지만, 실제적으로는 야만적인 한족 중심 민족 반란지도자에 불과했던 모택동은 중국 본토에서 정권을 잡은 이후, 자신이 만든 정체(政體)의 영구화를 위해서 과거의 모든 문화적 유산을 '사회주의적 리얼리즘'의 이름으로 무차별 파괴시키는 유사 이래 그 예가 드문 문화테러행위를 저질렀었다.

그의 문화테러는 '문화혁명'의 이름으로 정당화되었고, 그 이후 수십 년 동안 모택동의 위대한 업적의 하나로 높게 평가받았었다. 그는 그 '문화테러'를 정당화하기 위해 '모든 예술과 학문은 그것이 참된 것들인 한에서 노동자 농민들도 쉽게 이해되어져야 한다.'라는 사회주의 리얼리즘의 원칙을 이용, 그것에서 벗어난다 싶은 모든 것들을 그의 전위부대였던, 농민·노동자 출신의 자발적 집단이었던 '홍위병'을 동원해서 파괴하고, 그것에 연루된 모든 사람들을 혁명의 이름으로 숙청했었던 것이다. 이것으로 중국문명 5천년은 자칫 뿌리를 뽑히고 사라질 뻔 했었다.

나는 개인적으로 중국과 러시아에서 일어났었던 이런 문화파괴행위가 나치의 만행보다 더 야만적이고 끔찍하다고 생각한다. 나치의 만행은 그 실상에 대해서 여러 논란이 있지만, 그런 것들과는 별개로, 특정 시대에 생존해있는 사람들을 살육하는 것이었다면, 중국과 소련의 행위는 '세계의 변혁'이라는 명분하에, 인류의 모든 정신문화를 제거·파괴하려했던 가장 악질적이고 저급하며 야만적인 '노예반란'이었던 것이다.

과거의 역사와 문화의 두 얼굴 중 어두운 면 때문에 고통 받았던 무리들 그리고 그런 고통 속에서 다른 면에 속해있는 모든 사람들과 문화 자체에 대한 무차별적 분노와 원한의 축적과 증폭 그리고 결국 '정의'의 이름으로 저질러지는 피에 굶주린 광기적 한풀이. 그리고 그렇게 해서 한풀이를 한 뒤에는 자신들의 영구집권을 위해서 모든 사람들을 자신들이 통제하기 쉬운 집단으로 만들어 버리는 작업. 민주주의의 이름을 가장한 평균주의.

바로 이런 일들이 우리나라에서도 일어났었고, 현재도 일어나고 있다. 현재 진행 중인 '황우석 사건'은 바로 이런 문화테러의 가장 전형적인 예가 될 수 있다. 그리고 한갓 '저널리즘'이 '아카데미즘'을 그렇게 아무렇지도 않게 깡그리 무시하며, 안하무인격으로 나올 수 있었던 것 역시 그 이면에 노예적 원한과 분노 그리고 그에 기반을 둔 '정의'라는 이름의 '노예적 한풀이' 마인드가 있었던 것이라고 생각한다.

또한 저널리즘 혹은 매스미디어에 종사한다는 것을 그렇게도 대단한 것으로 생각하고 행동했다는 것 자체가 그들이 대중을 철저히 '통제·조작'의 대상으로 보고 있으며, '평균주의자'들을 증명한다고 생각한다.

문제는 사회주의 혹은 공산주의와 자본주의에 있지 않다. 그것들은 경제적 관점에선 서로 모순적이고 다른 것들로 보이지만, 실제로는 인간과 세계를 동일한 관점 즉 인간은 자신의 노동을 팔며 살아야 하는 노동자일 뿐이고, 세계는 물질의 총체라고 보는 '유물론'이기 때문이다. 그것들은 서로 달라 보이지만, 그럼에도 불구하고, 서로 '쌤-쌍둥이'다.

그래서 참된 문제는 민주주의 혹은 민본주의 와 전체주의에 있는 것이다. 민주주의와 민본주의는 권력의 작동방식은 달라도 권력의 기원은 같다. 그래서 그것들은 전체주의와 대척적이다. 민주주의와 민본주의는 다양성과 자유 그리고 창조성을 중시하지만, 전체주의는 오로지 '획일화·통제·조작'에만 관심이 있다.

지금 우리가 사는 세계가 과연 민주주의 사회인가를 고민해야 한다. 여론과 유행은 자연발생적이지 않다. 대신 여론은 예측되고 조절되며 창조되기까지 한다. 어떻게 그것이 가능한가? 바로 여론 매체들에 의해서다. 시간이 지날수록 현대인들은 서로 파편화되고, 고립되어 간다. 그리고 그렇게 각자의 섬에 고립되어있는 개인들은 여론 매체에 접속하고, 로그인함으로써 사회에 참여하게 된다.

이런 이유로 여론은 개인의 수가 제아무리 많아도, 그들을 선험적으로 완벽하게 통제·조작할 수 있는 것처럼 보인다. 개인은 아무리 많아도 그저 하나의 함수를 구성하는 변항들을 채우는 변수들에 불과한 것이다. 개인의 참된 개인성은 인정되지 않고, 오로지 함수 속에서 결정된 값들의 차이로서 자신의 정체성을 부여받을 뿐이다.

이런 참된 개인성의 부정은 바로 모든 종류의 전체주의에서 이용하는 평균주의 전술인 것이다. 사회주의-자본주의, 이런 것이 문제가 아니다. 사회주의권이 무너진 지금 우리는 자본주의의 찬가를 부를 것이 아니라, 새로운 종류의 무시무시한 전체주의의 도래를 걱정해야 하는 것이다.

우리가 살아가고 있는 세계는 다음과 같이 진행되고 있다. 제아무리 가치가 있어도 '시장(교환)가치'가 없는 것, 즉 돈이 되지 않는 것은 쓰레기와 다를 바 없어지고, 매스미디어들은 우리에게 언제나 획일적 가치와 기호, 이해능력을 주입시키고 있다. 그리고 이런 시스템 속에서 획일화된 대중들의 의식에 모든 것이 지배·종속당하는 것을 민주주의라고 선전되고 있다. 돈을 쥐고 있는 세력과 언론기관을 쥐고 있는 세력이 이 세상의 실제적 지배자인 것이다.

이번에 MBC라는 방송국이 자행했던 문화적 테러는 그들이 소위 '빨갱이'기 때문이 아니다. 그들 중에는 실제로 빨갱이가 있었을 수도 있고 없었을 수도 있다. 그것은 확실하지 않다. 그러나 확실한 것은 그들이 '전체주의자'들이라는 것 그리고 그들이 현대의 세계를 지배하는 한 축이라는 우월의식에 도취되어있다는 것이다.

이런 세계에서는 '인민재판'이건 '여론재판'이건 다 똑같다. 모두 사회전체를 하나로 그리고 하등하게 저급하게 '평균화·획일화'하는 메커니즘일 뿐이기 때문이다. 현대사회의 민주주의는 포퓰리즘과 하나도 다르지 않다. 동의어에 불과하다.

조지오웰의 악몽은 현실이다.

4. 숲길을 따라

🌰 복수와 원한의 살풀이

　박찬욱 감독은 최근 〈친절한 금자씨〉라는 영화를 찍고 있어서 화제가 되고 있는데, 이번 영화는 그의 〈복수는 나의 것〉, 〈올드보이〉로 이어지는 소위 '복수 3부작'의 완결편이라고 한다. 이에 벌써부터 세인들의 주목을 받고 있다고 한다. 사실, 오늘의 '천재감독' 박찬욱을 가능케 한 것이 바로 그의 '복수'시리즈라는 것은 널리 알려져 있다. 그의 영화를 볼 때면, 정말 거의 공포의 극한을 느낄 만큼의 처절한 복수극에 시종일관 숨조차 쉬기 어려울 정도다. 나는 이제껏 개인적으로 그의 영화만큼 강렬하게 사람의 심리를 조이는 영화를 거의 본 적이 없는 것 같다. 이는 비단 나만의 특별사항은 아닐 것이다.

　그런데 내 기억으로 우리나라의 드라마는 최소한 내가 기억하는 한에서는, '복수'라는 소재를 단골로 사용하고 있으며 그때마다 대박을 내곤 한다. 즉 '복수'라는 코드는 우리나라의 대중들에게 아주 익숙하고 친근한 정서이자 문화코드인 것이다.

　아마도 내게 '복수'라는 단어가 처음으로 확실하게 입력이 된 것은 어린 시절 자주 읽었던 한국의 전래동화나 또는 텔레비전에서 보았던 홍콩 무협영화들이나 할리우드 서부영화들을 계기로 해서였던 것 같다. 그것들은 거의 '권선징악'의 이념을 표현하고 있으며,

그것을 위해 '복수'구조를 이용하고 있었다.

　그러나 그렇게 자주 접하고 익숙했던 '복수'가 나의 실제적 상황에 닥치게 되면, 나는 늘 조금씩 움찔하곤 했다. 왜냐하면, 비록 어릴 적임에도 불구하고, 그 감정과 정서는 내가 감당하기에는 너무나 강력하고 파괴적이며 무시무시했기 때문이다. 그리고 내가 그것을 표현할 때면, 내 주변의 어른들조차 당혹해하는 것을 보았기 때문에 나는 그런 감정이 나를 지배하지 않게 되기를, 내가 그런 감정에 빠져야만 되는 상황에 처해지지 않기를 막연하게 바라기까지 했었다.

　그러다가 나이가 들어 자연스럽게 알게 된 것은 이 '복수'라는 것이, 내가 생각했었고 예상했던 것보다 훨씬 우리사회와 국민들에게 보편화되어있으며, 더 나아가 비록 정도의 차이가 있지만, 모든 인류에게 아주 일반화된 정서라는 것이었다. 어린 시절에 나의 동심의 세계를 근본적으로 흔들어대던 그것이 그토록 사람들에게 일반화된 것이라는 사실을 알았을 때, 나는 나의 세계관에 그 어떤 변화를 주어야 하지 않을까 하는 충격마저 받았다.

　세상이 겉으로는 화해와 용서 그리고 사랑과 이해라는 코드들로 뒤덮여있고, '복수'는 거의 공식적으로 금기시 되었음에도 불구하고 실제 세계와 사람들을 움직이는 동력원과 에너지가 대부분의 경우 그것이라는 것, 그것은 나의 젊은 시절의 염세주의의 한 원인이 될 정도였다. 이후 나는 세상을 혐오하고 거부하고 싶었고 일종의 원한을 갖기까지 했었다. 세상은 악으로 가득하다는 것을 자각함과 동시에 세상을 증오하기 시작했던 것이다.

　그러나 다시 많은 시간이 흐른 뒤 내가 가지고 있었던 세상에 대한 원한과 혐오 역시 일종의 복수심에 불과하다는 것을 우연히 깨닫게 되었으니, 그 때의 충격은 처음 이 세상에 '복수'라는 것이 존재한다는 것을 알게 되었을 때보다 더 큰 것이었다. 복수심과 원한 감정으로 뒤덮인 세상에 대한 거부와 부정마저도 여전히 새로운 종류의 그러나 기존의 것과 별반 다를 바 없는 복수심과 원한감정의 발로에 불과하다는 것.

이런 체험 속에서, 나는 이 '복수심'과 '원한 감정'이 아주 '특별하면서도' 그 어떤 다른 것들보다도 강력하고, 동시에 거대한 늪처럼 한번 빠지면 좀처럼 헤쳐 나오기 힘든 그 무엇임을 알게 되었고, 어떤 의미에서는 이런 정서들과 감정들에 대한 이해는 우리를 이 세상에 대한 매우 본질적인 지점에로 인도할 수도 있다는 느낌을 갖게 되었다.

실제로 이 세상 그리고 우리나라는 이런 정서들에 지배당한 지 오래다. 많은 사람들이 그것들을 동력원으로 해서 삶을 꾸려나가고 있다. 많은 사람들이 이러 저러한 식으로 분노하고 있고 원한을 간직하고 있으며, 그들의 삶의 목적을 특정한 종류의 '복수'로 설정하고 있다. 그래서 그들에게 원한과 복수는 시작이자 끝인 것이다. 원한으로 시작한 삶을 복수로써 끝을 맺고자 하는 것이다.

나는 개인적으로 종교에 관심이 많다. 그래서 이런 저런 식으로 여러 종교의 가르침들에 기웃거리고 그것들을 기록한 서적들을 훑어보곤 해왔다. 그러면서 다시, 그 여러 종교들의 가르침들이, 여러 가지 상이함을 보임에도 불구하고 공통적으로 '원한'과 '복수심'의 문제를 아주 중요한 현상들로서 다루고 있음을 발견했다. 기성종교들은 말할 것도 없고, 특히 우리나라의 토속신앙과 구한말에 등장한 동학이나 증산도 등에서는 이것들이 주요 문제들로 다루어지고 있었다. 즉 이 세상은 모든 종류의 원한들로 가득해서 그것들로 말미암아 서로가 서로를 죽이는 그런 세상이 되었다는 것, 그래서 이 세상을 구원하기 위해서는 이 세상에 가득한 모든 종류의 원한들을 풀어주어야 한다는 것, 즉 '해원'을 해야 한다는 것이다. 오로지 해원이 전제된 한에서만, 이 세상은 우리 모두가 염원해왔던 '상생'의 조화세계가 될 수 있다는 것이다.

상생의 조화와 평화는 오로지 원한을 풀어주어 복수심을 소멸시킬 때에만 비로소 가능해진다는 것은 현재의 특히 우리나라에 시사해주는 바가 매우 크다고 생각한다. 지금 우리나라는 한마디로 원한이 맺힌 갖가지의 귀신들이 우리의 정상적인 이성을 마비시키고 있으며, 우리 사회를 헤쳐 나올 길 없는 갈등과 투쟁 그리고 반목의 구렁텅이로 몰아가고 있기 때문이다. 그 어떤 원칙도, 명분도, 제도도, 대화도, 심지어는 강제력과 폭력도 한 맺힌 악귀에 홀려있는 우리들과 우리 사회를 통제할 수 없다. 오히려 그것들을 강하게 밀어붙이면 붙일수록 그만큼 악귀는 더더욱 강해질 뿐이다.

나는 이런 현상들에 관여해보기도 하고 관찰하는 과정에서 문득, 우리 사회의 문제들은 또는 이 세상의 문제들은 결코 '이성적으로' 풀릴 수 있는 그런 것들이 아니라는 확신을 갖게 되었다. 그것은 '이성'이 허구적이어서도 아니고 기만적이어서도 아니고 아직 미성숙해서도 아니다. 우리에게 이성은 무조건적으로 필요한 전제다. 문제는 그것이 의미가 없는 것이 아니라, 그것만 가지고서는 부족하다는 사실이다. 사실, 미친 사람에게 아무리 좋은 말과 교훈적인 말을 해도 씨알도 먹히지 않는 것과 유사한 것이다. 그만큼 지금 우리 사회는 원한과 복수심으로 넘쳐있어서, 그 어떤 이성적이고 합리적인 방법도 그 문제들을 해결할 수 없다는 것이다. 즉 세상이 '미쳐있다'는 것이다.

지금 우리 사회는 여러 갈등들로 이렇게 또는 저렇게 분열되어있고, 그 양상은 더욱 악화되어가고 있다. 지역갈등, 남북 이데올로기 갈등, 세대 갈등, 종교 갈등, 남녀 갈등, 등등 수없이 많은 갈등들로 뒤덮여있고, 그 어느 기관도 사람도 제도도 집단도 이것들을 해결하지 못하고 있다. 시간이 갈수록 반목의 골은 더욱 깊어가고, 양상은 더욱더 비이성적·폭력적으로 가고 있다. 기존의 원한들은 조금도 풀리지 않은 상태에서 오히려 점점 강력해지고, 그러다보니 '가상적인' 원한들마저 생겨나고 또한 새로운 원한들도 생기며 그것들은 다시 다른 곳에 자신들의 악한 기운들을 전염시키고 있는 것이다.

이런 현상에 대해서 누군가는, 그 어떤 불순세력이 우리 사회를 혼란에 빠뜨리기 위해서 그런 원한들을 생산해내고 유포시킨다고까지 주장한다. 나는 이런 주장이 전적으로 틀렸다고는 보지 않는다. 그러나 그런 설명으로는 아직 뭔가 '본질적인 2%'가 부족함을 느낀다. 그리고 설사 누군가가 그런 것들을 전적으로 인위적으로 만들어내고 유포시키는 것이라 할지라도, 그것들이 정말로 전적으로 '가공의 것들'이었다면, 그렇게 사람들의 마음과 정신을 흔들어대지는 않았을 것이라고 생각한다. 뭔가 비록 현실화되지는 않았을지라도 늘 사람들의 마음이나 정신 속에 가능의 상태로 있었거나 또는 잠재되어있었기에, 어떤 계기들이 주어졌을 때 일제히 폭발적으로 실현된 것이 아닌가 생각한다.

물론, 이 경우 그것들의 본래 상태가 단순히 '가능적인' 것이었냐, 또는 '잠재적'이었느냐에 따라 그것들을 실현시킨 '계기들'의 본질에 대한 보다 명료한 이해가 가능해질 것이다. 이를테면, 지난 번 동·서남 아시아를 강타했던 '쓰나미'의 경우, 그 쓰나미가 보였던 그 파괴력과 살상력은 자연이 가지고 있던 하나의 '가능성'에 불과한 것이었다. 해변 가에서 우리가 늘 보곤 하는 바다와 파도는 결코 그런 살상력을 본질적인 요소로 담지하고 있지는 않다고 봐야 할 것 같다. 그래서 만일 그것이 '잠재적인' 것이었다면, 우리 모두는 '평소에' 해변가를 낭만적인 것으로 받아들이지는 않았을 것이기 때문이다. 이 경우 따라서 사건의 책임은 그것이 일어난 기원에 있기보다는 원래의 것을 그런 식으로 변형시켰던 계기들에게 돌려져야 하는 것이다.

반면에, 그 쓰나미가 이미 오래 전부터 바로 그 지역에서 일어날 수밖에 없었던 그 어떤 필연적인 메커니즘의 결과라면(물론 이것은 면밀한 조사를 해봐야 한다), 그래서 이번 일은 이미 예견되어왔던 것이고 단지 시간만이 문제가 되는 것이었다면, 그 경우, '계기들'이 가지는 의미는 아주 부수적일 수밖에 없을 것이다.

그런 이유로, 우리는 먼저 현재 우리 사회를 뒤덮고 있는 원한의 광기들이 본질적이고 필연적이었는가 아니면 가능적이고 어떤 면에서는 조건 의존적인 것들이었나를 면밀히 분석해봐야 할 것이다.

현재 하나의 예를 들면, 친일문제를 비롯한 과거사 규명문제의 경우, 그 처리 과정을 보면 나는 너무나 우려스러울 뿐이다. 소위 진보세력이라 자처하는 자들은 모든 것들을 미주알고주알 낱낱이 다 파

헤쳐서 조금이라도 연루가 되는 것이 있다면, 그가 누구이건 간에 이유 불문하고, 엄하게 책임을 묻고 단죄해야 한다고 주장한다.

반면 소위 보수 세력이라 자처하는 자들은 이런 모든 기도를 불순한 것으로 규정하고 이런 시도의 의미 그 자체를 부정하며 이에 발생하는 모든 혼란과 갈등의 책임을 전적으로 돌리려고 한다. 그들은 이런 기도가 단순한 정치적인 이해관계에서 나온 비열한 노림수라고 단정하고 있다. 이에 지금 우리나라는 극단적으로 둘로 나뉘어 접점을 찾을 수 없는 갈등양상을 보이고 있다.

나는 이런 사태를 보면서, 그들이 아무리 논리적인 근거를 제시하는 시늉을 보일지라도 그 둘 모두에게서 원한과 복수심의 비이성적 '광기'를 발견할 뿐이다. 표면적으로는 원칙주의 또는 이상주의 대 현실주의 또는 상황논리의 대결로 보인다. 즉 이성적인 문제인 것으로 보인다는 것이다. 그러나 만일 이것이 오로지 이성적인 문제라고 한다면, 상황이 이런 식으로 평행선을 달리는 갈등으로 치닫지는 않았으리라는 것이 나의 입장이다.

사실, 인간이 살아가는 사실세계는 원칙과 이상만으로도, 그렇다고 상황논리만으로도 설명될 수 없는 특이한 영역이다. 이 영역은 늘 필연과 우연, 이상과 현실, 절대와 무가 오락가락하는 혼미한 '중간계'기 때문이다. 따라서 어떤 의미에서 혼란과 소요는 중간계의 숙명일지 모른다. 이곳은 반듯하지는 않지만 그렇다고 무지막지하게 험하기만 하지도 않은 '적당히' 거친 곳이기 때문이다.

우리는 이러한 진실을 특히 우리의 '역사' 속에서 수없이 발견하곤 한다. 아마 역사만큼 우리를 어지럽게 하고 두통을 주게 하는 학문도 없을 것이다. 역사란 일종의 '사상누각'이다. 덧없고, 부조리한 이 세계에 그 어떤 질서를 부여하려 투쟁했던 사람들에 대한 기록이기 때문이다. 그리고 그들이 세웠던 건축물은 절대로 영원하지도 완전하지도 않지만, 동시에 허무하고 무가치한 것 역시 아니다. 그것들 역시 '중간'에 있다.

나는 이 '중간'에 대한 이해야말로 시사해주는 것이 많다고 본다. 왜 그들은 '중간'에 머물렀는가? 그들은 왜 다른 것을 만들어내지 않았을까? 그리고 그 '중간'의 의미는 일종의 '열등함'의 표시인가 아니면, '야합과 타협'의 표시일까? 그것도 아니면, 그것은 특별한 종류의 탁월성의 징표일까? 그렇다면 그것은 어떤 종류의 탁월성일까?

나는 현재 우리 사회에서 벌어지는 다양한 갈등들이 미봉책으로 덮여지고 처리되는 것을 원하지는 않는다. 그 경우, 더 큰 재앙이 우리에게 닥칠 것이기 때문이다. 원한과 복수심은 그것들이 가지는 그 엄청나고 파괴적인 자기 증식력과 증폭력으로써 그것들이 적당히 억눌려질 때, 상상을 초월할 정도로 강력해지기 때문이다. 그래서 그것들은 반드시 해결되거나 해소되어야 할 것들이다. 문제는 늘 '어떻게'일 뿐이다.

친일파 문제의 경우, 우리는 곧잘 해방직후의 '반민특위' 사건을 논하곤 한다. 그리고 이 사건에 대한 이해의 차이에서 현재의 진보-보수의 정체성이 결정되곤 한다. 진보세력에 의하면, 반민특위는 친일파의 역공으로 실패했다. 그리고 그 이후 이제껏 그 문제가 해결되지 않았다. 그러나 그 문제가 제대로 해결되지 않는 한, 대한민국의 진정한 발전과 번영은 기대할 수 없다고 주장한다. 그러면서 현 정권은 이 미완의 기획을 완성시키려한다는 의미에서 이번 일을 진정한 대한민국의 기초로 삼는다. 이들은 자신들의 의도를 정당화시키기 위해서 2차 대전 직후의 '프랑스'와 '독일'의 엄격했고 가혹하기까지 했던 전범재판을 제시한다. 그래서 그들이 지금 선진국이 되었다는 것이다.

이에 보수 세력은 '반민특위'를 실패한 사건으로 규정하는 것은 바로 우리 대한민국의 정통성을 뿌리째 흔드는 일종의 '역사테러'라고 규정한다. 이들에 따르면, 반민특위가 부정될 경우 그 이후의 이승만 정권을 비롯한 모든 역대 우리나라의 정권의 의미가 전면 부정되는 것이고 이는 명백한 대한민국의 정체성을 근본적으로 부정하는 것이기에, 이는 일종의 '문화혁명'이라고 규정, 그 저의를 근본적으로 의심한다. 그러면서 이들은 반민특위가 완벽한 것은 아니었음에도 불구하고, 나름의 성공적인 성과를 올렸다고 하면서 영국에게 200년의 지배를 받았던 인도의 예를 들곤 한다. 즉, 프랑스의 경우 그 피지배 기간이 고작해야 5년에 불과하기에 누가 협조 했는가 아닌가를 분명히 가릴 수 있었고, 그들을 단죄했어도 사회를 이끌어갈 능력이 유지될 수 있었다는 것이다. 반면, 인도의 경우 그 피지배 기간이 너무 길다보니, 그 기간 역시 하나의 명백한 역사가 될 수 있기에, 해방 후에 전범재판이나 친영파 색출작업 등이 전무했다는 것이다. 사실, 영국에게 지배당하기 전의 인도는 '무굴제국'으로서 이는 엄밀히 말하면 몽골리안 제국이라 할 수 있다. 그럼에도 무굴제국은 역시 인도의 역사의 한 장에 당당히 기록될 수 있었다.

나의 확신으로는 우리 사회의 과거사와 관련된 이런 갈등은 현재의 방식으로는 절대로 합리적으로 해결될 수 없다고 본다. 설사 둘

중의 하나가 참이고, 다른 하나가 거짓이 될지라도 말이다. 그 이유
는 다음과 같다. 즉 원칙주의나 이상주의 그리고 상황논리는 서로
모순적이기 때문이다. 그리고 그것들이 서로 모순적인 한에서, 그것
들은 상호 '배타적이고' '부정하는' 관계를 형성하기 때문이다. 그것
은 서로가 서로를 '극단적으로' 제거하려 한다. 그리고 그것들이 제
각각 각자의 논리를 유지하는 한에서 그 둘은 무한 투쟁의 운명을
피할 수가 없다.

나는 소위 말하는 '변증법적 지양'을 믿지 않는다. 물론 그것의
복잡한 내적 논리를 이해하지도 못한다. 그러나 나의 확신으로는
동일한 지평에서 서로가 서로를 가능한 한 가장 극단적으로 부정한
다는 것 자체가 비현실적으로 보이며, 그것이 논리적으로는 가능하
다 할지라도 현실상황에서는 '상극'의 상황을 연출시켜서, 이 세계
를 '상살(相殺)'이라는 반/비-생명적 죽음의 공간으로 떨어뜨린다고
생각하기 때문이다. 절대로 그 어떤 경우에도, '상살(相殺)'의 관계
와 그 공간은 '상생(相生)'의 관계와 공간으로 지양·변화·진화·
비약 될 수 없기 때문이다. 죽음이 삶으로 된다는 것 자체가 모순
이기 때문이다.(이 문제에 대해서는 추후에 다른 글에서 본격적으
로 다룰 것이다)

따라서 원한과 복수심에 불타며 그것들을 무한히 자기 복제하는
흐름 속에서는, 그 어떤 건전하고 바람직한 결과를 도출할 수 없으
며 오히려 그것들이 가속되면 될수록 그것들은 더욱더 파괴적으로
증폭될 수밖에 없다는 것이다. 즉 원한의 표출과 그에 따른 복수는
절대로 자기 자신을 '풀 수(해원)'없다는 것이다. 이는 자명한 진리
이다. 그저 시간이 가면 갈수록 원한만 더욱 쌓일 것이고, 그에 따

라 무한한 복수극만이 반복될 것이다.

문제는 간단하다. "어떻게 하면 상황을 상살(相殺)의 관계에서 상생(相生)의 상황으로 바꿀 것인가?"이다. 방금 지적했듯이 상살(相殺)은 그 자체로 상생(相生)이 될 수가 없다. 따라서 뭔가의 근본적인 변화가 요구된다.

우리의 과거사 규명문제가 끝없는 상살(相殺)의 늪에서 빠져나오지 못하는 이유는 다음과 같다. 즉 '규명'의 의미를 '처벌과 단죄'로 이해하기 때문이다. '규명(糾明)'이라는 말은 '사실을 분명히 한다'라는 뜻을 가지는 말이다. 왜 밝히는가? 그것은 어떤 문제를 풀어내기 위함이다. 즉, 사실이 밝혀질 때 문제는 풀리고 갈등은 해소되는 것이다. 그런데 이 규명(糾明)이라는 말은, 그 말이 사용되는 지형도 즉 '의미 위상학'적으로 '규탄(糾彈)'이라는 말과 아주 가까운 '이웃관계'를 형성하고, 여기서 부지불식간에 일종의 '환유(換喩, metonymy)'적 효과 즉 '자리 바꿔치기' 현상이 일어나게 된다는 것이다. 그래서 우리는 규명이라는 단어를 쓸 때, 무의식적으로 규탄 즉 비난과 단죄의 의미를 떠올리게 된다는 것이다.

이 경우 사실은 절대로 밝혀질 수 없으며, 오히려 더욱더 혼미해질 것이라는 점은 자명해 보인다. 즉 상극과 상살이라는 죽음의 기운이 형성되는 것이다. 그래서 규명의 '의지'가 강하면 강할수록 '살해'의 의지가 강해지며, 이 경우 생명의 원한과 복수심은 증폭되는 것이다.

나는 이 문제를 해결할 수 있는 유일한 길은 과거사를 '규명'의 의미로 접근하기보다는, '발굴(發掘)'의 태도나 의미로 접근해야 한다는 것이다. 이 발굴(發掘)이라는 말 역시 사실을 밝히는 작업으로서, 일차적으로는 '땅 속에 묻힌 것을 파낸다'의 의미를 가지는데, 이는 다시 '알려지지 않은 것이나 탁월한 그 무엇을 찾아낸다'는 의미를 가지는 매우 긍정적인 작업을 일컫는 말이다. 그래서 과거문제를 푸는 과정에서 규탄이나 단죄가 아닌, 발굴과 그로 인한 칭송(稱頌)하는 식으로 접근하는 한에서만, 우리나라의 상황에 맞는 '국민통합'과 '화해'를 이끌어낼 수 있다고 확신한다.

과거사를 규탄이 아닌 발굴의 의미로 이해할 때, 우리는 '누가 얼마만큼의 민족반역죄를 지었나' 라는 또 다른 끝없는 논쟁을 피하면서, 대신 '누가 얼마만큼 민족을 위해 기여했는가'라는 보다 덜 애매하고 무엇보다 생산적이고 긍정적인 문제의식을 공유하면서, 그 규명작업이 종극에는 이제껏 알려지지 않았거나 알려졌어도 덜 알려졌던 민족유공자들에 대해서 전국민이 동의하는 포상과 국민적 존경심을 이끌어내는 방향으로 나아갈 것임은 분명할 것이다.

전 국민을 '가능적 죄인'취급하면서 그리고 불필요한 죄의식을 생산하며 광신적 결벽주의로 강요하는 것은, 전형적인 유태-기독교적 열등마인드의 유산이라고 본다. 이는 공동체 내의 그 누구도 이것들로부터 자유롭지 못하게 함으로써 공동체를 파괴적으로 지배하고, 그 구성원들을 정신적으로 피폐화시키는 죄악이라고 본다. 이는 죽음의 길이다. 그리고 이 죽음의 길에 화해와 용서는 불가능하다. 그리고 화해와 용서가 없는 곳에 생명과 행복은 뿌리내릴 수 없다. 이는 모든 국민들을 병들게 하고, 이 국가를 병들게 할 뿐이다.

이는 비단 과거사 규명문제에만 해당될 수 있는 사항은 아니다.

지역갈등문제, 남북문제, 그리고 남녀문제, 등등 현재의 한국사회를 끝없는 혼란으로 치닫게 하는 문제들에 동일한 또는 유사한 방식으로 적용되어야 한다고 본다. 그 문제들은 '규탄'으로 풀기에는 너무나도 '섬세하고', '복잡하고', '유래가 깊다'. 그래서 이 문제에서 누구도 완벽히 자유롭지 못하며, 모두가 정도의 차이를 보이면서 상처를 받았고 모욕을 받았다. 이제 우리는 이 원한과 복수심의 굿판을 치울 때다. 이제 그것들의 살풀이를 하되, 서로가 서로를 용서하고 서로가 서로를 사랑해주고 사로가 서로에게 상을 주는 방식으로 그것들을 풀어내야 한다. '문제나 부조리'는 누구나 볼 수 있을 정도로 자명하다. 이제껏 누가 그릇된 문제제기를 했던가? 그러나 이제껏 그 어느 누구도 제대로 된 해결책을 제시하지 못했었다. 모두 해결을 명분으로 자신의 원한에 대한 복수를 하려 했기 때문이다. 이는 내적 양심에서 고백하는 부정할 수 없는 우리의 자화상이다. 이제 우리는 이 어려운 상황에서 누가 다른 사람보다 더 나쁜 짓을 했는가를 찾는 대신, 이 힘들고 어두운 시대에 누가 마지막 빛과 소금으로서 자신의 이웃들을 밝히고 있는 가를 찾아내야 할 것이다. 오로지 이런 거대한 국면의 전환만이 우리에게 민족의 화해와 통일 그리고 미래의 번영을 가져다주는 전제가 될 수 있을 것이다.

🌱 우리에게 '민족'이란 무엇인가?

언젠가 '뉴라이트'의 대표 논객인 이영훈 씨는 "조선왕조의 몰락은 맹목적 반일주의 때문이었다."를 골자로 하는 글을 발표했다. 이어서 그는 "민족주의가 식민지시대에는 긍정적 역할을 했지만 적어도 민주화가 된 이후의 민족주의는 부정적 측면만 크다고 생각한다."라고 했다. 요컨대 그의 입장의 핵심은 '민족주의'라는 것은 일종의 '고립주의'며 따라서 그런 고립주의를 고집할 경우, 세계화의 흐름 속에서 도태할 수밖에 없다는 것이다.

그런데 그의 민족주의에 대한 반감은 아주 묘한 방식으로 김대중 정권 이래의 대북정책에도 비난의 화살을 날린다. "김대중 대통령이 북한을 다녀온 지 5년이 됐지만 북한은 전혀 변화하지 않고 있고 남한만이 정신적 혼란이 발생하고 있다."며 "심지어 대학교수들조차도 같은 민족이 노예 상태로 있는 북한에 아무 비판의식 없이 관광차, 회의차 다녀오고 있다."고 지적하고 있으며 또한 "더 우려되는 것은 현 집권세력이 결국 남북문제를 집권의 수단으로써 활용할 가능성이 크다는 점"이라며 "민족이라는, 20세기 들어 한국인들이 발견한 혈연공동체적 정치이데올로기가 일종의 감성체계로, 정치적 동원의 수단으로 전락하게 되면 그 후유증은 상상을 할 수 없다."고 덧붙였다.

그에게 '민족주의'는 전 시대의 미몽(迷夢)을 의미할 뿐이다. '민족주의'는 대외적으로는 고립주의를 자초하여, 세계사적 흐름을 놓치게 하는 장막이자 눈가리개로 작용하고 있을 뿐이며, 대내적으로는 이성에 기초하지 못하는 무지몽매한 감성체계에 불과, 특정 정치 세력들이 국민들의 의식을 조작하고, 이용하는 저질 선동수단에 불과하다는 것이다.

이런 그의 주장은, 그가 비록 '뉴라이트'라는 새로운 이름을 가지고 있음에도 불구하고, 기존의 우리나라의 보수우익의 주장과 별반 다를 바 없다. 우리나라의 우익은 언제나 주장했었다. "우리나라는 과거 쇄국정책 때문에 그리고 개화파들의 몰락 때문에 망했으며, 이런 현실을 무시한 고립주의는 현재까지도 이어져서 세계 유일의 독재국가인 북한을 살려주고 있다."

일견 설득력이 있어 보이고, 논리적으로 일관성도 있어 보인다. 그리고 과거 역사에 대한 우리의 상식하고도 어느 정도 부합해 보인다. 그렇다. 우리는 어릴 적부터 그렇게 배웠고, 생각하기를 강요당해왔었다.

정말로 아이러니컬하게도 우리 보수우익의 주장은 늘 '민족주의'가 우리를 망쳤다는 것이다. 그래서 그들은 과거 개발 독재기에도 언제나 "못난 조상들의 쇄국정책 때문에 나라가 망했으며, 만일 조선 말기의 개화파들의 세력이 집권에 성공했으면, 우리의 역사는 달라졌을 것이다."식의 주장을 했으며, 이런 의식 아래에서 우리 역사에서 가장 아쉬움이 남는 사건으로 김옥균 무리들이 일으켰던

'갑신정변'을 지목한다. 요컨대, 우리의 보수 우익세력들은 아주 유별나게도 '민족주의'를 부정한다.

이렇게 우리의 보수우익이 '민족주의'를 부정하는 마당에, 그럼 그들과 대척되는 위상을 가지고 있는 우리나라의 좌익들은 '민족주의'를 옹호할까? 답은 '절대 아니다'이다. 우리나라의 좌익의 가장 중요 아이디어가 바로 '민족주의의 거부'이다. 사실, 일반적인 관점에서 '좌익'이 '민족주의'와 관련 맺기를 기대하는 것 자체가 황당한 것이다.

우리나라 좌익들에게 '민족'이나 '민족주의'는 전근대적인 봉건주의 역사의 폐습이자, 척결되어야만 하는 유산일 뿐이다. 그들에게 '민족'이라는 단어는 언제나 '독재자'를 위시한 '지배계급'이 민중계급이자 피지배계급을 통제하고 억압하기 위해 가공해낸 '파시즘'이데올로기일 뿐이다. 그런 이유로, '진보-좌익'인 한에서 가장 먼저 해야 할 것은 '민족'이란 것을 부정하는 것이다.

그래서 이들은 2002년도의 붉은악마를 중심으로 하는 전국민적 환호 역시 '파시즘의 유령'이라고 단칼에 날려버리며, 더 나아가 민족주의를 조장한다고 의심되는 '축구' 등의 스포츠에 대해서조차 예민하게 반응하곤 한다. 이들에게 '민족'이란 그저 18~19세기 근대기에 만들어진 허구적 개념일 뿐이다.

이렇게 볼 때 우리나라에서는, 보수-우익이건 진보-좌익이건 간에 그들 모두 '민족주의'를 부정한다. 전자의 경우는 '민족'이란 존재한다 할지라도 그것을 기초로 하는 시스템은 하류이며 열등하기에 우리의 현실 문제를 풀기위한 수단이 될 수 없다는 것이며, 후자의 경우는 '민족'이라는 것 자체의 '실체성'을 아예 인정하지 않으며 한갓 부르주아지들의 지배 이데올로기에 불과하다는 것이다.

이렇게 좌-우 양 진영에서 버림받는 '민족주의'는 그럼 우리에겐 이미 용도 폐기되고 사라진 것일까? 그리고 좌-우, 양쪽 어디서도 환영받지 못하는 '민족'은 설사 그것이 존재한다 할지라도 그 영향력은 극히 미미할 수밖에 없지 않을까?

1894년은 우리 역사에서 매우 중요한 시점이다. 바로 그 유명한 '동학운동'이 시작된 해이기 때문이다. 외부적으로는 제국주의 열강들이 조선의 패권을 두고 서로 싸우고 있고, 내부적으로는 친러파, 친일파, 친청파, 친미파 등으로 사분오열된 상태에서 어느 외세에 기대어 우리 목숨을 연명할 것인가를 두고 서로 죽이고 살리며 하면서 싸우던 시기다. 바로 그 난세에 '동학운동'은 언급된 그 어느 세력에도 영향을 받지 않고 자발적으로 그리고 전국적으로 일어나게 되었다.

'동학운동'세력의 주장은 다음과 같이 정리될 수 있다 : "현재의 모든 위기는 모두 외세에 기인한 것이다. 따라서 우선, 외세의 파괴적이고 폭력적인 사상의 유입을 막고, 그런 외세에 기대어 우리나라를 식민화시키려는 조정세력들을 모두 몰아내야 하며, 이들에 의해 자행된 모든 종류의 악법들을 철폐, 백성들의 고난을 해결해야 한다."

당시 이 동학운동은, 오로지 이미 힘을 잃고서 목숨을 연명하기에 바빴던 조선왕실만이 몰래 뒤에서 호응을 했을 뿐, 모든 외세들과 그 외세에 빌붙었던 우리의 조정세력들로부터는 엄청난 분노를 샀어야 했고, 결국 외국군대와 그 외국군대의 용병으로 전락해버린 우리 관군에 의해 진압되었으며 돌이킬 수 없을 정도로 파괴되었다.

흥미로운 사실 중의 하나는 이 동학운동에 대한 현재의 우리의 평가들이다. 소위 보수-우익이 집권하던 시절, '동학운동'은 '東學亂'이었다. 그래서 '동학난'을 학습받은 사람들의 머리속에 '동학운동'은 그저 가뜩이나 혼란스럽고 한심했던 구한말에 일어났던, 그저 그런 떼거지 민란 정도로 인식되고 있을 뿐이다.

반면, 소위 진보-좌익계열들이 집권하면서부터 '동학운동'은 '동학난'에서 '갑오농민전쟁'으로 평가되거나 혹은 이것이 너무 지나치다고 보는 경우, '동학농민혁명'으로 하거나 아주 온건하게는 '동학농민운동'으로 평가되고 있다.

하지만 '동학운동'의 본질은 간단하다. '東學의 사상으로 모인 사람들에 의해주도되었던 실패했던 求國운동이다'.

그런데 우리 보수-우익세력은 '東學'은 인정했지만, '求國운동'을 부정한다. 이것의 의미는 다음과 같다. 동학운동가들은 당시의 시대상황을 '서구의 물질주의 등의 그릇된 사상을 가진 세력과 그 세력에 동조한 일본에 의해서 전 아시아가 총체적 문명적 위기에 빠졌다'고 규정했으며, 이에 아시아의 본래적 전통과 사유의 새로운 부활을 통해서 조선을 비롯한 아시아 전체의 문명적 위기를 극복한다'.

그들에게 '조선'이라는 땅과 그곳에 사는 민족은 사상적으로 전 아시아의 뿌리고 대표이며 그럼으로써 조선을 구한다는 것은 단순한 한 나라를 지키는 것 이상의 가치를 가지는 것이라고 생각했다. 여기서의 '동학'이란 '수운 최제우 선사'를 비롯한 최시형, 전봉준

등이 제창한 신사고로서 동아시아의 사상의 원류인 '유·불·선'에 기초하며, 그것들을 다시 창조적으로 재정립하고 통합시킨 것이다. 그리고 이들은 오로지 이런 '동학'의 사유만이 서구의 물질주의와 과학주의에 맞서서 문명적 위기를 극복하고, 장차 도래할 개벽시대를 준비할 수 있다고 봤던 것이다.

그럼에도 불구하고, 우리의 우익세력들은 '동학운동'을 마치 '황건적의 난'이나 '태평천국의 난' 혹은 '홍경래의 난'처럼 어지러운 역사적 상황에서 늘 일어나곤 했던 '일개 민란'으로 규정했던 것이다.

반면, 좌익의 경우는 이 운동의 사상적 원류인 '동학'의 가치를 아예 부정하거나 최소화시킴으로써 그들의 물질주의적 역사관에 기초한 민중혁명의 역사에 한 자릴 차지하는 예로서만 규정하려 하는 것이다.

우리나라의 민족주의의 역사에서 큰 의미를 가지고 있는 역사적 사건들 중에서 대표적인 것들은, 고려시대의 '묘청의 난'과 구한말의 '동학운동'이다. '묘청의 난'은 우리나라의 진정한 우익 역사학자인 신채호 선생에 의해서 '조선역사 1천년 이래 최대사건'으로 규정되었을 정도로 매우 심각한 사건이었다. 바로 이 난이 진압되면서부터 우리 역사 속에서 '민족주의'는 탄압받기 시작했고, 자주독립은 멀어져갔기 때문이다.

나는 개인적으로 이 두 가지의 민족주의 비극사에 하나를 더 추가시키고 싶다. 그것은 바로 광복 직후의 '김구선생의 암살사건'이다. 김구 선생이 암살됨으로써 우리나라와 우리 민족은 소위 우익 세력의 남한과 좌익 세력의 북한으로 갈라졌고, 이후 민족의 비극사가 계속되게 되었기 때문이다.

놀라운 사실은, 우리나라의 역사를 보면 묘청의 난 이래 현재까지 민족주의는 '언제나' 배척당해왔으며, 또한 그럼에도 불구하고 우리 백성들의 마음속에서 한 번도 잊히지 않았다는 것이다. 이는 그 어느 누구의 사상을 추종하는 것과도 관련이 없으며 그 누구의 조작과 조종과도 아무 관련이 없다. 그 오랜 시간 동안 늘 주인을 잃었음에도 불구하고, 그리고 언제나 '상스럽다', '미개하다', '저질이다', '파시즘이다' 등등의 온갖 종류의 지배계층의 비난과 탄압에도 불구하고, 한 번도 꺾인 적이 없다. 그것은 언제나 역사의 중요한 시점에서 전 백성의 마음에서 일어나곤 했던 것이다.

현재, 소위 어줍지 않게 서양학문을 공부한 사람들은 '민족'이란 17~18세기 근대 국민국가의 탄생과 더불어서 발생한 허구적 개념이자 제국주의와 세계대전을 가능케 했던 위험한 이데올로기이자, 오늘날 수많은 나라에서 발생하는 소수자들의 인권을 탄압하는 정치수단쯤으로 매도를 하고 있다.

하지만 나는 이런 사람들에게 동양과 우리나라의 역사에 대한 공부를 하도록 권하고 싶다. 이런 생각들이 비록 서구 그리고 이웃인 일본까지도 적용될 수 있을지언정, 동양 역사를 조금만이라도 공부하면 어불성설이 됨을 알게 된다고 생각하기 때문이다. 이는 동아시아 역사의 자명한 기초를 부정하는 우매함인 것이다. 사대주의의 대표적 역사서이자 '신라주의'로 오염된 '삼국사기'만 읽어도 절대로 이런 생각을 할 수가 없을 것이다.

과거에 누군가 그런 말을 하는 것을 들었는데, 우리에게 '민족'과 '민족주의'는 언제나 '약'이 되었다고 한다. 그리고 역사적 기록 속에서 '민족주의'가 큰 피해를 끼친 적이 없다고 한다. 민족주의 하면, 국수주의와 제국주의를 생각하며 소름끼쳐 하는 사람들은 아마도 서양의 공포영화에 중독 된 사람이자 전형적인 과대망상증이자 정신분열증 환자라고 말하고 싶다.

또한 현재, 미국을 위협할 만큼 성장한 중국의 패권주의와 미국과 일본의 여전한 제국주의의 위협 앞에서 그리고 동족인 북한인민들의 참상 앞에서, 세상을 모르는 건지 아니면 세상을 무시하는 건지 공리공론만을 일삼으며 자신의 지적 우아함을 돋보이려 민족주의를 천한 사상으로 폄하하는 사람들의 모습은, 또 그런 사람들이 마치 양심 있는 지식인 양 대접받는 한국 지식사회의 위선과 무지 그리고 직무유기는 내 마음을 언제나 무겁게 만든다. 너무 슬프다. 과거 근세조선이 했던 우를 똑같이 범하고 있다는 것을 우리는 깨달아야 한다.

마지막으로 어설프게 공부한 '기회주의적 이상주의자'들에게 다음과 같은 참다운 이상주의의 예를 보여주고 싶다.

"……모든 사상도 가고 신앙도 변한다. 그러나 혈통적인 민족만은 영원히 성쇠흥망의 공동 운명의 인연에 얽힌 한 몸으로 이 땅 위에 나는 것이다.

세계 인류가 네요 내요 없이 한 집이 되어 사는 것은 좋은 일이요, 인류의 최고요 최후인 희망이요, 이상이다. 그러나 이것은 멀고 먼 장래에 바랄 것이요, 현실의 일은 아니다. 사해동포의 크고 아름다운 목표를 향하여 인류가 향상하고 전진하는 노력을 하는 것은 좋은 일이요 마땅히 할 일이나, 이것도 현실을 떠나서는 안 되는 일이니 현실의 진리는 민족마다 최선의 국가를 이루어 최선의 문화를 낳아 길러서 다른 민족과 서로 바꾸고 돕는 일이다. 이것이 내가 믿고 있는 민주주의요, 이것이 인류의 현 단계에서는 가장 확실한 진리다.

그러므로 우리 민족으로서 하여야 할 최고의 임무는 첫째로, 남의 절제도 아니 받고 남에게 의뢰도 아니 하는 완전한 자주 독립의 나라를 세우는 것이다. 이것이 없이는 우리 민족의 생활을 보장할 수 없을 뿐더러, 우리 민족의 정신력을 자유로 발휘하여 빛나는 문화를 세울 수가 없기 때문이다.

이렇게 완전 자주 독립의 나라를 세운 뒤에는 둘째로, 이 지구 상의 인류가 진정한 평화와 복락을 누릴 수 있는 사상을 낳아 그것을 먼저 우리나라에 실현하는 것이다.

나는 오늘날의 인류의 문화가 불안전함을 안다. 나라마다 안으로는 정치상, 경제상, 사회상으로 불평등 불합리가 있고, 밖으로 국제적으로는 나라와 나라의, 민족과 민족의 시기, 알력, 침략 그리고 침략에 대한 보복으로 크고 작은 전쟁이 그칠 사이가 없어서 많은 생명과 재물을 희생하고도 좋은 일이 오는 것이 아니라 인심의 불안과 도덕의 타락은 갈수록 더하니, 이래가지고는 전쟁이 그칠 날이 없어 인류는 마침내 멸망하고 말 것이다.

그러므로 인류 세계에는 새로운 생활 원리의 발견과 실천이 필요하게 되었다. 이야말로 우리 민족이 담당한 천직이라고 믿는다.

이러하므로 무리 민족의 독립이란 결코 삼천리 삼천만의 일이 아니라 진실로 세계 전체의 운명에 관한 일이요, 그러므로 우리나라의 독립을 위하여 이하는 것이 곧 인류를 위하여 일하는 것이다.

만일 우리의 오늘날 형편이 초라한 것을 보고 자굴지심을 발하여 우리가 세우는 나라가 그처럼 위대한 일을 할 것을 의심한다면, 그것은 스스로 모욕하는 일이다. 우리 민족의 지나간 역사가 빛나지 아니함이 아니나 그것은 아직 서곡이었다. 우리가 주연 배우로 세계 역사의 무대에 나서는 것은 오늘 이후다. 삼천만의 우리 민족이 옛날의 그리스 민족이나 로마 민족이 한 일을 못한다고 생각할 수 있겠는가.

내가 원하는 우리 민족의 사업은 결코 세계를 무력으로 정복하거나 경제력으로 재배하려는 것이 아니다. 오직 사랑의 문화, 평화의 문화로 우리 스스로 잘 살고 인류 전체가 의좋게 즐겁게 살도록 하는 일을 하자는 것이다. 어느 민족도 일찍 그러한 일을 한 이가 없었으니 그것은 공상이라고 하지 말라. 일찍 아무도 한 자가 없기에 우리가 하자는 것이다. 이 큰일은 하늘이 우리를 위하여 남겨놓으신 것임을 깨달을 때에 우리 민족은 비로소 제 길을 찾고 제 일을 알아본 것이다.

나는 우리나라의 청년 남녀가 모두 과거의 조그맣고 좁다란 생각을 버리고 우리 민족의 큰 사명에 눈을 떠서 제 마음을 닦고 제 힘을 기르기로 낙을 삼기를 바란다. 젊은 사람들이 모두 이 정신을 가지고 이 방향으로 힘을 쓸진대, 30년이 못하여 우리 민족은 괄목상대하게 될 것을 확신하는 바이다."- 김구 『나의 소원』 중에서-

🌸 한국 연방은 불가능한 꿈일까?

민족주의의 망령을 보인다는 비난이 일어날 수 있다. 하지만, 그래도 좋다. 다른 것들도 그렇지만 민족주의 역시 일종의 '과잉'이 될 경우에만 문제가 될 뿐, '회복'을 위해서는 중요한 것이라 생각한다. 우리에게 '민족주의'는 우리가 상실한 것들을 되찾게 하고, 그래서 우리가 '비정상'의 상태로 전락하게 된 상황에서 벗어나게 해주는 '역사적 대의'가 될 수 있기 때문이다.

물론, 우리의 '민족주의'는 모종의 '업그레이드'가 되어야 한다. 조선시대 '모화사상'의 왜곡된 형태에서 비롯된 '순혈주의'적 민족주의는 극복되어야만 한다. 또한 '타자배척주의' 역시 청산되어야 한다. 이 모두 漢族 혹은 華夏族의 자폐증적 민족주의에 오염된 결과다. 이런 자폐증적이고 타자배척적인 민족주의의 폐해는 익히 알려져 있다. 독일에 의해서 유태인들이 희생되었고, 그 희생을 오히려 '무기' 삼아, 현재 유태인들은 유사 이래 최악의 병적 민족주의에 빠져 전 세계를 위험에 빠뜨리고 있다. 물론, 이런 병적 민족주의의 반대편에는 또 다른 유태인들이 있는데, 그들은 극단적 무정부주의를 지향하고 있다. 마치 전 세계의 극단적 민족주의와 자유주의의 싸움은 일종의 집안 싸움 같다는 인상마저 풍기게 하고 있다.

우리에게 민족주의는 이런 모습이 되어서는 안 될 것이다. 우리에게 민족주의는 우리의 조상들의 자취와 우리 자신의 진면목을 찾아가는 '성스러운 회복'의 도구가 되어야만 할 것이다. 일찍이 고구려 시절부터 우리 민족의 '화두'는 '다물(多勿)'이었다. '다물'의 의미는 바로 '르네상스'다. '재생 혹은 회복'인 것이다. 고구려가 우리 역사 속에서 거의 유일한 정복국가로 이해되고 있지만, 실상 그들의 정복전쟁 역시 '역사적 회복 운동'이었음을 이해하는 것이 중요하다. 물론, 이 시대에 그런 정복전쟁을 주장하고자 함은 아니다.

이 시대의 우리는 새로운 방식으로 '회복'을 해야 한다. 새롭게 우리의 잃어버린 정체성을 찾아내야만 한다. 우리나라의 역사는, 우리의 기억이 미치는 범위 내에서는, 언제나 '회복에의 의지'의 표현의 역사였다. 이제 우리는 과거, 정복전쟁을 통한 방식과는 다른 식으로 그러나 조선처럼 그것을 포기하는 것도 아닌, 다른 방식으로 시도해야만 할 것이다.

현재 물론, 아직까지는 미미한 단계에 머물고 있지만……. 우리 한국과 몽골의 연방국가 시스템이 시도되고 있다고 한다. 한국과 몽골간의 기나긴 역사적 친밀성을 바탕으로 해서 한국은 영토와 자원을, 몽골은 기술과 선진문화를 상호 호혜적으로 공유하고자 하는 계획인데, 한국과 몽골, 두 나라 모두 강하게 원한다고 한다. 이런 분위기를 조성하는데, 소위 '한류'가 많은 기여를 했음은 말할 필요가 없다.

역사적으로 몽골은 언제나 우리와 매우 가까웠다. 과거 동북아 지역에는 소위 '九夷'라 하는 여러 동이족들이 '연방형태'를 취하면서 살고 있었다고 한다. 상고사에 의하면, 이런 '구이'들을 하나의 연방형태로 묶었던 체제가 바로 '고조선'이었으며, 이 고조선 이후의 역사는 바로 이 '구이'들의 이합집산의 과정이었다고 한다.

이 '구이'에는 대강 몽골, 흉노, 선비, 돌궐, 거란, 여진, 조선 등등의 부족들이 속해 있어서 처음에는 상호간의 문화·지역적 유대성으로 묶일 수 있었지만, 이후 점차적으로 상호간의 이질성 때문에 분화되는 길을 가게 되었다고 한다.

현재 흉노와 돌궐은 서쪽으로 진출을 해서 각각 헝가리(Hungaria, 훈족의 땅), 터어키(Turke)로 '서구화' 되었고, 거란과 여진은 역사의 뒤안길로 완전히 사라져버렸다. 남은 것은 우리 조선민족과 몽골족뿐이다.

그리고 조선은 신라와 고려 이후 사대주의를 국시로 삼아 모화사상에 경도되어 자신들의 역사적 정체성을 거의 상실하게 되고, 마침내는 남북이 분단되는 비참한 역사를 겪어야 했으며, 몽골은 칭기스칸이 몽골대제국을 세워 위대한 '5 한국' 시대를 열었으나 이후 명에 멸망, 명에 의해 그들의 모든 것이 파괴되었고 다시, 소련 연방에 지배되어 민족 말살정책의 최대 희생자가 되었다.

끊임없이 이동해 가는 유목민족들의 경우, 자신들의 정체성을 지켜내기 위해, 정착민족보다 더 발달되고 정교한 '족보'를 가지고 있다고 한다. 몽골 역시, 스탈린이 집권하기 전까지 매우 훌륭한 족보와 성씨제도 그리고 결혼제도 등이 있었다고 한다.

그러나 역사적으로 몽골족에 천추의 한을 가지고 있는 슬라브 족은 자신들이 힘을 얻게 되자마자 몽골족에 대한 대대적인 보복을 하는데, 그 중의 하나가 몽골인들로 하여금 자신들의 문자를 사용하지 못하게 하고, 모든 성씨제도들을 철저하게 폐지해버렸다. 이렇게 해야만 몽골족이 역사적으로 소멸되어 다시는 부활하지 못한다고 판단했기 때문인 듯하다.

이런 이유로 현재, 몽골인들은 러시아 문자를 사용하고 있으며 모두 애비 없는 자식들이 되었다. 그 누구도 성씨가 없기 때문이다. 현재 몽골인들의 이름은 '아버지의 이름+자식의 이름'으로 되어있다. 그래서 이를테면, 아버지의 이름이 철수이고, 아들의 이름이 철기면, 아들의 정식 이름은 성씨가 없기 때문에 그냥 '철수 철기'가 된다. 이 경우, 두 세대만 지나면 아무도 모르게 된다. 이게 슬라브족과 공산주의가 한 민족에게 가한 '만행'인 것이다.

현재, 위대했던 고조선의 九夷들 중에서 '최소한의' 혈통성과 민족 정체성, 거기에 언어를 유지하고 있는 곳은 오로지 남조선(남한)뿐이다. 물론, 倭족인 일본이 남아있지만, 이들은 철저히 고립되어있으며 역사를 왜곡하는 데 앞장서고 있다.

이런 상황에서, 물론 華夏族 국가인 중국이 강력하게 반대할 것이지만, 한국과 몽골이 다시 서로 간의 필요성 때문에 다시 하나되기를 원하고 있다. 이는 정복과 파괴가 아닌, 과거에 그랬던 것처럼 상호 호혜적 연대인 것이다.

비록 북한이 미국의 침공에 대한 두려움 때문에 우리의 역사적 원수인 중국과 손을 잡고 있으며, 점차적으로 중국에 속화되고 있다는 점이 매우 안타깝지만, 이런 상황이 계속되리라고 전망하지는 않는다. 지금이야말로 미국이나 중국의 틈바구니에서 벗어나서, 진정한 남북간의 민족공조가 절박하게 요청된다.

남북간의 하나 됨, 그것은 반드시 통일국가가 아니어도 좋다. 그 어떤 식으로도 좋다. 독일식의 흡수·환원은 '민족적' 차원에서 원치 않는다. 그것은 모든 조선민족이 원치 않는, 또 다른 의미의 비극을 암시할 뿐이다. 엄연히 존재하는 남한과 북한 간의 차이 그리고 한국과 몽골 간의 차이가 존중되어야만 할 것이다. 이런 차이를 존중하는 경우에만 그 옛날 '단군왕검'께서 선포하신 '홍익인간'의 이념이 부활할 수 있기 때문이다.

'단군'이 절대군주가 아니었음은 이미 알려진 사실이다. 그는 다양한 부족들 간의 차이를 존중하며, 그들 간의 입장들과 이권들을 잘 조율해주었던 위대한 '조정자'이셨다. 이런 차이들의 존중을 바탕으로 하는 상호 호혜적 연방체제와 그런 체제를 효과적으로 조율하는 조정자로서의 지도자의 탄생, 나는 개인적으로 이런 새로운 형태의 국가 탄생이 머지않아 다시 가능해지리라고 기대해본다. 그러기 위해선 가장 먼저, 남북이 잘 만나야만 할 것이다.

● '종말론'과 '개벽사상'에 대한 '짧은' 생각

요즘 세상이 어지럽다 보니 여기저기서 종말론적 담론들이 회자되고 있다. 그리고 그 반응에 대해서도 극단적으로 양분이 되어있어서, 한쪽은 맹목적으로 신봉하고 다른 쪽으로는 맹목적으로 거부하는 모습을 보이고 있다.

종말론에 대한 반대론자들의 생각은, 세상이 어지러울 때는 언제나 그런 말들이 유행되었었고 그것들은 결국은 하나같이 거짓으로 드러났기에, 그런 담론들에 귀 기울일 이유가 없다고 한다. 이는 과거 역사 속에서 수없이 증명된 사실이라고 주장한다.

그런가 하면 옹호론자들은, 지금까지는 늘 거짓 선지자들의 등장 때문에 그랬던 것이지 종말이나 개벽의 사건은 필연적인 것이고, 이번이야말로 진짜라고 한다. 물론, 과거의 경우들을 보면 언제나 '이번에는' 하는 식이었지만 말이다.

내가 지적하는 것은 "왜 종말론이나 개벽에 대한 담론은 언제나 재생되는가?"이다. 이런 반복이 단지 인간들의 반복되는 무지몽매 때문일까? 그렇다면, 그것 역시 하나의 '우연적 사건'인 것일까?

내 생각의 결론을 잠정적으로 말하자면, 종말론이나 개벽사상은 그것들 자체로는 우리 인류의 근원적 사고 패러다임에서 나오는 필연적 담론들이라는 것이다. 즉 인간인 한에서 동양이건 서양이건 간에, 그 누구도 그런 담론들로부터 자유로운 사람은 거의 없다는 것이다. 그리고 어떤 의미에서는 그런 생각을 가지고 있지 않은 사람이야말로 정말로 이상하고, 야만적일 수 있다는 것이다.

그래서 진정한 문제는 누군가가 종말론이나 개벽사상을 가지고 있느냐 아니냐에 있는 것이 아니라 또는 심지어 어떤 것이 진정으로 참인가에 대한 것이 아니라, 그것들의 참된 의미들이 무엇이며 또한 그것들은 서로 어떤 관계를 맺고 있는가를 이해하는 것이라고 생각한다.

모든 담론의 뼈대를 형성하고 있는 철학적 담론의 차원에서 볼 때, '전통적인' 서구적 담론은 하나같이 '목적론'적인 틀을 가지고 있으며 동양적 담론은 하나같이 소위 '순환론'적 틀을 가지고 있다.

먼저 목적론적 틀을 보자면 서구적 사유에서 볼 때, 모든 존재하는 것들과 그것들의 운행으로서의 역사는 신으로부터 시작해서 신으로 도달하는 일종의 '거대한 순환'이다. 그렇다. 전통적 서구적 목적론적 틀에서도 사실은 '순환'을 말한다.

그러나 이런 순환이 '목적론적' 틀 속에서 움직이는 한에서, 그 순환은 본질적으로 낮은 곳에서 높은 곳으로, 불완전한 것에서 완전한 것으로, 부분에서 전체로, 열등한 것에서 우등한 것으로…… 등등의 성격을 가진다. 그런데 이런 목적론적 틀 속에서는 서구적 사유의 시원에서 영향을 미치고 있는 '이원론적' 사유와 '그노시스주의'적 요소들이 웅크리고 있다. 이런 이유로, 서구 목적론적인 틀 속에서는 늘 '가치'의 '우열'과 '존재론적인' '등급'에 대한 사유가 들어있다.

그래서 신을 향한 도정에서 늘 '지금' 보다는 '미래'가 더 우등하고 높은 등급을 가진다. 왜냐하면 그만큼 신에게 가깝게 도달했다고 보기 때문이다. 신은 가장 '최초의 원인'이자 가장 '최후의 목적'으로서 이 세계의 모든 것을 가능케 한 절대·초월자인 것이다.

그래서 목적론적 사유 속에서는 늘 '신과의 거리', 또는 '지금과 그때'라는 즉 '가깝고 멂'에 대한 '거리와 지연'의 아이디어가 있고, 이런 의미에서 '그노시스주의'에서는 태초의 순간이야말로 신이 직접 이 세계를 창조한 순간임에도 불구하고 바로 '태초'와 '시작'인 이유로, 실은 신으로부터 가장 먼 단계 즉 '악'의 탄생의 순간이라고 보는 것이다.

또한 이런 식의 사유의 전형은 아리스토텔레스 이후 서구적 형이상학을 지배했던 '유비론'적 사유라고 할 수 있다. 서구적 '위계주의'가 바로 이것의 결과인 것이다.

이런 맥락에서 보다 낮은 곳에 있는 것은 보다 높은 것에 있는 것보다 '불완전한 것'이며 '열등한 것'이다. 그리고 보다 우등한 것은 보다 열등한 것에 대해서 존재론적·가치론적 우위를 가진다.

그래서 결국, 이 세계는 태초 이래로 신으로부터 떨어져 나와 헤매고 방황을 하다가 미래의 어느 순간에 이르러서야 비로소 신과 다시 조우할 수 있게 된다는 것이다. 그리고 그때까지 모든 것은 불완전함과 열등함, 악 그리고 무엇보다도 자기상실과 소외의 상태 속에 머무는 것이다.

이런 식의 세계관은 필연적으로 현세와 '역사'에 대한 극단적 회의주의와 허무주의를 양산시킨다. 이런 생각을 하는 사람의 경우, 현세는 '악'이요, '역사'는 방황의 시간에 불과한 것이기 때문이다. 그래서 이런 악과 방황이 그치고, 모든 것이 비로소 제대로 신과 함께 되는 순간을 기약하기에 이르는데, 그것이 바로 최후의 심판이자 종말의 때인 것이다.

종말과 최후의 심판은 결국, 현세의 이 세계에 대한 복수심과 분노의 극적 상태라고도 할 수 있다. 이 세계의 파괴와 역사의 종말은 바로 최후의 심판이자, 선의 승리이자 신의 나라의 도래가 되는 것이다. 그때까지는 지구 상의 그 어떤 것도 악으로부터 자유로울 수 없으며, 죄 속에서 불완전함과 열등함 속에서 허우적거리는 것이다.

이런 서구적 목적론적 사유와는 달리, 동양의 순환론적 사유는 근본적으로 '易의 사유'에서 기인하는 것이다. 易이라 함은 바로 '변화와 순환'에 대한 이해인 것이다.

그러나 사실, '순환'이라는 말을 사용할 필요도 없이 '변화'라는 말만 가지고도 이미 모든 것이 설명된다. '變化'라는 말을 근본적으로 이해하면 變은 서양의 change를 의미하는 것이며, 化라는 것은 becoming을 의미하는 것이다. 그리고 여기서 變은 주로 외형적·표면적 차이에 주목하는 것이며, 化라는 것은 본성적 동일성에 주목하는 것이다.

그래서 봄에 진달래꽃이 피다가 초여름에 지는 것을 보면서 그 외적 차이현상과 본성적 동일성 현상을 보는 것, 이것이 易의 사유인 것이다.

이런 易의 사유는 송대의 소강절이라는 학자에 의해서 완성되는데, 강절에 의하면 이 세계는 큰 주기를 가지고 그 기간은 시간적으로는 12만 9천 6백년이며 그것을 一元이라고 했다. 그리고 그 一元은 마치 하루와 1년이 12개의 시를 가지는 것처럼 12會를 가지고 다시 4절기를 가진다고 했던 것이다. 그리고 그 각각의 1會는 1만 800년이라고 했다.

요컨대 易의 사유에서는 이 우주가 하루의 운행처럼, 보다 긴 운행을 하는 것이라고 본 것이다.

이런 맥락에서 소위 '개벽'이라는 것은 그 우주의 회나 절기가 바뀌는 사건을 의미하는 것이다. 그래서 그것은 한 사물의 생로병사, 하루의 낮과 밤 그리고 봄·여름·가을·겨울의 계절의 무한한 운행과도 같은 극히 자연스런 자연현상을 의미하는 것이다.

그래서 '개벽'사상에는 서구적인 의미에서의 이 세계에 대한 적개심이나 부정적 태도 혹은 지나친 비현실적 유토피아에 대한 갈망이 들어있지 않으며, 오히려 현세적 세계에 대한 긍정적인 태도가 들어있는 것이다. 봄이 되면 꽃이 피고, 여름이 되면 만물이 성장하고, 가을이 되면 열매가 맺고, 겨울이 되면 다시 긴 정적 속으로 들어가…… 각각의 時(시)의 이행에 따른 이 존재자 전체 세계의 변화를 긍정하고 그것을 준비하고 관조하는 것, 봄이 되면 마땅히 씨를 뿌려야 하기에 그것을 준비하고 가을이 되면 열매가 맺기에 추수를 준비하는 것.

개벽사상은 우주의 절기의 이행에 따른 우리 삶과 세계의 변화를 우리에게 알리고, 그것을 준비하는 것을 그 목적으로 한다.

한편 서구적 목적론적 담론은 다양한 사물들 간의 질적인 위계를 긋는다. 이를테면, A가 B보다 더 '신'에게 가까운 것일 때, A는 B보다 더 우월한 것이 되는 것이다. 반면 B는 A보다 열등한 것이 된다.

이런 아이디어 속에서는 한 사물 내에서의 '시간적 양상적 차이'도 민감하게 주목된다. 이를테면, 도토리와 너도밤나무를 볼 때, 도토리는 너도밤나무에 비해서 열등한 것이 된다. 왜냐하면 도토리와 너도밤나무는 본질적으로는 동일한 것이지만, 그럼에도 불구하고 도토리는 '아직' 너도밤나무가 아닌 것이며 '덜 된' 것이다. 그에 반해서 너도밤나무는 도토리에 비해서 우월하며 이미 '완성된' 것이다. 도토리는 너도밤나무를 지향하며 그것을 목적으로 아직 너도밤나무가 아닌 상태에서 머무르고 있는 것이 되는 것이다.

요컨대 도토리와 너도밤나무는 존재론적으로 위계·차별지워지며 하나는 다른 것의 완성이요, 다른 하나는 그것을 목적으로 하는 열등한 것이 되는 것이다.

반면에 동양적 사유에서는 도토리와 너도밤나무는 '동일한' 것이다. 차이가 있다면, 그것은 어디까지나 '時(시)'의 차이일 뿐이다. 그래서 '현자'는 겨울의 진달래나무에서 장차 올 봄의 진달래꽃을 볼 수 있으며, 따라서 겨울의 진달래나무를 온전한 진달래로 보고 이해한다. 그래서 그의 시야 속에서 도토리와 너도밤나무 사이에는 존재론적 위계나 차별이 존재하지 않는다. 그 둘은 '본성적으로' 동일하다고 할 수 있다.

그래서 개벽사상에는 목적론적 지향과 가치의 우열 그리고 현세에 대한 부정의 태도가 들어 있지 않은 것이다. 모든 것은 그때마다 최고로 의미 있고 완성된 것이지, 어떤 것이 다른 것을 위해 존재하는 것도 지향하는 것도 아닌 것이다.

지금까지의 종말론과 개벽사상의 차이에서 우리가 최종적으로 알 수 있는 것은, 서구의 '종말'의 사건이란 비로소 사물들이 본래의 모습을 획득하는 것이요, 그것에 도달하는 것이며 따라서 완성임과 동시에 파멸이 되는 때나 상황을 의미한다. 그래서 그것에 도달한 이상 더 이상의 '역사'는 의미가 없어지는 것이다. 악은 제거되고 죄는 사해지고, 이 불완전한 세계는 붕괴되어 신의 세계가 도래하는 것이다.

반면에, '개벽'의 사건은 한 會(회)나 절기가 다하고 다른 회와 절기가 도래하는 것이며, 그에 따라 이 우주에는 새로운 질서와 규칙 그리고 새로운 상황이 도래하게 됨을 의미한다. 모든 사물들의 본성은 각각 언제나 그대로 유지되며, 단지 그것들 간의 관계에 변화가 일어나는 것이다.

참고적으로, 구한말에 나온 신흥종교들 중의 하나인 '증산도'의 경우는 이런 동아시아의 전통적 개벽사상에 서구적인 기독교적 종말론적 요소를 가미한 것으로 보인다. 이는 동양적인 것과 서구적인 것을 '혼합한' 양태로 보이는데, 본래의 의미에서의 개벽사상은 모든 개벽을 어떤 의미에서는 '가치중립적'이고 무한한 반복되는 것으로 보는 반면에, 증산도는 이번에 도래할 우주의 가을로의 개벽의 사건을 '유일무이한' 우주적 사건으로 보는데, 그 이유는 이번의 개벽사건을 우주의 창조주인 옥황상제가 직접 적극적으로 개입한 사건으로 보기 때문이다.

이런 의미에서 증산도의 개벽사상은 서구적인 종말론적 태도와 유사성을 보이지만, 그럼에도 불구하고, 증산도적 개벽사상에는 현세에 대한 부정적 태도나 이원론적 태도 그리고 위계적 사유, 역사의 '종말', 최종적 완성 등의 사유는 들어있지 않다.

나는 종말론과 개벽사상은 동/서양의 모든 담론과 사유의 기초가 될 수 있기에 그것들 각각의 가치를 인정해야 한다는 것과, 그것들 사이의 차이와 관계를 이해하는 것 역시 의미 있는 작업이라는 것 그리고 무엇보다 그것들 각각의 정체와 의미를 제대로 이해할 필요가 있다고 확신한다. 왜냐하면 사실상 아직까지 지구 상의 그 어떤 담론도 이런 종류의 틀들에서 근본적으로는 벗어나 있지 않다고 생각하기 때문이다.

유(儒)·불(佛)·도(道)와 풍류(風流)

일찍이 신라의 대학자 최치원은 난랑비서문(이는 이름이 鸞이라 하는 화랑의 비문을 말함이다)에 다음과 같은 말을 새겨 넣었다.

國有玄妙之道 曰風流 設敎之源 備詳神史
實內包含三敎 接化群生 且如入則孝於家

出則忠於國 魯司寇之旨也 處無爲之事
行不言之敎周柱史之宗也 諸惡莫作
諸善奉行竺乾太子之化也

나라에 현묘한 도가 있으니, '풍류'라 이른다. 그 가르침의 근원은 신사(神史)에 상세히 실려있거니와, 실제로 유불도 삼교를 그 안에 포함하고 있으며, 그것들 서로가 하나로 모여서 이루어지는데, 이처럼 들어가서는 집에서는 효도하고, 나가서는 나라에 충성하는 것은 노나라의 사구(현대의 대법원장)였던 공자의 뜻이고, 무위의 방식으로써 말없이 행위 하라는 가르침은 주나라의 주사(현대의 국립 도서관장)였던 노자의 근본이며, 여러 가지 악들을 짓지 않고, 여러 가지 좋은 선한 일들을 받들어 행위 한다는 것은 축건태자(천축국의 왕자)였던 석가모니의 가르침과 같다.

비록 현대의 일부 학자들에 의해서 사대주의자로 비난당하곤 하는 최치원이지만, 그럼에도 불구하고, 신라 시대의 대표적인 세계적 학자였던 그는 현재 우리에게 익숙한 동양의 정신인 유교와 불교 그리고 도교적 가르침 이전에 그것들보다 앞서있으면서도, 그것들을 모두 포함하고 있으면서 그것들을 총체적으로 통합시키는 보다 더 큰 가르침이나 철학이 이 땅에 있었음을 진술하고 있는 것이다.

이런 논리에 따르면, 우리 역사 속에서 불교나 유교 그리고 도교(혹은 기독교)가 유입되었던 것은 우리의 일상적 상식과는 다른, 즉 우리 문화가 열악하여 외래 선진문화를 수입할 수밖에 없었다는 식의 생각과는 다른 이유에서 기인했음을 추론할 수 있다. 우리 문화 속에 이미 그런 외래적 문화들을 받아들일 수 있는 내적 역량들이 있었으며, 오히려 그 외래적 요소들 각각의 것들보다도 더 심원하며 더 근본적인 원형적 요소가 있었다는 것이다.

이 경우, 우리의 역사 속에서 유불도로 대표되는 외래적 사상들이 받아들여진 이유는 현재 우리나라에서 벌어지는 일방적이고 맹목적인 식민지적 문화이식의 행태와는 달리, 각기 시대마다 특별하게 요구 되었던 문화요소들을 우리의 적극적 필요와 이해관계에 따라서 능동적이고 주체적으로 외부로부터 수용했었다는 것이다. 그리고 그 경우, 새로 유입된 외래 사상은 기존의 우리나라의 문화적 배경들을 부정하지 못하며, 오히려 그런 선재하는 문화적 배경을 전제로 해서, 그것이 요구되고 필요한 지점에 놓여 나름의 기능을 발휘했던 것으로 보인다.

문화사적으로 볼 때, 삼국시대와 고려시대는 일반적으로 거대한 불교적 흐름에 놓여 있었던 시대들이었고, 조선시대는 유교적 흐름의 시대였었다. 그리고 현재는 기독교 계통의 시대라고 정리될 수 있을 것 같다. 그런데 만일 우리가 최치원의 기록에 충실할 때, 이런 우리의 문화사는 사실, 외래문화의 수입사이기보다는 우리의 본래적 정신의 자기 전개의 역사라고 이해할 수 있다는 것이다.

그럼, 도대체 최치원이 말했던 '풍류'가 무엇이길래 그는 이런 말을 했던 것일까? 현재 우리는 '풍류'라는 말을 쓸 때, 우리는 그것을 좋게 말하면, '美的인 삶의 형태'로 받아들이고 있으며 나쁘게 말하면 '퇴폐·향락적인 삶의 형태'로 받아들이고 있다. 그리고 이보다 더 중요한 사실은 우리는 그 '풍류'라는 것을 현재는 그 어떤 식으로든 보편적이고 성스러운 道나 宗教 혹은 이 세계를 총체적으로 설명해내는 존재론이나 세계관의 차원에서 이해하기 보다는, 극히 사적이고 개인적인 차원에서의 취미나 여흥으로서 이해하고 있다는 것이다.

그래서 만일 누군가 "나의 종교는 '풍류'다."라고 말한다면, 거의 대다수의 사람들은 그를 매우 특별한 종류의 '奇人'이나 '廢人'으로 이해할 것이며, 그때 '풍류'는 그 사람만의 지극히 사적이고 내밀적인 유흥의 한 형태로서 이해될 것이다. 즉 현대의 풍류는 종교나 사상 또는 문화운동이 가져야 할 '성스러움', '진지함', '보편적 세계 이해' 그리고 '보편적 적용가능성' 등을 결여하고 있는 것으로 이해되고 있다는 것이다.

그럼에도 불구하고, 최치원은 최소한 세계적으로 가장 심원한 종교와 문화운동의 지평에서 '풍류'를 이해하고 있으며 사용하고 있다. 이는 어떤 이유에서 가능한 것이었을까? 그런데 이보다 먼저 다루어져야 할 것은, 설사 그 이름이 '풍류'이건 또는 다른 무엇이건 간에, 어떻게 불교와 유교 그리고 도교 혹은 기독교의 가르침이 서로 조화로이 통일·통합될 수 있는가이다. 이런 의미에서 그 이름 혹은 명칭은 중요하지 않다. 보다 더 중요한 것은 그 내용이자 원리인 것이다.

사실 현재 우리나라를 뒤덮고 있는 수많은 갈등 중에는 '종교적 갈등'이 매우 큰 비중을 차지하고 있다. 현재 우리나라는 일종의 종교박물관 또는 종교전시장과도 같다고 할 수 있다. 이 조그만 나라에 세계적인 종교들이 거의 다 들어와 신봉되고 있으며, 거기에 더해서 매우 진지하게 받아들여지고 있다는 것이다. 사실 한국 사회는 세계의 그 어느 나라보다도 심하다.

그 다양한 종교들이 매우 '근본주의적으로' 혹은 '원리주의적으로' 받아들여지고 있는 나라이기 때문이다. 그래서 교회를 가건 절을 가건 혹은 다른 종교의 집회소를 가건 아니, 그런 메이저 종교가 아닌 온갖 신흥종교의 집회소를 가건 간에, 그 분위기는 단순히 실용주의적이기 보다는, 비록 왜곡된 양상들이 많을지라도 한결같이 진지하고 종교적이다.

현대에 종교의 종교성 내지는 근본성이 그나마 살아있는 나라는 티베트, 인도 그리고 중동지역과 우리나라 정도인데, 그 중에서 오로지 우리나라만이 단일 종교가 아닌 모든 종교들이 번창하고 있다는 것은 매우 시사해주는 바가 많다고 할 수 있다. 그런데, 그렇게 다양한 종교들이 매우 진지하게 번창하고 있음과 동시에, 우리나라는 서로 다른 종교들 간의 갈등으로 소란스럽기도 하다. 유교와 불교 그리고 기독교로 대표되는 현재의 메이저 종교들 간의 갈등은 서로 평행선을 달리면서 화해할 수 없는 방향으로 치닫고 있다.

최치원이 말하는 바이기도 하지만, 유교의 근본종지는 효와 충이다. 부모에게 효를 다하고, 나라에 충성을 한다는 것이다. 그리고 불교의 근본종지는 '업 사상'과 만물에 대한 자비사상이다. 선을 권장하고 악을 멀리하라는 것도 다 이 사상들에 기반하는 것들이다. 한편, 도교의 근본종지는 무위의 다스림(無僞之治)와 영생불사(물론 도가와 도교는 분리된다. 그럼에도 불구하고, 현실적으로 서로 결합되어있다)의 이념이다.

유교의 가르침에 따르면, 모든 인간은 그를 낳은 부모에 대한 효를 다하는 것 그리고 그런 부모와 유사한 왕과 스승에게 충성을 다한다는 것이야말로 인간의 도리의 처음과 끝이었다. 그래서 유교의 근본적인 실천윤리인 '오륜'에도 효와 충이 중심적 위치에 놓여 있다. 그런데 유학자들의 견해에서는 이런 오륜 사상은 어떤 논증의 결과이기 보다는 인간으로서 당연하게 받아들여지는 전제였다. 그래서 "인간이 왜 효를 다해야 하는가?" 라는 식의 질문은 의미가 없는 난센스에 가까운 것이었다.

사실, 그 어떤 철학과 사상, 종교도 완전히 무전제에서 출발하고 있지는 않다. 모두다 모든 논증의 기초에 논증되지 않는, 당연하게 받아들여지는 의심의 여지가 없는 명백한 전제들로부터 시작한다. 그래서 만일 그 전제들을 부정하는 다른 이론이나 사상들이 다가올 경우, 거기에는 그 어떤 대화나 합의 그리고 이해는 불가능하다. 이는 일찍이 아리스토텔레스도 인정한 것이며, 이는 파괴적인 '무한소급'의 블랙홀에서 우리의 이성을 지켜주는 안전판이기도 하다.

그런데 실제적으로 현재 서로 반목하는 유교나 불교, 기독교 혹은 도교의 경우, 그들의 가장 기본적 전제들에 대해서는 서로가 어느 정도 인정하고 있다. 그래서 아무리 불교라고 효의 근본을 부정하지 않고 기독교라고 선행을 부정하지 않으며 유교라고 해서 하느님의 존재를 부정하지 않는다. 이렇게 그들은 서로 그렇게 반목함에도 불구하고, 서로의 근본들에 대해서는 서로가 일정 정도 공유하고 있다. 사실 그들의 반목의 근원은 그들의 근본 전제들 그 자체에 있기보다는 그것들 간의 상호 위계와 가치서열에 있다고 봐야 할 것 같다.

역사적으로 우리나라의 기독교의 전래는 남인계열의 유학자들에 의해서 능동적이고 적극적으로 이루어졌었다. 그들은 서인계열들이 독점한 유학의 이데올로기와 그로 인한 권력 독점에 대한 반발과 대안으로서 기독교를 받아들인 것인데, 그것이 가능했던 것은 유학 속에 내재하는 '옥황상제'와 '천명'개념이 기독교의 하느님 사상과 공존할 수 있는 것이며, 또한 기독교에서의 하느님과 인간 사이의 관계가 '아버지와 아들'의 관계로 이해될 수 있으며, 이 경우 이는 유학의 근본종지인 '효'와 다를 바가 없다고 판단했기 때문이다.

한편 불교의 경우, 우리의 근대조선 사회에서 그렇게 거부당하고 억압당했었음에도 불구하고 심지어 왕실에서조차 끊임없이 신봉되어진 이유는, 불교가 우리나라에 수입된 이래 그것이 한 번도 국가주의를 노골적으로 거부한 적이 없었으며 불교의 자비와 애민 사상은 유교의 인과 애민 사상과 별반 차이가 없었기 때문이다.

요즘 서구화와 자본주의화되면서 우리사회는 범 유물론의 물결 속에 쓸려가고 있으며, 그 결과 인간의 근본적인 윤리와 질서들조차 무너지고 망각되어가고 있다. 사정이 이러하다 보니, 부모에 대한 효를 근본적으로 거부하기도 하고, 국가의 가치도 부정하며, 더 나아가 사회 구성원 전체에 대한 무차별적 증오를 갖기도 할 뿐 아니라, 자연파괴는 끝을 모르고 진행되고 있다.

이런 상황에서 일부의 사람들은 '효'에 대해서 "부모가 자기들이 좋아서 아이 낳는 것인데, 왜 고마워해야 하는가?"라고 부정하며 '국가와 사회'에 대해서 "국가는 폭력적이고 강제적인 억압 장치일 뿐이며, 공동체라는 것은 그런 억압 장치를 은폐하고, 인간의 근원적 자유를 박탈하는 이데올로기 장치이며, 타인들이란 나의 자유와 이익을 방해하는 무리들일 뿐이다."라고 하면서 적개심을 보인다. '하느님'에 대해서는 "과거 원시시대의 무지몽매한 인간들의 환상의 결과이며, 그 역시 허구적인 민족주의의 어리석은 산물이다." 하면서 조소를 보낸다. 이들에게 '종교'나 '철학' 같은 것들은 비실재적인 '관념'의 결과들이며, 따라서 무가치한 전근대시대의 청산해야 할 이데올로기들일 뿐이다. 이들에게 실제적인 것은, 개인의 물질적 이익을 극대화하는 것으로서의 개인의 '자유'일 뿐이다. 현대사회를 양분하는 자본주의와 공산주의의 유일한 차이는 '이런 물질적 이익을 전적으로 개인의 차원으로 종속시킬 것인가 아니면, 특정 계급의 차원에 종속시킬 것인가'에서만 나누어질 뿐이며, 원리적으로 그 어떤 차이도 없는 '극단적 유물론'들일 뿐이다.

이런 현대인들의 세계관은 전통사회의 그것과는 아주 상이한 것인데, 전통사회의 경우 인간의 삶의 의미는 서로 상이한 무수한 종교들이 있었음에도 불구하고 한결같이 인간의 정신적 완성에 두고 있다고 봐야 할 것이다. 즉 어떻게 하는 것이 물질적이고 동물적인 단계에 빠져 있는 인간들을 보다 높은 단계의 존재자들로 진화시킬 수 있는가가 동과 서를 막론한 전통세계의 근본 화두였으며, 이에 따라 모든 종류의 문화·철학·종교는 이런 이념을 추구해왔던 것이다.

이렇게 인간을 정신적 차원으로 진화시키는 것, 그것은 인류사회의 근본과제였으며, 그 과제를 실현하는 가르침이나 사상은 인간에게는 '가장 근본적인 가르침'과 사상이었기에 동양사회에서는 '宗敎'라는 말을 사용했던 것이다.

그래서 예를 들어, 유교에서는 인간 모두 각자 '자신이 태어난 근본'을 망각하지 않는 것이야 말로 인간완성의 참된 길로 본 것이며 그 결과 자연스럽게 부모에 대한 효와 나라에 대한 충성을 강조한 것이다.

이에 반해 불교는, 그 역시 근본적 앎을 추구한 결과, 부모라는 존재 역시 우리 자신의 근본이 될 수 없으며, 진정한 근본은 '업'이고 이에 따라 '선'과 '자비'를 강조하게 된 것이다.

또한 도교나 기독교의 경우는, 우리 전체의 근본은 바로 창조주로서의 하느님 또는 옥황상제라고 보는 것이며, 이분으로부터 그 모든 것들이 나온 것이므로, 인간의 앎은 반드시 이 분에 대한 참된 이해로부터 시작되어야 한다는 것이다.

그런데 이런 종교들이 보이는 차이들에도 불구하고, 그들은 모두 효와 사회적 책임 그리고 만민에 대한 사랑과 절대자에 대한 믿음 등을 서로 '가족유사성'적 관계로써 공유하고 있다는 것이다. 문제는 그것들 모두를 제각각 긍정함에도 불구하고, 그것들 간의 관계의 지형도가 서로 다르며 가치서열에서 서로 차이가 있었다는 것이다.

유교의 경우, 사회적 책임과 타인에 대한 사랑 그리고 하늘에 대한 순종 등은 고귀한 가치들로서 인정되고 있음에도 불구하고, 그것들을 실천하는 출발점은 바로 '大學'에 명시되어있는바 '修身'과 '齋家'이다. 따라서 한 인간의 참된 완성의 길은 '효'가 되는 것이며, 여기서부터 출발한 길은 '충'에서 완결된다는 것이다.

그러나 이런 유학의 가르침이 근본에서 벗어난 것이 아님에도 불구하고, 유교는 우리역사 속에서 최종적으로 '立身揚名'이라는 세속적인 '출세지상주의'라는 비참한 결과를 양산하기에 이르면서 스스로 몰락의 길을 가게 되었다.

이런 유교에 대해서, 다른 여타의 종교들 이를테면 불교와 기독교는 정확하게 유교가 가지고 있는 '내재성의 한계' 즉 세속주의적 한계를 정확히 지적해낸다. 즉 우리의 근본은, 물론 우리들 각자의 부모와 우리가 태어난 나라다. 그렇지만 보다 더 원리적으로 생각을 해보면, '부모'나 '나라' 역시 최종적인 근본이 될 수 없는 것들이며 그것들 모두 최종적 원리나 근본들에 의해 발생한 차후의 것들이라는 것이다. 그래서 부모나 국가의 가치들이 소중한 것임에도 불구하고, 우리는 보다 더 심오한 지점으로 나아가야 하며, 여기서 눈에 보이고 역사적인 차원으로부터의 일종의 '초월' 즉 '형이상학적 단절'을 요구하는 것이다.

그런 이유로 '효'와 '충'은 현대의 경우처럼 단순히 '부정되고 거부되어야 할' 것들이 아니라, 그 본래적인 가치들을 고스란히 보존하면서 동시에 더 높고 넓은 차원으로 '초월'되어야 할 것들이라는 것이다. 이는 일종의 止揚과정에의 요청인 것이다.

그렇게 내재적인 것으로부터의 초월을 이루어내려 할 때, 불교나 기독교는 사람들로 하여금 그가 기존에 속한 지역·장소·영역들로부터의 강제적인 '이탈'을 요구하는데 이것들이 바로 불교의 '出家'이며, 그렇게 출가한 자들이 머물러야 하는 곳은 기독교적으로 말하면 曠野다. 바로 인간이 단순히 물질적이고 동물적인 존재자가 아닌 한에서 인간의 근본성은 결코 내재적인 차원을 근거로 해서는 밝혀질 수 없다는 것이다. 그래서 오로지 이런 초월적 지평에서야 비로소 참된 보편적 사랑과 절대적 지평으로서의 신을 만날 수 있으며, 오로지 이 지점에서라야 인간은 그 정신적 완성을 성취할 수 있다는 것이다.

그러나 이런 불교나 기독교 혹은 도교의 '초월주의'는 유학자들로부터 비난을 면치 못하는데, 먼저 그 '초월지상주의'는 바로 '비현실주의'이며 '현실부정주의'에 불과하다는 것이다. 유학자들에 의하면, 인간은 근본적으로 각자의 마음속에 이미 초월성이 내재하고 있으며 이 마음은 인간이 구체적으로 살아가고 있는 '인간 공동체와 인간의 역사' 속에 그대로 온전히 발현되는 것이라는 것이다. 따라서 인위적이고 반사회적인 초월을 수행함 없이도, 자신의 부모와 자신이 살아가고 있는 사회와 현실 속에서 각자 자신의 마음을 다한다면(성실하게 산다면), 그는 이미 근원적 도를 이루어낸 것이라는 것이다. 유학자들은 간단히 "어떻게 자기 부모를 버리고서 하느님을 찾을 수 있으며, 제 나라를 버리고서 하늘나라를 찾을 수 있으며, 조상들의 歷史를 버리고서 어떻게 하느님의 役事를 이해할 수 있는가?"라고 반문하는 것이다.

이런 전통 종교들 간의 반목은 현재에도 여전히 계속되고 있으며 '풍류' 혹은 '풍류도'의 지평에서 볼 때 각자의 한계 속에서 더욱 악화되어가고 있다. 유교적 현실주의는 자본주의와 식민지 역사의 굴레로 말미암아, 속물적 출세지상주의와 외모지상주의로 왜곡되고 있으며 불교나 기독교의 초월주의 역시 퇴폐적 향락주의와 공동체 부정의 개인주의나 집단이기주의와 국가부정주의로 왜곡되어 나타나고 있다.

우리의 전통과 사상을 구성해왔던, 유교와 불교 그리고 도교의 현대적 화신으로서의 기독교(도교와 기독교는 그 외면적인 차이에도 불구하고, 원리적으로 '절대자에 대한 숭배'와 그로 인한 '영생불사'를 추구한다는 점에서 본질적인 상동성을 공유하는 종교들이다.)는 분명히 매우 소중한 문화적 자산이며, 결코 부정될 수 없는 고귀하고 본질적인 가치들을 각자의 방식으로써 담지하고 있음에도 불구하고, 현재 그것들은 서로 이른바 '문명의 충돌'의 효과들을 내고 있음과 동시에 각자의 방식으로 왜곡되고 모순들이 악화되고 있다.

이런 이유로, 현대의 지식사와 문명사적 흐름 속에서는 점차적으로 반-종교적인 이데올로기들이 생겨나기 시작했는데, 그 대표적인 것들은 '공리주의', '과학주의' 그리고 '공산주의'다. 이들은 한결같이 전통 철학과 종교에서의 '초월적'이고 '형이상학적'인 성격들을 근본적으로 부정하고 있으며, 존재하는 모든 실재를 '내재성'의 틀 안으로 한정시켜서 이해하는 '유물론'들이다.

이 유물론자들에 의하면, 정신적이고 형이상학적 가치들은 그것들이 원리상 '물리적으로' 측정될 수 없는 것들이라는 이유에서 그것들은 존재하지 않으며, 존재한다 하더라도 오로지 인간의 주관적 관념의 영역 속에만 있는 한에서 실재적인 것들이 아니며, 동시에 '사적인' 것들이라는 것이다. 그리고 이것들이 실재적인 것들이 아니거나 '사적인' 것들인 이유로 그것들에 대한 보편적이고 객관적인 학문은 불가능하며, 그것들이 학문적 대상들이 아닌 이유로 그것들에 대한 이성적 의사소통 역시 불가능하다는 것이다. 그리고 이 경우, 그것들은 그저 구시대의 기만적인 이데올로기들일 뿐이거나 철저히 개인적 차원에서 향유되는 사적인 취미들에 불과하다는 것이다.

이런 현대의 지식사적 풍토에서는 실재는 물질이며, 이성은 그 물질에 대한 계산화 된 인식능력이며, 인간이란 물질을 그런 종류의 이성을 통해서 획득하고자 욕구하는 존재자일 뿐이며, 사회나 국가란 그런 이성을 소유한 인간들 상호간의 물질적 이해관계들의 총체일 뿐이라는 것이다. 이 경우, 전통사회에서의 인간 이성의 근본이자 사회구성원리로서의 '도덕'이라는 것 역시 측정될 수도 검증될 수도 없는 이유로, 그것들은 보편적일 수 없으며 따라서 그것은 사회적 구성원들이 물질소유의 권리방식을 자의적·잠정적으로 '합의한' '법'으로 대체될 수밖에 없으며, 이 경우 사회정의란 사회구성원들의 물질소유 관계에서 나름의 공정성이 지켜지는 한에서 발생하는 외적 현상에 불과한 것이 되는 것이다.

사정이 이러다 보니, 현대사회의 구성원들 모두는 '잠재적으로' 비도덕적일 수밖에 없으며, 동시에 반국가주의자들이거나 아나키스트들이 될 수밖에 없는 것이다. 이들에게 국가란 그저 각자의 물질적인 무한 욕구를 통제·조정하는 인위적 장치거나, 극단적인 경우는 그런 물질 소유 욕구를 강제적으로 억압하는 폭력적 기구에 불과한 것이 되는 것이다. 그리고 현대의 최고 가치로서의 '인권'의 기초로서의 '자유'란 결국, 개인의 물질소유 욕구를 무한히 추구할 수 있는 권리이거나 혹은 개인의 필수적 물질 소유를 보장하는 기본적 권리를 의미할 뿐이다. 그래서 이런 종류의 자유의 이념은 무한한 권력을 소유한 개인이나 집단의 이익에 초점이 맞추어질 경우에는 '제국주의', '독재주의' 그리고 '신자유주의'로 꽃을 피우게 되며, 개인이나 집단의 기본적 물질 소유 권리에 초점이 맞추어질 경우 '아나키즘'이나 '공산주의'로 꽃을 피우게 되는 것이다. 그리고 이 둘 모두의 경우, '국가'의 존재란 특정 개인이나 집단의 이익을 위해서 타자들의 욕구와 권리를 억압하는 폭력기구에 불과한 것이 된다. 그래서 전자는 그 '국가'를 점령함으로써 자신들의 이익을 극대화하려고 하며, 후자의 경우는 그 '국가'의 의미를 부정함으로써 자신들의 생존권을 확보하려고 할 뿐인 것이다.

그러나 분명한 사실은, 현대에 수많은 다양한 이론들이 서로 경쟁하고 있음에도 불구하고, 그것들은 한결같이 인간의 정신적이고 초월적 가치들을 부정하고 있으며, 이 경우 인간의 위상과 가치는 동물들이나 여타 생물들 또는 극단적으로 물질들과 크게 차이가 나지 않으며, 이 경우, '존재론적으로는' 그것들과 '동종적인' 위치에 놓이게 된다는 것이다. 이 경우 인간은 그저 다른 생물들과의 야만

적이고 잔인하고 폭력적인 '약육강식'의 '생존경쟁'의 최종적 승리자일 뿐이게 되는 것이다.

이런 '써바이벌 게임'의 승자로서의 인간은, 비록 제아무리 지구의 최후의 승리자임에도 불구하고 그래서 이 지구에서의 모든 이익들을 다른 존재자들에 비해서 배타적이고 독점적으로 소유할 수 있는 능력과 권리가 있음에도 불구하고, 다른 것들과 동종적인 이유로 인간의 정신적 초월은 불가능하며 또한 보편적 진리이해의 특권적 권리를 소유할 수 없는 것이다. 그래서 자연스럽게, 종교와 철학 그리고 근본적 예술현상은 인간에게 불가능하게 되는 것이다. 그리고 만에 하나 소수의 특별한 방식으로 가능할지라도 그것은 결코 '공적'이고 '보편적'일 수 없는 것이다.

바로 이런 이유에서 과학주의, 공리주의 그리고 공산주의 등에서는 종교, 철학 그리고 예술현상의 본래성을 근본적으로 부정하거나 통제·억압하려는 것이며, 자본주의에서는 그것들마저 물질적 이익을 추구하는 매우 특별한 종류의 수단이거나 또는 탐조(探鳥)와도 같은 매우 특별하고 사치스런 개인적 취미활동으로 이해하는 것이다. 한편, 인간의 가치를 근본적으로 자연물과 동일시하는 것을 전제로 하면서, 현대사회에서 인간과 자연의 대립적 관계 속에서 일어났던 자연파괴현상을 극복하려는 목적으로 '생태학'이 우후죽순격으로 번창하게 된 것이다.

이런 현대의 흐름에도 불구하고 우리는 "인간은 자연전체보다도 더 상위적이고 고귀한 존재자다."라고 말했던 '토마스 아퀴나스'의 발언에 귀 기울일 필요가 있다. 아퀴나스의 이런 발언은 결코 자연의 가치를 부정하는 것이거나 또는 현대에 무차별적으로 자행되는 자연파괴를 옹호하는 것으로 이해돼서는 안 된다.

토마스 아퀴나스의 사유에 따르면, 인간 역시 다른 기타의 자연물과 같이 물질적 존재자다. 그래서 물질적 지평에서 볼 때, 인간의 가치는 자연과 동일한 위상을 가지는 것이다. 그러나 인간은 이런 물질적 요소를 가짐과 동시에, 이 자연계 내에서 유일하게 '영적인' 능력을 가지는 특별한 존재자인 것이다. 그가 이해하는 바에 따르면, '영적인'의 의미는 '정신적인' 혹은 '이성적인'이며 이 경우, 이것들의 의미는 존재하는 것들에 대한 전면적이고 총체적인 열림(개방성)의 관계에 인간이 놓여 있음을 의미하는 것이다. 그리고 이렇게 인간이 그의 이성으로써 존재하는 것들 전체와 총체적이고 전면적인 열림의 관계에 놓여 있는 한에서 인간만이 유일하게 자연 전체를 그 자체로 보편적으로 이해할 수 있으며, 더 나아가 존재 그 자체로서의 존재인 하느님을 사유할 수 있는 권리를 가질 수 있다는 것이다.

이는 인간이 자신이 자연적이고 즉물적으로 놓여 있는 제한적인 물질적 이해관계의 수렁에서 초월해서 보다 상위의 영역으로 비약할 수 있으며, 이 경우 인간만이 유일하게 참된 보편적 이해를 획득할 수 있다는 것을 의미하는 것이다. 그리고 인간만이 이런 능력을 가지고 있다는 의미에서 인간은 '자연'에 대한 자율적 통치권을 가짐과 동시에 진정한 자연의 근거로서의 하느님에 대한 복종과 숭배의 의무를 가진다는 것이다. 따라서 인간이 이성을 통해서 자연을 이해하고 통치하면서 동시에 창조주 하느님의 존재를 느끼며, 그 분의 가르침에 귀 기울이는 것이야말로 인간의 자연성의 실현이

되는 것이다. 바로 여기서 종교와 철학 그리고 예술과 도덕이 기원하는 것이다.

종교와 철학 그리고 예술과 도덕이 그 본래성을 회복하기 위해서는 필연적으로 영적인 존재자로서의 인간의 본질에 대한 보다 심원한 이해가 회복되어야 한다는 것이 자연스럽게 귀결되며, 여기서 우리는 인간성의 회복과 참된 공동체와 국가의 부활의 차원에서 이런 것들은 필수적이라는 것을 인정할 수밖에 없는 것이다. 즉 이런 것들을 부정할 경우, 인간은 단순히 물질적 욕구의 수행자가 되며 공동체와 국가 그리고 역사의 의미마저 부정하게 된다는 것이다. '인간적인 모든 것들'을 살려내기 위해서는 유물론적 인간관을 거부해야 하며 정신적인 가치들을 회복해야만 한다는 것이다.

다시 동양의 전통가치들로 돌아와서, 비록 유·불·도교의 전통가치들이 역사적으로 서로 갈등·대립해왔으며 현대에 이르러 각자의 방식으로 왜곡·악화되었음에도 불구하고, 우리는 어떤 식으로든 그런 가치들의 본래성을 부정해서는 안 되며, 그 어떤 식으로든 그것들의 본래성을 회복해야 할 역사·시대·문명·문화사적 소명을 부여 받고 있는 것이다. 왜냐하면 그것들에 대한 전면적 부정은 인간·사회·국가·자연 자체에 대한 무차별적 부정과 파괴로 귀결될 수밖에 없으며, 이미 그런 파국 속에 우리 모두가 내던져져 있기 때문이다.

이런 우리의 전통가치들을 회복한다는 것은, 어떤 의미에서는, 전통 가치들 각자의 장점들을 통합하고 단점들을 제거하는 식으로 극복되어 이루어지는 것이 최상의 방법으로 보인다. 즉 유교의 효와 충의 가치를 인정하면서도 세속적 내재주의의 한계를 극복하고 불교의 출가의 가치를 인정하면서도 초월적 비현실주의의 한계를 극복하고, 도교나 기독교의 경우, 하느님이라는 절대지평에 대한 경배의 가치를 인정하면서도 사회 부정과 독선의 한계를 극복하는 식으로 나아가야 한다는 것이다. 다시 말해, 깨달음을 위해서 '출가'와 '독신고행'의 극단적이고 반사회적인 폐단을 극복하고 효를 위해 출세지상주의에 빠지거나, 충을 위해 독재정권을 옹호하는 폐단을 극복하고 하느님을 명분으로 자기 자신만의 구원을 폐단을 극복하는 식으로 이루어져야 한다는 것이다. 이는 간단히, 내재성과 초월성을 동시적으로 갖추고 있는 인간의 본래성을 회복하는 길을 의미하는 것이다.

최치원에 따르면, 우리 민족의 근본 사상으로서의 '풍류'는 유교·불교·도교들보다 먼저 존재하고 있었고, 그것들 모두를 포함하는 내용을 가지고 있으며, 외형상 상이해 보이는 그것들을 서로 통합하고 융합한 성격을 가진다고 했다. 그래서 이런 의미에서 이해할 때, 유교와 불교 그리고 도교의 가르침들은 모두 풍류(도)의 일부들이며, 각기 그 일부분들이 독립·분화·발달한 형태들에 불과한 것이다. 그리고 이런 의미에서, 풍류(도)는 이것들보다 더 본래적이고 원형적이며 따라서 전체적이며 통일적이라는 것이다.

고려 때의 스님 일연이 쓴 『삼국유사』에 의하면, 우리민족의 국조이신 단군께서 조선을 창건하면서 그 이념으로서 '弘益人間'과 '理化世界'를 공표하셨다고 한다. 이는 '널리 인간을 이롭게 하며 이 세상을 진리로 가득하게 한다.'는 의미다. 그리고 이후 이런 고조선의 철학 종교 그리고 윤리와 법의 이념은 '천부경', '삼일신고' 그리고 '참전계경'으로 정리되기에 이른다. 그리고 이런 고조선과 단군의 이념들은 '敬天愛人'사상으로 요약될 수 있다. '하늘을 받들고 인간을 사랑한다.'는 이념이야말로 우리 민족의 태초의 원형적 사유의 핵심인 것이고, 이런 의미에서 이것이야말로 최치원이 말했던 '풍류'의 핵심이라고 할 수 있겠다.

사실, 우리가 아는 한에서 동서고금의 그 어느 문명과 문화에서도 '홍익인간', '이화세계'로 대표되는 '경천애인'사상을 구체적으로 표방한 경우를 찾을 수가 없다. 서구의 역사에서도 유태-기독교의 경우는 반-지성주의에 기반한 절대자에 대한 무조건적인 믿음과 복종을 그 근본 종지로 삼고 있는 반면에, 그리스-로마의 경우는 현세적이고 세속적인 인간중심주의를 그 근본이념으로 삼고 있으며, 이후의 서양사는 이들 서로 모순적이며 대척되는 두 이념들 간의 변증법적 투쟁의 과정으로 점철되어왔다. 그런 이유로 서양문명 속에서는 늘 신앙중심주의와 이성중심주의 그리고 신중심주의와 인간중심주의, 초월중심주의와 내재성중심주의, 개인주의와 집단중심주의 등의 이원론적 구도 속에서 단 한 번도 자유롭지 못했었다.

예를 들어 유태-기독교적 관점에 따르면, 이 세상과 인간의 창조의 이유는 오로지 '신의 영광을 빛내기 위해서'이다. 그 결과, 인간들의 세속적 복지와 공동체, 국가의 의미는 최대한도로 축소될 수밖에 없게 되며 오로지 사적이며 초월적인 유일신에 대한 신앙만이 유일한 의미를 부여 받을 수 있게 된 것이다. 바로 이런 이유에서 유태기독교는 독단·독선적일 수밖에 없었으며, 현실부정의 성격을 지울 수가 없었던 것이다. 반면 그리스적 이념은 정반대로 지나친 현세중심주의적 성격을 가진 탓에 세속주의적 한계 속에 빠질 수밖에 없었으며, 이는 이성중심주의와 과학주의라는 결과를 낳게 되었다. 그런 이유로 서양의 역사는 언제나 인간과 신, 도시와 광야 그리고 왕궁과 교회의 이원적이고 대립적 구도 속에서 단절적인 양상을 띠면서 진행될 수밖에 없었던 것이다.

이런 서양문명 속에 내재되어 있는 헬레니즘과 헤브라이즘은 그 각각으로도 매우 불충분한 모습을 가지고 있음과 동시에 서로가 그 어떤 공유점도 없는 까닭으로 언제나 융화하지 못하고 대립과 갈등의 구도 속에서 진행될 수밖에 없었던 것이다. 이런 양상은 동양의 가치들인 유·불·도의 가르침들 간의 관계와는 매우 다른 것으로서, 동양의 가치들이 서로 공유하는 요소들 간의 위상·위계차이에서 갈라지는 것과는 근본적으로 다른 궤도 위에서 진행되었음을 의미한다.

그래서 '홍익인간'의 이념은 원리적으로도 불가능했으며, '이화세계' 역시 가능할 수 없었던 것이다. 그리고 경천이면 오로지 경천이고 애인이면 오로지 애인인 이유로 그것들이 서로 함께 할 수 없었던 것이다. 그리스-로마 철학의 최고봉인 스토아나 에피쿠로스 철학에서조차 인간 보편의 깨달음과 복리 그리고 초월적-내재성의 동시적 긍정을 찾아볼 수가 없는 것이다. 그들은 고작해야 개인의 내면적 평화 혹은 소수의 특별한 친구들 간의 친교의 단계에까지만 도달했을 뿐이다.

일찍이 고조선에는 '국자랑'이라는 청소년 수련·문화·군사공동체가 있어서 여기서 주로 청소년들의 집단적 교육이 이루어졌다고 한다. 물론, 이런 교육은 청소년기에만 국한되는 것은 아니었다. 그리고 이는 후에 고구려의 '조의선인'이나 신라의 '화랑'으로 이어지

게 된다. 몇 년 전에 발견되어 번역 출간된 신라시대 김대문이 쓴
『화랑세기』에 의하면, 화랑도의 근원이 고래로부터 이어져 온 '仙徒'
였다고 한다. 이 仙徒의 정체성이 무엇인가는 아직까지는 분명치
않으나, 현재 위서논쟁에 휘말려있는 '한단고기'에 의하면 바로 '풍
류'를 교육했던 고조선의 '국자랑'일 가능성이 매우 높다.

『화랑세기』에 의하면, 화랑의 교육 내용은 다음과 같다 : 단체를
이루어서 명산대천을 유람하며 음악과 시를 짓고 같이 놀이함과 동
시에 군사훈련까지 했었다. 화랑의 조직은 크게 세 부분으로 나뉘
어졌는데, 먼저 左三部는 도의(道義), 문사(文事), 무사(武事)를 담
당했고, 右三部는 현묘(玄妙), 악사(樂事), 예사(藝事)를 담당했고,
前三部는 유화(遊花), 제사(祭事), 공사(供事)를 담당했다는 것이다.

이런 화랑들의 교육방식과 내용은 매우 독특한 것으로서 이는 유
교와 불교 그리고 도교, 더 나아가 군사교육까지 아우른 총체적 교
육이었고, 이런 의미에서 우리는 '풍류'의 진면목을 추측할 수 있는
것이다. 청소년들을 국가가 모집을 해서 단체생활을 하게 하면서
전국의 명산대첩을 유람하게 하고, 그 과정에서 삼교의 가르침들의
종지들을 골고루 그리고 총체적으로 교육시켰던 것이다. 이는 주로
가정과 서당 중심으로 진행되어 가문중심적 출세지상주의로 빠져버
린 유학의 오류를 극복하면서, 수행을 위해서 속세의 연을 끊고 홀
로 산행을 해야만 하는 불가의 고립주의와 비현실주의를 극복하며,
절대자와 영생불사의 이기적이며 반사회적인 도교의 오류를 극복할
수 있는 내용으로 이루어져 있으며, 학문중심주의의 문약(文弱)의
오류마저도 극복할 수 있었던 것으로 보인다. 그리고 이는 다시, 고
조선과 그 이후의 삼국시대로 이어지면서 바로 이런 교육 과정과

내용을 통해서 홍익인간과 이화세계로 대표되는 '경천애인'의 이념을 실현할 수 있었던 것이다.

아마도 현재 이런 우리 민족 고유의 풍류사상을 가장 원형에 맞게 회복·유지하는 종교들로는 홍암 나철 선생이 창시한 '대종교', 최제우 선생이 창시한 '동학' 그리고 강증산 선생이 창시한 '증산도', 박중빈 선생이 창시한 '원불교' 등이 있는 것으로 생각된다. 이들 종교의 특징들은 그들이 한결같이 우리 전통의 세 가르침들을 모두 적극적으로 긍정하면서 하나의 보다 근원적 지평에서 하나로 통합시키려 했다는 것이다.

한 나라와 민족의 참된 독립과, 우리민족의 광복은 바로 민족 고유의 정신세계의 완전한 확립과 복권을 통해서만 비로소 가능해질 수 있음을 깨닫는 것이 중요하다고 말할 수 있으며, 우리 민족의 전통 사유 속에서 이 시대의 전 지구적 문명사적 위기마저도 극복해낼 수 있는 단초들을 찾아낼 수 있다는 확신에서 보다 많은 사람들의 참여와 관심을 기대한다.

· 저자 ·

홍동규　·약 력·
(洪東揆)
　　　　서울에서 태어났다.
　　　　인간은 개인으로서는 시간/공간/사유에서 제한을 받고 있지만, 그의 삶은
　　　　불가피하게 '전체'와의 섞임에 의해서 진행될 수밖에 없기에, 인간과 세계를
　　　　해명하는 '철학'은 언제나 이런 '사실'에 주목해야 한다는 지극히 당연한 생
　　　　각을 바탕으로 해서 세상에 대한 백과사전적인 총체적 시야를 얻기를 추구
　　　　한다. 아리스토텔레스, 아퀴나스, 라이프니츠, 니체, 하이데거, 미셸 세르, 베
　　　　르그송, 들뢰즈, 오토 바이닝거, 비트겐슈타인 등을 두루 공부했다.

　　　　·주요논저·

　　　　논문으로는 「은유와 의미 불확정성의 문제(서강대 석사학위 논문)」이 있고,
　　　　지은 책들로는 『산해주유-한 사유를 위한 다스름(인향)』과 『소요유(동과서)』
　　　　등이 있으며, 한남대에서 논리학을 강의하기도 했다. 현재 연세대 대학원 철학
　　　　과 박사과정에 있다. '삶과 철학의 접점을 찾아서'(www.phillife.net)에 글을
　　　　기고하고 있다.

세상이라는 깊은 숲 속에서

· 초판 인쇄	2007년 2월 20일
· 초판 발행	2007년 2월 20일
· 지 은 이	홍동규
· 펴 낸 이	채종준
· 펴 낸 곳	한국학술정보㈜
	경기도 파주시 교하읍 문발리 526-2
	파주출판문화정보산업단지
	전화　031) 908-3181(대표) · 팩스　031) 908-3189
	홈페이지　http://www.kstudy.com
	e-mail(출판사업부)　publish@kstudy.com
· 등　　록	제일산-115호(2000. 6. 19)
· 가　　격	20,000원

ISBN　978-89-534-6294-6 93040 (Paper Book)
　　　　978-89-534-6295-3 98040 (e-Book)